Focus on Form

「フォーカス・オン・フォーム」を取り入れた新しい英語教育

和泉伸一【著】
Shinichi Izumi

大修館書店

はじめに

　日本の英語教育は今，変革の時にある。訳読と読み書きを中心とした英語授業から，もっとコミュニケーションを意識した発信型の授業へと変わりつつある中で，昔のやり方を懐かしむような声も聞かれる。しかし，文法分析や暗記中心の授業では，生徒のやる気を掻き立てることができないだけでなく，使える英語の習得にはなかなかつながっていかないことも周知の事実である。だからと言って，ゲームのようなコミュニケーション活動を楽しんで行うことだけで，どこまで生徒の英語力を伸ばしていけるかは疑問である。いかにして生徒のやる気を掻き立て，それを維持しながら，文法や語彙の指導を行っていけばいいのか。コミュニケーション活動と言語学習活動を，どうバランスよく授業に取り入れていったらいいのか。ここに現代の英語教育のジレンマと挑戦がある。

　文法などの形式指導をどう行っていくべきかは，日本に限らず，世界中の教育・研究現場でも，長い間論争の的になってきた。一方で，伝統的教授法が「今日の文法のポイント」の定着を図るため，その分析と解説，そしてエクササイズやドリル練習などに多くの時間を割いてきた。他方，そのような形式偏重の教え方の歪みを正すために登場したコミュニカティブ教授法では，形式ではなく言語が伝える意味内容や機能に注目した言語指導を試みてきた。これら2つの言語教育アプローチの振り子が激しく揺れ動く中で，形式指導とコミュニケーション指導のバランスをとった新たな教育方法を探ろうとする動きが，近年盛んになってきている。それが，第3のアプローチとして知られるフォーカス・オン・フォームである。このアプローチでは，意味あるコンテクストの中で学習者の注意を必要な形式面へ向けさせていくことで，実践的且つ正確な言葉の使い方を教えようとしている。

　フォーカス・オン・フォームは，効果的な形式指導のためには，意味あるコミュニケーションの場を設けることが大前提と考える。そのため，形式指導とは言っても，伝統的教授法への回帰を意味するものではない。ま

た，コミュニケーション活動と文法学習を切り離して行うのではなく，できるだけ両者を統合した形で行うことを狙いとしているため，単なる量的な操作による両者のいいとこ取りという発想ではない。実践的なコミュニケーション能力は，形式（form），意味（meaning），機能（function）の3要素の結びつきのネットワークを，脳内に構築していくことで獲得できる。ゆえに，言語教育では，学習者がその結びつきを身に付けることを，教師がいかに支援できるかが重要となる。フォーカス・オン・フォームは，学習者の言語習得能力を最大限に尊重しつつ，そのような支援を積極的にしていこうとするものである。

　フォーカス・オン・フォームの考え方は，文部科学省が2008年に発表した学習指導要領で示している考え方とも符号する。そこでは，これまで以上に実践的な英語運用能力の育成が強調されている。例えば，中学校学習指導要領では，言語活動に関する項目で，「まとまりのある英語を聞いて，概要や要点を適切に聞き取ること」や，「話の内容や書き手の意見などに対して感想を述べたり，賛否やその理由を示したりなどすることができるよう，書かれた内容や考え方などをとらえること」といった記述がある。そこから，意味内容に重きを置いた英語授業を重視していることがうかがわれる。また，「つなぎ言葉を用いるなどの色々な工夫をして話を続けること」や，「与えられたテーマについて簡単なスピーチをすること」，更には，「自分の考えや気持ちなどが読み手に正しく伝わるように，文と文のつながりなどに注意して文章を書くこと」といった記述からは，これまでのセンテンス単位の発話から，よりコミュニケーションに即した談話単位の発話へと視点が変わってきている。言語材料に関する項目では，「文法については，コミュニケーションを支えるものであることを踏まえ，言語活動と効果的に関連づけて指導すること」と明示されている。これは，まさにフォーカス・オン・フォームの考え方と合致する点であり，世界の言語教育の潮流の中で，日本の英語教育がいかにフォーカス・オン・フォームを指向しているかがうかがわれよう。

　ひるがえって日本の英語教育の現状を見てみると，コミュニケーションとは名ばかりで，外国人教師に任せっきりだったり，文法説明とお決まりの英文法演習の後，申し訳程度に発話活動を行ってみたりと，形式中心授

業の域を全く越えていないことも多い。本当のコミュニケーション力の育成を目指すためには，何よりもまず，意味内容が豊かな英語授業を実現していかなければならない。そして，フォーカス・オン・フォームの英語教育を目指すためには，そのような意味あるコンテクストの中で，学習者の注意をいかに言語形式に向けさせていけるかを考えていかなければならない。

　最初に断っておくが，フォーカス・オン・フォームは，あくまでも言語指導の原理・原則を示した「アプローチ」であり，具体的な指導手順を示す「メソッド」とは異なる。第二言語習得の複雑なメカニズムや学習者が生み出す創造的な言語（「中間言語」と呼ばれる）の存在が明らかになってきた今，外国語教育は，文法訳読法やオーディオリンガル教授法といったメソッドを越えた，ポスト・メソッド（post-method）の時代に入ったと言われている。いつでも，どこでも，誰にでも，同じように適応するといった画一的なメソッドではなく，インプット，アウトプット，インタラクション，気付きなどを取り入れた，柔軟で応用性に富んだアプローチを模索している。フォーカス・オン・フォームは，まさにそのような言語教育のアプローチなのである。個々の教師は，言語習得の原則を踏まえた上で，それぞれの実状に合わせて，様々な選択肢から有効となるものを取捨選択していかなければならない。その際に重要となるのが，教師の授業の根幹にある「英語習得観・教育観」である。そして，その英語習得観・教育観を刺激，触発しようというのが，本書の大きな狙いである。

　本書では，大局的な視野に立って外国語教育を捉え，これまでの日本の英語教育について批判的に振り返り，これから目指すべき方向を提案していきたい。具体的な構成は，第1章で第二言語習得とは何かということについて触れた後，第2章で，伝統的教授法の有効性を第二言語習得研究に照らして検証していく。第3章では，コミュニカティブ教授法を取り上げ，その実践例として内容中心言語教育に焦点を当てる。第4章では，コミュニカティブ教授法の別の例であるタスク中心教授法を取り上げ，タスクとは何かを問い，その理論的背景や研究について紹介していく。これら第3・4章の内容は，フォーカス・オン・フォームを実現する上で重要な土台となる。そして，第5章では，フォーカス・オン・フォームについて

の様々な議論を紹介する。フォーカス・オン・フォームが日本の英語教育の中でどう活かされるべきか，また予想される課題や解決策は何か，ということについて考えていきたい。第6章では，フォーカス・オン・フォームの具体例を紹介する中で，それらが示唆するところを探っていく。最後の第7章では，それまでの章のポイントをまとめ，これからの英語教育改革のための提言を試みたい。

　本書は，現役の英語教師と，これから英語教師を目指す人々を主な読者対象として書かれているが，その内容は，その他多くの人々にとっても有益であると信じている。英語教師だけでなく，他の言語を教える教師にも本書で書かれている内容は大いに当てはまるであろう。また，学習者にとっては，第二言語習得研究の知見に照らし合わせて，自らの学習方法を改めて見直す機会になるのではないだろうか。第二言語習得研究，特にクラスルーム研究に従事する者にとっては，教育実践との橋渡しということで参考になる部分が多いのではないかと思う。日本の英語教育を改善していくためには，現場で奮闘する教師だけではなく，それを陰から支える教育委員会関係者や，行政の教育政策担当者などが，密接に協力していくことが求められる。そのため，これら教師以外の教育関係者にも，是非本書を読んでいただけたらと思う。本書を読み進めていく中で，読者がそれぞれの立場で自らの英語習得観・教育観を振り返り，それを深め，広め，あるいは改めていく機会となってくれればと願っている。そして，教師にとっては，それが明日の授業へのアイデアとなり，活力へとつながっていけばと切に願っている。

　私事になるが，筆者は，他の多くの第二言語習得研究者と同様に，研究者であると同時に，教師であり，外国語学習者でもある。これまでの筆者の外国語学習と教育経験は，上に述べた外国語教育の変遷と重なり合う部分が多い。学習者としては，中学時代に This is a pen. で始まる形式重視の訳読式英語授業からスタートし，高校では訳読式の授業に加えて，英語を聞きっ放しにするといった学習方法や，音読練習，ドリル練習なども独学で試みた。大学では ESS に入り，ようやくそこで初めて英語でコミュニケーションする機会を持った。しかし，思うように英語が使えない自分にフラストレーションを感じ，回りにいる帰国子女の学生と自分を比べ

て，劣等感に陥る毎日であった。そんな四苦八苦の英語学習の中でも，いつしか英語を学ぶ意義と面白さに目覚め，その後，交換留学生として南オレゴン大学に2年間留学。帰国後，英語を教えるようになったが，現状に満足できず，再度アメリカに留学。南イリノイ大学で応用言語学と英語教育学を3年間勉強した後，今度はワシントンDCにあるジョージタウン大学で4年半研究生活を送った。いずれの場所でも，多くのネイティブ・スピーカーやノン・ネイティブの英語話者達と触れ合う中で，徐々にではあるが，日本人として物怖じせずに英語が使える自分へと成長していくことができたと思っている。

英語教師としては，まず最初はダイアログ暗記，ドリル練習などを使った教え方から始まり，その後，それにできるだけコミュニケーション活動を加えるように努力していった。後には，形式指導にとらわれずに，もっと言葉の伝える中身を重視した教え方に変わってきた。アメリカ留学中は，わずか4年間であったが，外国人に母語である日本語を教える機会にも恵まれた。その経験から，ネイティブ教師としての強み・弱みに気付かせていただいたと同時に，ノン・ネイティブ教師の役割も再発見できた。日本，アメリカで外国語教育に携わりながら，幾度となく自分の教え方に疑問と限界を感じてきたが，その都度，第二言語習得研究によって自らの学習・教育実践を見直す機会をもらった。そうして，ようやく自分なりに納得できる英語習得観・教育観を確立することができてきたと思っている。現在の挑戦は，フォーカス・オン・フォームの考え方をいかに実践の場で生かし，それを教員養成や研修などの場を通して他の人にも伝えていけるかということである。

今後も，研究と実践を結びつける努力は続くが，このような複数の立場で培ってきた英語習得と教育への気持ちと考えを，1つの集大成としてまとめたのが本書である。これからの英語教育への，私なりの挑戦の書と考えている。これを1つのきっかけとして，今後，他の研究者や教師の方々と共に協力し，知恵を出し合いながら，より良い英語教育のために働き続けていきたいと願っている。

最後となったが，本書の執筆に当たって，企画段階から出版に至るまで，誠心誠意尽力して下さった大修館書店の須藤彰也氏に，心から御礼申

し上げたい。また，この場を借りて，本書の執筆を支えてくれた妻の裕紀子と，英語学習者としてハワイの地で奮闘して，第二言語習得のすばらしさを改めて教えてくれた娘の智恵に，心から感謝の意を表したい。なお，表紙の写真は，著者が在外研究中にハワイにて撮影したもので，雄大な自然の力と重ね合わせて，第二言語学習者の無限の可能性を意味している。

2009年9月

和泉伸一

目　次

はじめに　*iii*

第❶章　英語教育観と第二言語習得研究 ——————— *3*
1.1. 英語学習観と英語教育観　*3*
1.2. 読者の英語観は？　*4*
1.3. 第二言語習得研究とは何か？　*7*

第❷章　伝統的教授法 ————————————————— *12*
2.1. 伝統的教授法の言語習得観と教育観　*12*
2.2. 伝統的教授法の教え方　*14*
2.3. 限界と問題点　*17*
    2.3.1. 伝統的教授法で学んだ英語を実践のコミュニケーションで上手く使えるか？　*17*
    2.3.2. 文法をしっかりと理解すれば使えるようになるか？　*20*
    2.3.3. 地道に練習をすれば必ず上手くなるか？　*30*
    2.3.4. 文法中心の授業にコミュニケーションを加えてバランスをとったらどうか？　*39*
    2.3.5. 文法とコミュニケーションを別々に教えることは，どんな影響を及ぼすか？　*43*
2.4. まとめ　*47*

第❸章　コミュニカティブ言語教授法１：内容中心教授法 ——— *48*
3.1. コミュニカティブ教授法の言語習得観と教育観　*49*
3.2. コミュニカティブ教授法の弱いバージョンと強いバージョン　*52*
3.3. 内容中心教授法とは何か？　*54*
    3.3.1. 内容中心教授法の理論的背景と日本の英語教育に対する意味　*56*
    3.3.2. イマージョン教育の挑戦：「一石二鳥」の取り組み　*69*
    3.3.3. フランス語イマージョン教育研究が示すこと　*76*
    3.3.4. 加藤学園の英語イマージョン：イマージョンは日本でも有効か？　*79*
    3.3.5. これからの内容中心教授法の課題　*85*

第4章　コミュニカティブ言語教授法2：タスク中心教授法 ——— 89
- 4.1. タスクとは何か？　*89*
- 4.2. タスク中心教授法の理論的背景　*102*
- 4.3. タスクに関するSLA研究が示すこと　*109*
  - 4.3.1. 単純化 vs. 詳細化：どちらのインプットがリーディング理解を深めるか？　*109*
  - 4.3.2. 会話のインタラクションは文法学習に役立つか？　*114*
  - 4.3.3. タスク中心授業は語彙習得に役立つか？　*120*
  - 4.3.4. ベルギーのタスク中心教育の大規模プロジェクトが示す課題　*125*
- 4.4. タスク中心教授法の課題　*129*
- 4.5. まとめ　*134*

第5章　第3のアプローチ：フォーカス・オン・フォーム ——— 136
- 5.1. 言語習得の3要素とは？　*137*
  - 5.1.1. 受動態の例　*139*
  - 5.1.2. 存在のThere構文の例　*141*
  - 5.1.3. 3要素の教え方の注意　*143*
- 5.2. フォーカス・オン・フォームの言語習得観と教育観　*145*
- 5.3. フォーカス・オン・フォームの課題　*148*
  - 5.3.1. どの言語形式をターゲットとするか？　*149*
  - 5.3.2. フォーカス・オン・フォームを行うためには，教師はどのような準備が必要か？　*151*
  - 5.3.3. どのようなテクニックを使って，学習者の注意を言語形式に向けるか？　*153*
  - 5.3.4. どのようなタイミング／授業構成で学習者の注意を言語形式に向けるか？　*156*
  - 5.3.5. 日本の英語教育におけるシラバスをどうするか？　*159*
  - 5.3.6. 日本の英語授業をいかに意味内容豊かなものにするか？　*163*
- 5.4. まとめ　*168*
- 参考資料　*170*

第6章　フォーカス・オン・フォームの実際 ——— 176
- 6.1. 内容中心教授法とフォーカス・オン・フォーム　*176*

        6.1.1. 科学の授業の中で，過去形と過去条件文を教える：リキャストの効果　*176*
        6.1.2. 環境問題について考える授業の中で，不定詞を教える：簡潔な文法説明をタイミング良く導入する　*182*
    6.2. タスク中心教授法とフォーカス・オン・フォーム　*200*
        6.2.1. 落とし物の持ち主を当てるタスクの中で，法助動詞を教える：簡潔な文法説明の効果　*200*
        6.2.2. 問題解決型タスクの中で，冠詞の使い方を教える：インタラクション強化の効果　*209*
    6.3. まとめ　*216*

第❼章　これからの英語教育の挑戦 ──────────218
    7.1. 日本の英語教育への提言　*218*
        7.1.1. 理解可能な $i+1$ のインプットを豊富に与える　*219*
        7.1.2. 言葉の伝える意味内容に注目する　*220*
        7.1.3. インタラクションを持つ　*222*
        7.1.4. タスクを活用する　*223*
        7.1.5. フォーカス・オン・フォームの指導をする　*226*
        7.1.6. 言語意識を高め，気付きを促す　*227*
        7.1.7. 言語能力の基礎訓練を行う　*228*
    7.2. 英語教育改革への壁　*231*
        7.2.1. 授業時間の問題　*231*
        7.2.2. 受験英語の問題　*236*
        7.2.3. 教師と生徒の英語力の問題　*240*
    7.3. 終わりに　*245*

◉付録◉　FonF を取り入れた英語授業案　*247*

参考文献　*263*
索引　*281*

「フォーカス・オン・フォーム」を取り入れた新しい英語教育

第1章　英語教育観と第二言語習得研究

1.1. 英語学習観と英語教育観

　英語教師でなくても，多くの人々は，どのような学習方法や教育方法が英語を習得する上で良いのか，また良くないのかについて，それなりの考えを持っている。それは，その人の「英語観」と呼べるものである。学習者の立場から見ると，それは「英語学習観」となり，英語教師の立場から見ると，「英語教育観」となろう。英語観の具体例として，英語習得の秘訣に次のようなことを挙げられる読者がいるかもしれない。

- 英文法の基礎基本を最初からしっかりと身に付けることが，その後の英語学習の発展の決め手となる。
- 英単語は日本語対訳方式で，とにかく大量に丸暗記することが最も効率的な方法であり，それが実用英語の基礎となる。
- 英単語は丸暗記するよりも，沢山の英語の本を読むこと，すなわち多読から学ぶのが一番良いやり方である。
- 英語は実際に会話で使ってみる中で身に付けるのが一番実践的であり，効果的である。
- 受験英語と実践の英語は全く別物であるので，前者は後者に役立たない。

　これらの考え方は，本人の外国語学習の成功・不成功の体験に基づいている場合もあろうし，本，テレビ，語学教育セミナーなどで学んだ知識に基づいているのかもしれない。いずれの場合も，そのような考え方が，意

識的か無意識的にその人の言語学習観や言語教育観を形成している。そして，それはその人の外国語学習方法や教育方法に反映され，実生活に多大な影響力を持つこととなる。だからこそ，正しく理にかなった言語習得の考え方や事実を認識することが重要になってくる。そのような認識に助けられて，学習者はその学び方を，教師はその教え方を，絶えず向上させていくことが可能となる。

1.2. 読者の英語観は？

さて，本書を読み始めるにあたって，まず読者が現在持っている言語習得に対する考え方について，少し振り返ってみていただきたい。ここにいくつかの語学学習と言語教育に対する考え方を提示するので，1つ1つについて，賛成か反対かを○×で答えていただきたい。強く賛成するなら二重○を，強く反対するなら×2つをつけても構わない。そして，それぞれについて，賛成または反対の理由も考えていただきたい。

英語観に関するアンケート

(　) 1. 語学学習は，1つ1つの形式や文法を順序良く学んで，積み重ねていくものである。

(　) 2. 語学学習では，まずしっかりと文法規則を理解することが必要であり，あとは地道に練習を続けていくことが上達の秘訣である。

(　) 3. 誤りはそのままにしておくと悪い癖となるので，すぐに直していくことが必要である。

(　) 4. 実用的な言語能力を身に付けたいのなら，語学を「勉強する」ことによってではなく，実際にコミュニケーションの中で「使っていく」ことによって身に付けるのがベストである。

（　）5. 言葉は，伝えるべき中身なくしては存在しないので，まず何よりも内容豊かな中身を大事にすべきである。

（　）6. 言葉の習得には，より多くのインプット（言語の使用例）に触れることが最も重要である。

（　）7. 日本の英語教育の問題は，文法学習に時間をかけ過ぎることである。もっとコミュニケーションの時間をとることによって，問題は解決されるだろう。

（　）8. 文法とコミュニケーションを分けて教えることは，言語の効果的な習得にはつながりにくい。形式と意味を統合した教え方を模索すべきである。

さて，読者はどのように考えられるだろうか。それぞれの項目について，少し深く掘り下げて考えてみると，様々な疑問が生じてくる。第1の項目は，毎回の授業で順に1つずつ文法項目を導入して，生徒がそれを順序通りに定着させていくことを期待した考え方である。しかし，言語習得は，本当に教師の計画通りに整然と順序だって進むものなのだろうか。また，言語項目の提示の順番は，一体どうやって決められるべきなのだろうか。第2の項目では，言語規則の理解と練習を重視している。だが，言語習得において，実際どの程度までの文法理解が必要なのだろうか。また，文法理解はコミュニケーション活動よりも常に前に来なければいけないのだろうか。更に，練習すると言っても，どのような練習活動が効果的なのだろうか。3番目の項目では，練習する際は誤りに気を付けて，なるべく間違わず正しい発話をすることが重要視されている。しかし，言語の正確さは，最初からそう簡単に身に付くものなのだろうか。誤りは指摘されて分かれば，そうすぐに直るものなのだろうか。

第4の項目は，実践的コミュニケーションを重んじた考え方である。では，コミュニケーションの中で一体どこまでの外国語能力が身に付くのだろうか。言語はコミュニケーションだけで本当に習得可能なのだろうか。

第5の項目は，言葉を文法や語彙などの形式の集合体としてよりも，中身・意味を中心として捉える考え方である。中身を重視するということは，形式を教える際には，簡単には，例文を生徒にとって身近な話題から拾ってくるといったことから始まり，より抜本的には，文法中心シラバスからトピックやタスクを中心にしたシラバスへと変えていくことにもつながっていく。そのような意味重視のアプローチは，文法重視のアプローチと比べて，どこまで効果があるのだろうか。生徒の文法力や読解力などが下がってしまう危険性はないのだろうか。6番目の項目は，インプットの重要性を指摘している。母語習得では，子どもは大量の言語のインプットに触れて母語を習得すると言われるが，外国語習得でも同様のことが言えるのだろうか。インプットの量を増やすことで，どこまでの学習効果が期待できるのだろうか。外国語習得と母語習得を同一視してもいいのだろうか。

　第7の項目では，文法学習などの形式の学習に割く時間と，実際に言語を使ってみるコミュニケーション活動の時間的割合を問題にしている。では，もしコミュニケーション活動の比率を高めれば，日本人の英語コミュニケーション能力は大幅にアップするのだろうか。形式の学習とコミュニケーションのバランスは，単に時間的問題として扱ってもいいのだろうか。最後の第8の項目では，文法とコミュニケーションのバランスを，量的なものではなく，質的なものとして捉えている。両者を別々に分けて考えるのではなく，実際の言語使用の中で形式を教えていこうとする考え方である。果たして，そのようなことは可能なのだろうか。具体的に，どうやって両者を統合していけばよいのだろうか。

　ここまでで気付かれた読者もおられるかもしれないが，上記のアンケート項目は，3つのグループにまとめることができる。1から3までが，いわゆる伝統的言語学習観に基づいた考え方であり，伝統的教授法と呼ばれるものにつながっている。4から7までが，コミュニカティブ教授法と呼ばれる考え方と関連したものである。そして，最後の8が，1990年代以降に出現した，第3の教授法と呼ばれるフォーカス・オン・フォームの考え方である。

さて，読者の現在の英語学習観，英語教育観はどの部分が強い（アンケートで○または◎を付けた項目）だろうか。また，それは何に根拠を置いているのだろうか。そして，それが実際の授業にどのように反映されているのだろうか。更に問えば，読者が究極的に目指している英語教育とは，どのようなものだろうか。そして，それを教育現場で実践するには，どうしたらいいのだろうか。これらの問いに対して自信を持って答えることができるためには，教師一人一人が，確固とした英語学習観・教育観を持っていなければならない。巷の流行や風評，また様々な現場の圧力に流されないで，きちんとした情報と考え方に基づいて物事を洞察できる，教育的信念がなければならない。

以下の各章では，上に示された3つの外国語教授法のアプローチについて，より詳しく検証していく。関連する第二言語習得研究の理論と研究成果を紹介する中で，日本のこれまでの英語教育について批判的に振り返りつつ，これから進むべき道筋と，乗り越えていかなければいけない課題と解決策を探っていきたい。その前に，本書の根幹を成す，第二言語習得研究とは何かについて簡単に紹介しておこう。

1.3. 第二言語習得研究とは何か？

第二言語習得研究（Second Language Acquisition）は，近年大きな広がりと，深みを増してきている応用言語学の一分野であり，一般的にSLAとして知られている。SLAでは，第二言語，つまり母語を習得した後に学ぶ2番目（もしくは3番目，4番目）の言語が，いかに習得されていくのかを研究する学問分野である。多くの日本人にとってみれば，それは外国語としての英語の習得であり，あるいは大学で学ぶ第二外国語のフランス語，スペイン語，中国語，韓国語などの習得にも当てはまる。[1]

SLAは学際的な研究分野であり，言語学だけでなく，社会学，心理学，

---

[1] 「第二言語」（second language）という言葉は，日常生活で母語以外に頻繁に使用する機会のある言葉を表し，そうでない場合は「外国語」（foreign language）と呼んで区別することがある。本書では，特に違いを強調するような場合以外は，第二言語と外国語を同義に扱うこととする。

教育学，社会言語学，心理言語学，脳神経学，英語教育学といった，多くの学問分野から知識や研究手法を取り入れて発達してきている。したがって，取り組まれている研究課題も多岐にわたる。代表的な研究課題として，次のような事柄が挙げられる。

- 第二言語習得はどのように起こっているのか。そのメカニズムはどうなっているのか。
- 第二言語習得では，外国語を母語話者のようにマスターすることが可能なのか。もしそうでないのなら，その理由は何なのか。
- 第二言語習得と母語習得の違いは何か。類似点は何か。普遍的な習得要素はあるのか。
- 第二言語習得の成否を決定づける要因には，どのようなものがあるのか。成功の秘訣のようなものはあるのか。あるなら，それは何か。
- 第二言語習得の成功の度合いは，学習開始年齢，動機付け，インプットやアウトプットの量や質と，どのように関係しているのか。
- なぜ外国語を得意とする人がいる反面，苦手とする人がいるのか。それらの個人差は何が原因なのか。
- 外国語教育では，どのような教授法が有効であるのか。

　SLA研究では，基本的に教える側の教師の視点よりも，学習する学習者の立場，そしてそれを客観的に分析する研究者の視点を重視する。その大きな理由の1つとして，従来の外国語教授メソッドの開発が学習者をなおざりにして，教師や教材開発の観点ばかりを強調してきたことに対する反省がある。学習者不在の考え方では，独善的で押しつけがましい教育観に陥ってしまいがちである。生徒の学習が教えたように進まなければ，それを短絡的に生徒の動機付けの弱さや，理解不足，練習不足のせいにしがちである。それゆえに，教師がどのように教えるかにとらわれるのではなく，まず学習者が何を，どのように，そしてどの程度まで学んでいるのか，それとも学んでいないのかについて知ることが必要と考えられる。このように，教えることだけにとらわれていた視点から，いかに学んでいるのかという視点を取り入れた，「パラダイム・シフト」の中で出現し発展

してきたのがSLA研究なのである。

　SLAのサブ分野として，母語習得のような自然環境ではない，教室環境での第二言語習得に焦点を当てた研究も盛んに行われてきている。このような研究は，クラスルーム第二言語習得研究（Classroom SLA, Instructed SLA）と呼ばれている。そこでは，例えば，特定の教授法や教授技術，アクティビティー，インタラクションのパターンなどが生徒にどのような影響を与えているのか，そしてそれがひいてはどの程度の第二言語習得に結びついているのか，といった諸問題について多角的に研究が進められている。

　再度強調しておくが，SLA研究で対象としているのは，人々がどのように外国語を学んでいくのかということである。それは決して現実離れした理想世界を研究対象とするのではなく，むしろ現実として起こっている第二言語習得の実際に鋭い目を向け，それを吟味し探求することによって，より深く現実を直視しようとしていると言える。そうすることで，人々が頭の中で無意識に構築してきた「主観的現実」（subjective reality）に挑戦し，触発していく役割があると考えられる。だからこそ，特にクラスルームSLA研究者は，教育現場から遊離した「実験室」に籠もるのではなく，研究と教育の架け橋となっていかなければならない。教師の側も，どのようにして毎日の授業を向上させていけるかを，SLA研究の成果を参考にして模索すべきだろう。研究と教育実践を分けて考えることはたやすい。しかし，両者の結びつきを真摯に追求していくことで，研究・教育双方の向上と発展を期待することができるのではないだろうか。

SLAを学ぶ意義

　SLAを学ぶ理由は色々と考えられるが，多くの人は素朴な疑問から出発するようである。例えば，「どうしたら外国語を上手に話せるようになるのか。」「同じ時期に英語学習を始めたのに，どうして自分はクラスメートと比べて上達が遅いのか。」「なぜ自分の日本語アクセントは抜けないのか。」こういった疑問に関心を持つ人は案外多いものである。かく言う筆者も，そのような疑問からSLA研究の世界にのめり込んだ一人である。子どもの頃から長期の海外経験を持った人は，「自分はどうやって日本語

と同時に英語を使えるようになってきたのだろうか」「自分の英語習得と一般的日本人の英語学習者の英語習得と，どこが根本的に違うのか」と疑問に思うかもしれない。これらの疑問を持つ人々にとっては，SLAは言語習得の観点から見た「自分探検」として，有益な学問分野となるだろう。言語習得というものは，それが母語や外国語に拘わらず，人間の社会生活とは切っても切れないものであり，自らのアイデンティティーと密接に関わっているものなのである。

　また，英語教師をしている，もしくは目指している者にとっては，SLAは必須の学問である。欧米では，SLAが多くのTESOL（Teaching English to Speakers of Other Languages—英語教授法）プログラムの中で必修のクラスとなっている。日本でも，21世紀に入りようやく外国語教師養成の教職課程などで，SLAを必修科目，あるいは選択科目とする大学が出てきた。これは，SLA研究が英語教育を学ぶ上で重要な役割を果たすことが認知されてきた証拠であろう。

　譬えて言うならば，英語教師がSLAを学ぶことは，医者が人体の機能・成長・維持・回復力などに関して知ることに匹敵している。患者に適切な治療を行う上で，人体の仕組みを知ることが大切であるように，生徒に英語を教える上で，第二言語習得の仕組みについて知ることは不可欠である。もし医者がその場の思いつきや，勝手な思い込みで医療行為を行えば，それは命に及ぶ危険な結果をもたらすことにつながりかねない。命の危険があるとまでは言わないが，生徒の人生に多大な影響を与え得るという意味で，同様のことが英語教師にも言えるだろう。もし英語教師が，根拠の薄い自分の思い込みだけで授業を計画し展開したらどうなるであろうか。自律的な学習者ならば，教師の授業如何に拘わらず実力を伸ばしていけるかもしれない。しかし，そうでない大多数の生徒にとっては，多大な影響を及ぼすことになるであろう。彼らがそれまで抱いてきた英語学習への期待や，将来に対しての希望を打ち砕く結果となってしまうかもしれない。英語嫌いを助長し，強い苦手意識を生んでしまうかもしれない。そういう意味で，英語教師の責任は，医者のそれと比べても，決して軽いものとは言えないだろう。

　実際の教育現場で，教師は思ったように生徒の学習が進まないと，自分

の教育力に思い悩むこともあるだろう。自信喪失や自己嫌悪に陥ることもあろう。しかし，SLAを学ぶことによって，第二言語習得はどんな状況でもそれなりに時間のかかるものであり，様々な環境的要因や学習者個人に内在する要因が複雑に絡み合って起こることがよく分かってくる。決して短絡的に教師としての自分を責めたり，逆に教師が何でも教えられると過信したりすることなどできない。また，上手くいかなかった時に，その失敗の責任を安易に生徒になすり付けることなどできないのである。SLAを学ぶことは，そのように絶えず揺れ動きがちな教師の不安感を乗り越えて，英語教育を広く深い視野で見る目を養ってくれるであろう。それは，自らの学習経験と教育実践を客観的且つ批判的に見ることを促し，第二言語習得の実際に照らし合わせて，より効果的な授業を考えることを可能にしてくれるだろう。英語教育の向上を目指す上で，SLAの基礎知識は不可欠なのである。

　そのSLA研究を主な視点として，次の章では，日本の英語教育現場では依然主流である，伝統的教授法に焦点を当てていく。伝統的教授法の理論的基盤からその教育効果まで，多角的な面から考察を加えていきたいと思う。

第2章　伝統的教授法

　日本の英語教育でコミュニカティブな授業の必要性が叫ばれるようになってから，すでに何年も経つが，未だ伝統的教授法と呼ばれる教え方が隆盛を誇っているようである。そこで，コミュニカティブ教授法やフォーカス・オン・フォームについて論じる前に，まず伝統的教授法がどのような理論的根拠に基づいていて，それがどこまでSLA研究から支持されているかについて，検証していく必要がある。これは日本の英語教育における教師・学習者の健全な教育観・学習観の確立の重要性を考える時，欠かすことのできないステップである。

2.1. 伝統的教授法の言語習得観と教育観

　まず，伝統的教授法の考え方の基盤を見ていこう。伝統的教授法は，以下のような言語習得に対する考え方をその基本姿勢としている。

- 言語は，文法や語彙，音声体系の集合体として捉えられ，学習者はそれを意識的に学習することによって，言語を習得することができる。
- 言語は，音素や語彙，文法規則など，それぞれを項目別に切り分けることができ，それら切り分けられた項目を学習単位とする。
- 言語を教える際には，そのように切り分けられた部分部分を，1つ1つ順序立てて学習者に提示していくことで，効率的で効果的な学習が可能となる。
- 学習者は，教師や教科書に提示された言語項目を，順序通りに着実に学んでいくことが必要であり，その積み重ねが言語習得となっていく。

- 基本的な学習順序は，まず規則を理解し，そしてそれを暗記して，あとは繰り返し練習することによって，学習項目を定着させることができる。
- 意味伝達を目的としたコミュニケーションは，最後のステップであり，その際は，学習した項目を恥ずかしがらずに積極的に使っていくことが必要である。また，正確な言語使用を心掛けることが望まれる。

　このように，伝統的教授法は，文法規則や語彙などの言語形式を最重要視する教え方である。そのため，SLA 研究では，伝統的教授法のことを「形式重視のアプローチ」（Focus on Forms）と呼んでいる（Long, 1991; Long & Robinson, 1998）。そこでは，言語の様々な形式を学習することによって，徐々に言語知識を蓄えていき，それがある程度蓄積された時に，初めてコミュニカティブな言語使用が可能になるとされている。（後に詳しく述べることとなるが，伝統的教授法は，フォーカス・オン・フォーム―Focus on Form―とは区別される。前者が形式ばかりに焦点を当てるのに対して，後者は意味―Focus on Meaning―だけでなく，必要に応じて形式にも焦点を当てるとの意味合いがある。）

　伝統的教授法では，言語習得は言語項目を1つ1つ丁寧に積み重ねていくことによって成り立っていると捉えている。だから，英語学習では，be 動詞，一般動詞，現在形，過去形，現在完了形といったように，より簡単と思われる項目から，より複雑な項目へと学習を進めていき，その積み重ねが何年も経った時に，大きな言語知識の「タワー」が完成するとされる。毎回の授業では，言語は便宜上一口サイズの学習項目に切り分けられ，バラバラに生徒に与えられる。これは，親が乳幼児に「あ〜ん」と言って離乳食を与えるのと似ているため，「手取り足取り教育」（spoon-feeding teaching）と呼ばれたりもする。そして，実際のコミュニケーションでは，生徒は教わった項目を目的に応じて取捨選択し，統合して操っていかなければならない。そのため，学習者の観点から見て，伝統的教授法は「統合的教授法」（synthetic methods）とも呼ばれている（Long & Robinson, 1998; Wilkins, 1976）。

　以上のような積み重ね学習が上手く機能するためには，生徒は提示され

た学習項目を1つ1つ着実に定着させていく必要がある。つまり，それは「最初から正確にきちんと押さえていくやり方」(Get it right from the beginning.) であり，教わったことさえしっかりと理解していれば，あとは練習を積み重ねることによって確実に身に付けていけるとされる (Lightbown & Spada, 2006)。逆に言えば，使えないのは理解不足か，練習不足のせいであるとされる。更に，間違いは放っておくと悪い癖になるので，即座に訂正される必要があるとされる。このように，間違いに対して最初から厳しい態度で臨むので，伝統的教授法は「間違いを回避する教え方」（error-avoiding teaching），もしくは「誤り防止教育」(preventive pedagogy) とも考えられる。

　伝統的教授法では，教師（もしくは教科書）が何をどの順序で学ぶべきかを全て決定していくので，「教師主導のアプローチ」(teacher-centered approach) である。コミュニケーション活動であっても，「関係代名詞を使って作文しなさい」「教わった疑問文を使って活動しなさい」といったように，あらかじめ目標言語項目に沿ったガイドラインが与えられている点で，教師主導であることは変わらない。言語形式の基本を確実に身に付けるまでは，自由なコミュニケーションは無理である，という考え方がその根底にある。シラバスは，教師（または教科書）という外的要素によって決められているので，それは「外的シラバスを使ったアプローチ」(external syllabus approach) と言われる。また，学習者が自らに内在する言語習得能力を使って学び取ることよりも，教師が教えることの重要性を強調している点で，伝統的教授法は「養育重視のアプローチ」(nurture approach) とも考えられる。

2.2. 伝統的教授法の教え方

　伝統的教授法の具体的な教え方として，文法訳読法 (grammar-translation method) とオーディオリンガル・メソッド (audiolingual method) が挙げられる。双方の教え方に共通しているのは，上記に挙げられたように，外的シラバスを使った教師主導型であり，言語習得は個別の言語項目の積み重ねの結果起こるものとして捉える，統合的アプローチをその基盤とし

ているところである。

　文法訳読法は，文法と訳読に重きを置いた指導法であり，母語による丁寧な文法説明と，教科書に出てくる英文の訳読を中心に授業が展開される。多くの教室現場では，これに文法の練習問題などが織り交ぜられて授業が展開される。文法訳読法は，特定の人物が発案した教授法ではなく，中世ヨーロッパにおいてラテン語教育がそのように行われていたということに端を発していると言われている。中世ヨーロッパでは，ラテン語はすでに死語であり，その学習は主に古典文学を読むなどの学術的なトレーニングとして行われていた。そのため，ラテン語教育では，読解と文法規則を理解することに注意が注がれ，口語のコミュニケーションは全くの目的外とされた。すなわち，そこでは使うための外国語教育といった視点は欠如しており，メンタル・トレーニングといった色彩が濃く現れている。このような背景の基に，文法訳読法は普及してきたが，そこには理論的な後ろ盾は特に存在しない (Brown, 1987; Richards & Rogers, 2001; 白畑，他, 1999)。

　これに対して，オーディオリンガル・メソッドは，1940～50年代にかけて言語構造を重んじる構造主義言語学 (structural linguistics) と，言語習得を習慣形成と捉える行動主義心理学 (behaviorist psychology) をその理論的背景として生まれた。文法訳読法が書き言葉を重視するのに対して，オーディオリンガル・メソッドでは話し言葉を重視し，口頭での繰り返し練習 (choral repetition) や文型練習 (pattern practice) などのドリル練習を主な教授方法としている。何度も飽きるまで同じ表現を復唱したり，一定の文法パターン（例えば，現在形から過去形へ，肯定文から否定文へ）に沿って文を変えていくといった訓練が行われる。それは，言語は刺激・反応・強化 (stimulus-response-reinforcement) の順で獲得される習慣であると捉える「習慣形成論」(Habit Formation Theory) の考え方に基づいている。また，ダイアログの暗記練習も，オーディオリンガル・メソッドの特徴である。練習活動が単調にならないように，全体練習だけでなく，ペアでの練習や，時に発表活動なども交えて，生徒の注意を持続させるように工夫して行われたりもする (Brown, 1987; Richards & Rogers, 2001; 白畑，他, 1999)。

実際の英語授業の中では，文法訳読法とオーディオリンガル・メソッドのどちらか１つの教え方というよりも，２つを組み合わせて使う場合が多い。これに加えて最近では，より自由な形でその日の目標文法項目を使ったコミュニケーション活動も盛んになってきた。文法訳読法，オーディオリンガル・メソッド，コミュニケーション活動の３つが揃うと，「PPPアプローチ」として知られる教え方の手順が完成する。PPPとは，Presentation, Practice, Productionの頭文字をとったものであるが，まず文法訳読法を使って，その日の目標学習項目を提示して説明することから始まり（Presentation），次にオーディオリンガルの手法を用いて口頭反復練習，パターン・プラクティス，会話文暗記練習などの練習活動を行い（Practice），最後にコミュニケーション活動として目標文法項目を使ったタスク活動やゲーム活動などが行われる（Production）。

　つまり，言語習得は，各項目ごとに，理解 ➡ 練習 ➡ 使用の学習順序を踏んで，積み重ねられて成り立つとされる。そこでの効果的な授業とは，この３つのPを時間内に手際良く行うことである。だが，実際の教育現場では，必ずしも毎回の授業でPPPのサイクルを全て終わらすことができないことも多い。その際は，最初の２つのPに授業時間が費やされ，最後のPはオーラル・コミュニケーションのようなクラスに託されるか，生徒自らが学校内外で積極的に英語を使用する機会を見つけていくことが期待される。

　シラバスは，文法規則を簡単と思われるものから，より複雑なものへと順序立てた，「文法シラバス」（structural syllabus）が用いられることが多い。[2] しかし，最近では，文部科学省主導のもと，よりコミュニカティブなシラバスへと移行しつつあり，例えば，言語を用いて何をするのかという伝達目的（依頼，感謝，謝罪など）を重視した「概念／機能シラバス」（notional-functional syllabus）や，国際的なトピック内容を配した「トピック・シラバス」（topic syllabus），または言語の使用状況に配慮した

---

[2]　文法シラバスの文法項目の配列順序は，言語習得のデータに基づいて決められているわけではなく，教科書執筆者の経験による「勘」によって決定づけられていることが多い（Long, 1991; Long & Robinson, 1998）。そのため，文法項目の切り分けられ方はもとより，その配列順序にも，未だSLA研究の知見は反映されていないのが普通である。

「状況シラバス」(situational syllabus) なども用いられている。そのため，現在の中・高の英語教科書は，以前と比べて，文法シラバスをあからさまに前面に押し出しているものは少なく，様々なシラバス・タイプの「混合シラバス」で構成されている場合が多い。

例えば，中学校のテキストの1ユニットでは，トピックはバングラデシュの人々の生活についてであり，状況は日本の中学生がバングラデシュの家庭に体験留学するという設定で，目標文法項目の現在完了形が導入されている (*New Horizon English Course 3*, 笠島，他, 2002)。ただ，それでも，やはり文法シラバスが根本的規定要因として大きな影響力を持っていて，トピックや状況設定等は，目標文法項目を導入する単なる手段として用いられているようなことも少なくない。このような状況を，苦い薬（文法シラバス）を甘い糖衣のカプセル（トピック・シラバスなど）で包んで飲ませようとしているだけで，本質的には文法シラバスと何ら変わりはない，と批判する研究者もいる (Long, 2007; Skehan, 1998)。実際，これらのテキストを使った英語授業を見ても，トピックや状況はさてより，文法規則の説明や練習にほとんどの時間を割いているということも決して珍しくない。

このような伝統的教授法の教え方は，一見理路整然としていて，教師が毎回それなりにまとまりのある授業を展開する上で便利なものだろう。テスト作成においても，簡便な教え方であると思われる。しかし，ここで大切なことは，それが生徒の「使える英語力」へとどこまでつながっているかという視点である。以下では，この点について，様々な角度から考察していきたい。

2.3. 限界と問題点

2.3.1. 伝統的教授法で学んだ英語を実践のコミュニケーションで上手く使えるか？

現代の英語教育の挑戦は，英語を単なる知識としてではなく，実際の意思伝達の道具としてコミュニケーションの中で使えるようにすることである。例えば，三単現 -s はいつ付ける必要があるかを，ただ単に「知って

いる」とか，練習問題の中でできるかどうかではなく，それを実際に目的達成や意味内容が中心となる自然なコミュニケーションの場面で「使える」かが重要となる。この点で，SLA 研究では，伝統的教授法に対してかなり厳しい答えを出している。

　まず，一般教育論の観点から考えてみたい。実際のコミュニケーションでは，当然いつどの文法項目を使わなければならないかなど規定されてはいないので，生徒は自らそれを考え，取捨選択していかなければならない。誰も「この場面では関係代名詞の目的格用法を使いなさい」とか，「今日は不定詞の形容詞的用法を用いて英語を話しなさい」などと指示してはくれないのである。しかし，伝統的教授法では，言語を項目別に分けて教え，丁寧に PPP のステップを踏むため，必然的に生徒が教師に依存しなければならないような教育を施していることになる。皮肉にも，生徒に手取り足取り優しく教えることが，逆に生徒が実際のコミュニケーションに接した時に困難となる状況を作り出してしまっているのである。

　Yoshida（2002）は，このような状況を英語教育の「金魚鉢モデル」と表している。すなわち，金魚が餌の世話から水質の管理まで全て人任せであるのと同様に，英語教育でも，全て与えられるがままに言われたことをやっていれば良いという状況が，授業内に作られてしまっている。それは言語運用能力を伸ばすという長期的な観点から見ても，学習の動機付けといった短期的な観点から見ても，決して得策とは言えない。教師側の意図とは反して，生徒の英語習得と学習の自立を助けるどころか，阻害することになってしまいかねないのである。それゆえに，Yoshida は日本の英語教育は，「大海モデル」（生徒が自らの主体的な努力と，それを助ける周りからの支援で自立していける教育）へと変わっていかなければならないと主張している。

　心理言語学的な観点から見ると，言語習得には，言語形式と，それが伝える意味内容，そしてそれが使われる状況との間で，密接なネットワークが脳内に構築されていることが不可欠とされる。そうでなければ，実際のコミュニケーション場面で，目的に応じて言葉を上手く使いこなしていくことはできない。しかし，言語形式を1つ1つバラバラに教えるやり方では，形式と意味のつながりはおろか，違った言語項目同士の関係性や，状

況に適した言語形式を選択する能力など，習得することができなくなってしまう。習った形式は，良くても全く別々の脳内の引き出しにしまわれてしまい，簡単に取り出すことができない（つまり脳内ネットワークが構築されていない）か，もしくは使うチャンスがないうちに（多くの場合，テスト後に）すっかり忘れ去られてしまったりする。つまり，コミュニケーションを言語学習の目的と考えた時，伝統的教授法のような統合的教授法は，必ずしも学習者に優しい教え方（learner-friendly teaching style）ではない。それは，むしろ系統立てたレッスン計画と評価のしやすさの面で，教師にとって優しい教え方（teacher-friendly teaching style）であると言えよう（Doughty, 1998; Long & Robinson, 1998）。

　かくして，伝統的教授法で学んだ学習者は，習ったことがコミュニケーション場面で使えないという限界に自ら気付いて，いずれその学習方法を変えていかなければならなくなる。人によっては，英会話学校に通うことで問題を解決しようとするかもしれないし，別の人にとっては，海外留学といった解決方法をとるかもしれない。仮に中・高の6年間を伝統的教授法で勉強してきた人が，大学に入ってから，もしくは社会人になってから，初めて実践的なコミュニケーションに触れたとするとどうなるか。そこからコミュニケーション能力を獲得することは不可能ではないにしても，容易なことではないことは確かである。その時に，今までの勉強が役立つどころか，「知っているはずなのに，なぜ使えないのか」と，真面目に勉強してきた人ほど不信感や不安感はつのり，英語への強い苦手意識や劣等感を生んでしまったりする。

　実際，多くの学習者が，大学生や社会人になるはるか以前に形式偏重の学習法についていけなくなり，英語嫌いといった英語に対するアレルギー反応を培ってしまう傾向にある（国立教育政策研究所, 2006）。それでも挑戦し続ける人はまだいいが，そうでない大多数の日本人の学習者は，英語学習から全く離れていってしまうのである。これは日本の英語教育界にとって最大の悲劇であり，現場で奮闘している英語教師にとっては，最も皮肉なことであろう。

2.3.2. 文法をしっかりと理解すれば使えるようになるか？

　伝統的教授法の効果について，別の観点から見てみよう。それでは，もし教わった英語を実践のコミュニケーションで上手く使えないとすれば，それは文法理解がもともと中途半端であったからではないのか。もっとしっかりと文法を理解していれば，多少時間がかかっても使えるようになるのではないか。このような議論もあり得るだろう。それでは，文法を理解していれば，本当に使えるようになるのだろうか。

　例を挙げてみよう。例えば，教師の中には「5文型をマスターしなければ，英語力は伸びない」と主張する人がいる。しかし，本当に5文型を理解しなければ，学習者の英語は伸びていかないのだろうか。周りを見てみると，外国語として英語を学んだ人々の中には，5文型についてよく理解している人もいれば，5文型など聞いたこともないという人もいる。また，聞いたことはあるが，よく分からないという人もいるだろうし，筆者のように，中学，高校で5文型について教わった時はよく分からなかったが，ずっと後になってから（英語を教えるようになってから！）その概念がやっと分かったという人もいるだろう。これらいずれのタイプの人でも，流暢に英語を使って仕事や生活をしている人々は沢山いる。それを考えると，学習過程でどこまで5文型のような文法体系を理解していなければならないか，大きな疑問である。[3]

　別の例を挙げよう。中学1年時では，多くの場合，三人称単数現在形の -s が導入される。それを教える際，まず最初に I like apples. と比較対照しながら，John likes apples. を提示するとしよう。そして，I は一人称だが John や he, she などは三人称となるので，動詞の後に -s を付けなければならないことを説明する。この時点で，人称の活用表などを示して説明に役立てようとするかもしれない。次に，確認と定着のための練習問題を与

---

[3] 反論として，これらの人々は5文型を一度は学んで理解したが，英語が流暢になるにつれて，忘れてしまったという可能性も考えられる。つまり，文法理解は工事現場の「足場」のように，最初は必要だが，言語能力が身に付くにつれて不必要となり，取り外されるといった考え方である。しかし，そのような足場が本当にどの程度必要なのか，実際どこまで役に立っているのか，逆に「足かせ」とはなってはいないのか，文法理解の必要性は最初からあるものなのか，それとも途中から増してくるものなのか，それは常に規則の理解という形を取らなければならないのか，それともパターンの記憶で十分なのか等々，増々疑問はつのる。

える。例えば，「例にならって言ってみよう」として，Takashi / play soccer をつなぎ合わせて Takashi plays soccer. とすることを指示した上で，練習問題として Emi / play the piano. や Bob / eat a hamburger. を変えて文章を作らせる。文章の代わりに絵を使う場合もあろうが，練習の仕方は基本的に変わらない。

　生徒はこの授業の内容をきちんと理解して，練習問題も全て正しく答えることができたとしよう。さて，それでは，この生徒は三単現の -s を使えるようになったのだろうか。伝統的教授法の考え方からすれば，「そうなるはず」だが，実際の話はそれほど簡単ではない。SLA 研究では，三単現の -s は，進行形の -ing や過去形の -ed などよりも習得順序が遅く，説明を受けたり練習問題をすることによって，その習得順序が変わることはほとんどないということが分かっている（R. Ellis, 1994, 2008; Gass & Selinker, 2008; Larsen-Freeman & Long, 1991; Ortega, 2009; 白畑，他, 2002）。

　その習得には，それがインプットの中で起こる頻度（input frequency），その聞き取りやすさ（perceptual saliency），意味と形式の関係の明瞭さ（clarity in form-meaning relationship）などの要素が，複雑に絡み合っていることが確認されている（DeKeyser & Goldschneider, 2001）。実際，習得が遅いどころか，何年もの間英語に触れていても，三単現の -s を一貫して正確に使うことができない英語学習者は沢山いるのである。三単現の -s は，中学の早い段階から導入され，しかも規則の概念的な理解はさほど難しくないにも拘わらず，習得が非常に困難なのである。

2つのタイプの言語知識

　このような言語規則の理解と使用の乖離は，なぜ起こるのだろうか。SLA 研究では，学習者が言語を学んでいく過程で，2つの質的に違ったタイプの知識を獲得していることを示している。1つは「言語についての知識」（knowledge *about* language），または認知心理学で言う「明示的知識」（explicit knowledge）であり，もう1つは「言語の知識」（knowledge *of* language），または「暗示的知識」（implicit knowledge）と呼ばれるものである（N. Ellis, 1993; R. Ellis, 1997, 2004, 2005a, 2006a,b; Han & Ellis, 1998; Krashen, 1982, 1985）。前者は，文法規則を説明したりする時に使われる言

語の構造に関する意識された知識であり，後者は，説明することは難しいが，言語を実際に使用する時に用いる直感的な知識である。質は違うが，両方とも脳内に存在する知識形態である。

　明示的知識は，意識的に文法学習などをした時に獲得される知識であり，日本の伝統的な英語教育を受けてきた人なら，特に説明を要しないほど親しみ深いものだろう。他方，暗示的知識の一番分かりやすい例は，母語習得に見られる。例えば，日本人であれば，助詞の「は」と「が」を意識的に考えることなく自由に使いこなせるだろう。昔話などをする時には，自然と「昔々ある所におじいさんとおばあさんがいました。おじいさんは山へ芝刈りに，おばあさんは川へ洗濯に行きました」と語るだろう。ここでは，最初に「が」が使われ，次に「は」が使われているが，これを逆にすると大抵の日本人は不自然と感じるだろう。

　この感覚は，一体どこから来るのだろうか。読者は，「は」と「が」の使い方の違いを説明できるだろうか。言語学や日本語文法を勉強したことのある人なら説明できるかもしれないが，多くの日本人にとってそれは容易なことではない。それでも，普段日本語を使う上で，誤りなくこれらの助詞を使っている。もし仮に間違うことがあったとしても，文法書で調べて訂正する人はまれで，響きといった感覚で訂正することがほとんどだろう。言語を自由に使うには，何らかの知識が脳内になければならないが，ここでは明らかに明示的知識ではなく，暗示的知識が使われている。

　同様のことが，英語のネイティブ・スピーカーにも当てはまる。例えば，彼らに How do you say the possessive form of 'they'? とか，What's the comparative form for the word 'tough'? など，明示的知識を問う質問をしても，怪訝な顔をされるのがおちだろう。しかし，このような質問に答えられないからといって，彼らが英文法に無知ということにはならない。その証拠に，they, (　　　), them の穴を埋めなさいと言ってできなかったとしても，They finished (　　　) homework. としたらできるのであり，当然，日常生活では，これらの英文法を問題なく自由に使いこなしているのである。これは，彼らの学び方・知り方が，根本的に伝統的教授法のやり方とは異なっていることからきている。

　暗示的知識の使用は，何も母語の場合だけに限らない。外国語として英

語を学んだ際にも、限られた時間の中で通常の意味内容中心のコミュニケーションをしようとすれば、状況的制約上、暗示的知識に頼らなければならないことは多い。そうした場合、言いたいことがあるにも拘わらず、何も言葉が出てこない、もしくは単語が単発にポロポロとしか出てこないのであれば、その人の英語の暗示的知識は、かなり限られたものであると言えよう。このような現象は、伝統的教授法でかなりの量の明示的知識を蓄えてきた人でも起こることである。逆に、ノン・ネイティブでも、英語を使って自由にコミュニケーションに従事することはできるが、自分の言語使用について説明するとなると、上手くできないという人も少なからず存在する。そういう人は、英語の知識を明示的にではなく、暗示的に持っている人と言えよう。

　伝統的教授法では、明示的知識の獲得がいずれは暗示的知識となっていくと想定しているが、SLA研究では、これらの知識は相互に影響し得るが、それぞれ独自に発達する可能性を示している。例えば、Alderson, Clapham, and Steel（1997）は、イギリスの大学でフランス語を学ぶ1年生から4年生までの学生に、明示的文法知識を問う問題と共に、リーディング、リスニング、ライティング、文章の穴埋め問題などのテストを課して、それらのテスト結果を比較分析している。その結果、教育関係者の期待とは裏腹に、明示的文法知識と目標言語能力の間には、弱い相関しか発見することができなかった。むしろ明示的知識を問うたテストの結果と、他のテストで示されたフランス語能力の点数は、それぞれ独自のパターンを示しており、明示的知識の点数が高い学生が、より高い言語能力を身に付けている、もしくは、より速い速度で言語能力を伸ばしているという証拠は見つからなかった。

　これと類似した結果は、ドイツの英語学習者を対象にしたGreen and Hecht（1992）の研究でも報告されている。この研究では、ドイツの高校生と大学生に、英文の間違い訂正と、訂正理由を説明するタスクを課して、両者の関係について調べている。結果は、間違いを訂正できることと、間違いを説明できる能力とは、必ずしも一致しないことが発見された。学習者の多くは、ネイティブ・スピーカーの被験者と同様に、間違いを直すことができても、その理由を説明することができなかったり、時に

は説明は間違っていても，間違い訂正は正確にできていたのである。[4]

　これらの研究結果から，明示的知識と暗示的知識は必ずしも平行して獲得されていくわけではなく，双方独自に発達し得ることが分かる。両者に関係性があったとしても，それは伝統的教授法が想定するよりもはるかに複雑なものであり，明示的知識の獲得が基礎となって，それがそのまま運用可能な言語能力につながっていくとは限らないのである。

明示的知識の限界

　さて，それでは伝統的教授法で培われた明示的知識は，実践的コミュニケーションでは全く役に立たないのだろうか。答えは，言語使用の状況によると言えよう。概して，時間的制約が少なく，意味だけでなく，それを伝える形式にもそれ相応の注意が払えるような状況では，明示的知識を使うことができるだろう。例えば手紙や e-mail など，時間的余裕を持って英語で書くような場合には，明示的知識が文法的正確さを高める上で大いに役立つことがある。しかし，そういった状況は，現実の言語運用の中では比較的まれと言えよう。

　会話などの場合は，一語一語じっくりと考えながら話すということは現実的に難しい。通常の自然な速度の会話では，相手の言っていることを即座に理解して，こちらの意見を迅速に伝えていかなければならない。話す時は，言いたい意味内容に合致する単語を脳内から選び，それを取り出して，文法規則に基づいて組み立て，発音やイントネーションに気を配って発話していかなければならない。このような脳内言語処理を瞬時のうちに行わなければならないのである。更に，そうしているうちに，相手の反応をうかがったり，周りの状況に気を配ったりもしなければならない。

　しかも，発話はセンテンス単位で起こっているわけではなく，時にはいくつもの文を瞬時に作り上げて話さなければならないこともあるし，相手との言葉のオーバラップや笑い声なども交えながら，トピックを変えたり，発展させたりして続けられていく。その際に，言語形式をゆっくり考

---

[4] その他類似の研究として，Ellis（2004, 2005a, 2006b），Han and Ellis（1998），Macrory and Stone（2000）など参照。

えている余裕はない（Levelt, 1989; 羽藤, 2006）。それでも，明示的知識だけに頼らざるを得ないとすると，かなりの労力と時間をかけるわりに，短く，しかも乏しい内容の文章しか作れないことになってしまう。これでは，会話の相手だけでなく，発話者本人にとっても苦痛であり，やがて英語でのコミュニケーションに対する自信とやる気を失ってしまっても不思議ではないだろう。

　また，明示的言語知識は読解の時に役に立つと言われたりもするが，これも実はかなり問題がある。確かに，数段落程度の比較的短い読み物をゆっくりと精読する時には，明示的知識は役立つかもしれない。しかし，読む量が多くなると，これは非常に大変な作業となってくる。現実社会で，仕事などで何ページもある英文の資料を読まなければならない場合や，英語の論文を何本も読んで期限までに批評論文を書かなければならないといった場合，リーディングには正確さだけでなく，スピードがとても大事になってくる。そのような現実社会のリーディングを行う際に，いちいち明示的知識に頼りながら，文章を行ったり来たりして解読的に読むことは，時間がかかりすぎて全く実践的ではない。やはり，何らかの形で暗示的言語知識を身に付けていかないと，スピーキングの場合だけでなく，リーディングでもライティングでも，実用的な言語運用能力とはなりにくいのである。

教育用英文法と実用英文法は違う

　この点に関連して，Krashen（1982, 1993）が，次のような示唆に富む指摘をしている。言語規則というのは，図1に示されるような同心円で捉えることができる。まず一番大きな円は，英文法の全体を表し，ネイティブ・スピーカーが実際に使う文法のことを指している。実際に使われる英文法全体の中で，言語学では未だ全ての規則を十分に説明できるほどまで解明されてはいないので，より小さな同心円として，言語学で解明されている明示化された英文法が存在する。そのように明示化された英文法規則を語学指導用にまとめたものが，教育用英文法（pedagogical grammar）である。それを教師が授業用に理解して実際の指導の対象としている英文法が，より小さな同心円として存在する。そして，更に教師や文法参考書

の助けをもとに，学習者が実際に理解する英文法の全体が，より小さな同心円として存在する。

```
        実際に使われている英文法の全体
         言語学で解明されている英文法の全体
              教師が教える英文法の全体
               生徒が理解する英文法の全体
```

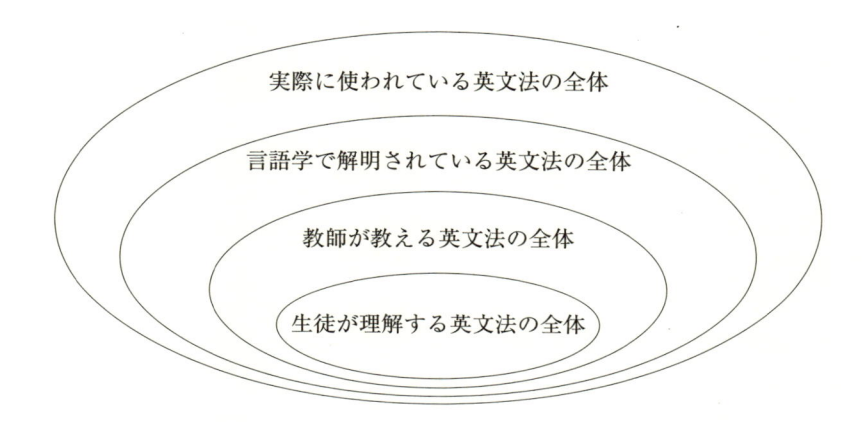

図1：Krashen（1982, 1993）の文法の同心円の概念図

　要するに，学習者が明示的に理解できる英文法の全体は，実際に使われている英文法の全体と同じになることは，ほぼ不可能と言える。それゆえに，Krashen は，英語に限らずどの言語でも，明示的な言語知識を過信しないように警告しているのである。英文法が体系的に分かるかどうかに拘わらず，言語規則はインプットの中に全て自然な形で含まれているのであり，だから言語は説明からではなく，インプットから学んでいかなければならないと主張しているのである。この主張の是非については次章で詳しく見ていくが，ここで Krashen が指摘する明示的知識の限界は，英語教育に従事する者は肝に銘じておかなければならないだろう。言語は確かに学ぶことはできる（learnable）が，それを全て明示的に説明できる（explainable）わけではないし，また，その全てを教師が教えることができる（teachable）と勘違いしてはならないのである。

日本人が「英語の感覚」を身に付けることは可能か？
　さて，実用的な英語能力を身に付ける上で問題となってくるのが，果た

して日本人の学習者が，英語を母語のように感覚的な暗示的知識として身に付けることができるのかということだろう。小さい頃から長い間，海外生活をしてきたような帰国子女でないと無理なのではないか，という声も聞こえてくる。しかし，最近の研究では，日本で英語を学んできた人でも，かなりの暗示的知識を獲得できることが分かってきている。

例えば，Izumi and Nishimura（2002）は，日本人の大学生の中級学習者と上級学習者を比較して，どちらの方が二重目的語構文（e.g., John gave me the book.）をより正確に身に付けているか，そして，それぞれの学習者グループがどのようなタイプの知識を使っているかについて調べている。研究方法としては，前に紹介したGreen and Hecht（1992）の例にならって，どの英文が正しく，どの英文が間違っているかを問う文法性判断テストを使い，その判断の根拠を問うことで使っている知識のタイプを調べた。結果は，答の正確さにおいては，上級者の方が中級者よりも高い点数を示していた。使っている知識のタイプでは，中級者は「give＋人＋物」などのパターンや日本語の直訳などを多用していたのに対して，上級者は「何となく正しいような気がする」や「間違った響きがする」など，かなり直感に頼った判断をしていたのである。つまり，中級者が明示的知識を使っていたのに対して，上級者はかなりの部分で暗示的知識を使っており，しかも，その知識は中級者のものよりも正確なものであったのである。

別の研究では，Izumi and Iwasaki（2004）が，前研究と同様の研究手法を用いながら，前置詞や語順などの大学受験でよく出題される4つの文法項目の習得について調べている。被験者は，日本の大学1年生で，3つの学習者グループが含まれた：（1）大学入学前に海外に平均6年弱暮らし，日常生活の中で英語を使う経験が多かった者（帰国子女グループ）；（2）日本で英語教育を受けてきたが，高校の時に交換留学で約1年間英語圏へ留学した者（交換留学グループ）；（3）日本で英語教育を受け，海外経験はあっても数日間の旅行程度しかない学習者（日本で英語学習したグループ）である。

結果は，正確さでは3つのグループ間に統計的な有意差は見られなかったが，使っている知識のタイプで次のような違いが見られた。帰国子女グ

ループは，ほとんどの場合，直感的な判断に頼っており，明示的知識の使用は10％にも満たなかった。交換留学グループでは，帰国子女ほどではないが，暗示的知識の使用が目立ち，明示的知識の使用は25％程度しかなかった。そして，日本で英語学習したグループは，明示的知識と暗示的知識を約半々ずつ使っていたのである。この結果は，やはり海外で暮らすといったように自然な英語環境に触れている方が，暗示的知識を発達させやすいことを示しているが，同時に，高校での1年間の留学でも，かなりの暗示的知識を獲得できることが分かる。更に，日本だけで英語を学習してきた者でも，決して明示的知識しか発達させてこなかったわけではなく，かなりの暗示的知識を獲得することができていることを示している。[5]

　日本人の英語学習者でも，自動化された暗示的知識を身に付けられるということは，最近の脳科学のテクノロジーを駆使した研究結果からもうかがえる。大石（2006）は，光トポグラフィという大脳皮質の活動の動画像計測を可能にする装置を使って，英語能力の違う日本人の大学生と大学院生が英語活動をする際に，脳内の血流増加量にどのような変化が現れるかについて調べている。被験者は，初級，中級，上級の学習者であり，英検準一級のリスニングとリーディングの問題が課題として与えられた。その結果，課題を遂行する時の言語野の血流増加量の割合が，中級，上級，初級学習者の順に多いことが発見された。

　この結果を説明する上で，大石は，脳活性状態は初級から上級になるにしたがって，無活性型から過剰活性型，選択的活性型，自動活性型へと移行していると推定している。つまり，初級学習者は言語課題が難しすぎるため，何も考えることができずに無活性型となる。そして，言語能力が上がるにつれて脳が活性化し始めるが，最初は注意が過剰に注がれてしまい，脳内の血流が言語野だけでなく他の部位でも過剰に増加してしまう。それが中級から上級者へとなるにしたがって，注意が選択的に言語課題に

---

[5]　これらの研究は，文法性判断テストでしか学習者の知識タイプについて調べられなかったという限界がある。しかし，日常の言語使用の観察から言うと，英語運用能力では，やはり帰国子女の学生が一番長けており，次に高校留学経験者，そして日本だけで英語を学習した学生が一番苦労していることが分かる。流暢な言語使用には，暗示的知識が大きく関係していることが，ここでも読み取れる。

集中できるようになり，上級者となると，血流量の増加を伴わないでも課題をこなすことができるようになる。つまり，言語を自動化する過程で，血流増加量の割合はある一定のレベルまでは増え続けるが，自動化が進んでいくと血流増加量の割合は少なくなり，母語話者の脳活性状態に近づいていくと考えられる。これを図式的に表すと，図2に示されるような逆Uカーブを描く発達曲線となる。

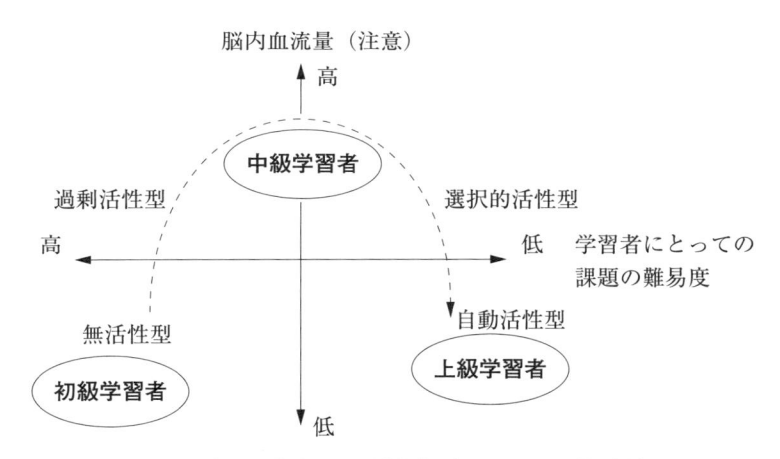

図2：英語学習者の習熟度と脳活性状態（大石, 2006に基づく）

　更に，初級学習者は，左脳にある言語をつかさどる脳内部位である言語野と，それ以外の脳内部位への血流量が同程度であるのに対して，中級と上級学習者は，言語野の血流増加量の割合が，言語野以外よりも有意に多いことが発見されている。つまり，言語処理の自動化が進むにしたがって，血流増加量の割合が変化するだけでなく，脳内の活性化する部位もより選択的となり，言語処理がより効率的なものとなってくるようである。大石は，このことを「最適脳活性状態」と呼んでいる。このような結果は，日本人英語学習者でも，外国語としての英語能力をかなりのレベルまで自動化し，潜在化する，つまり暗示的なものとすることが可能であることを，神経言語学（neurolinguistics）の観点から示していると言えるだろう。

なお，上で述べてきた研究では，学習者がどのようにして暗示的知識を獲得していくのかといった，言語発達の過程に関する問題については，特に追求されていない。この問題は，次章以降のトピックと深く関わっているので，そこで更に詳しく述べていきたいと思う。

このセクションのポイントをまとめると，言語習得は，ただ単に文法規則を体系的に学んで，明示的知識を身に付けるというだけでは，到底完了するものではないということである。「文法理解」と「文法習得」を，混同して考えてはならない。たとえ文法理解が何らかの形で言語習得に役立つものだとしても，理解できなければ言語習得は上手くいかないとか，正しい理解が常に最初に来なければいけないなどと考えることは，言語習得の現実を歪曲化し，単純化してしまっていることになる。厳しく言うならば，もし本当に文法理解が言語習得に直結しているならば，英文法を教えている英語教師は，皆全て高い英語運用能力があるはずであり，教師の英語コミュニケーション能力が日本の英語教育の問題として挙げられることは，ないはずなのである。

2.3.3. 地道に練習をすれば必ず上手くなるか？

それでは，もし文法理解だけでは不十分ならば，文法をしっかりと理解した上で数多くの練習を積み重ねればよいのではないか。そうすれば，明示的知識はやがて自動化され，最終的には暗示的知識に変わっていくのではないか。こうした"Practice makes perfect."を支持する議論も出てくるであろう。

Practice makes perfect. の曖昧さ

このような議論は，一見とても理にかなっているように見えるが，実はそこには様々な曖昧さが含まれている。まず，Practice makes perfect. のpracticeとは，一体何を意味するのか。文法訳読式に解釈すれば，英文法の問題集を大量にこなしたり，訳読練習を丁寧に何度も行うことであろう。オーディオリンガル式に解釈すれば，それはモデル・ダイアログを何度も繰り返して読んだり，文法ドリルの反復練習であったりする。次章で

詳しく説明するコミュニカティブ教授法では，比較的自由な状況の中で，英語を聞いたり，話したり，読んだり，書いたりして，意味あるメッセージを伝達することが，practice の方法となってくる。このように考えてみると，practice には，狭い解釈から，通常の言語使用を含めたかなり広い解釈にまで及ぶことが分かる。伝統的教授法では，通常，広義の practice ではなく，文法訳読式とオーディオリンガル式の狭義の意味の practice が多用されており，そのような practice が perfect となっていくと想定されている。

では，perfect とは，どういうことだろうか。一般的な解釈は，目標文法項目を流暢に，しかも正確に使えるようになるという意味だろう。しかし，それは一体どういう言語使用の状況で測られるのか。学校の教育現場で一般的に用いられている方法は筆記テストであるが，仮に穴埋め問題で正確に答えることができれば，perfect になったと言えるのだろうか。そこでできたからといって，日常の自然なコミュニケーション場面でも，流暢且つ正確に使いこなせるという保証はない。perfect の解釈は，言語の使用状況によってかなり大きく左右されるので，その辺を曖昧にしていると，Practice makes perfect. の教育理念が，現実社会の期待や要請と相容れなくなってしまう恐れがある。

更に言えば，makes という表現もくせ者である。例えば，ドリル練習が一体どのような過程や学習メカニズムを通して，makes perfect となるのか。ドリル練習の時に働く認知メカニズムは，実際の言語処理のメカニズムとどう関連していて，どのように言語習得に結びついているのか。このようなことが説明不十分であると，練習方法が定まらず，何に注意して練習したらよいのかが分からなくなってしまう。実際，教育現場では，生徒を飽きさせないために，単なる授業の「スパイス」として，口頭での繰り返し練習やドリル練習が多々行われている。そのような場合，生徒は何に注意を払うわけでもなく，言われるがままにただ繰り返しているといったことも起こり得るのである。そのような練習活動がどこまで言語習得に役立っているのか，大いに疑問である。

Practice makes perfect. について少し細かく触れたが，一見何気なく当たり前のように捉えられていることでも，それを科学的に検証して，しっ

かりとした実践に結びつけていくためには，まずその解釈をはっきりさせなければならないからである。

ドリル練習でコミュニケーション能力は育てられない

確かに，英語が流暢に使えるようになるためには，何らかの練習が必要であることは間違いない。それでは，伝統的教授法の練習を積み重ねれば，実際のコミュニケーションの中で流暢且つ正確に英語が使えるようになるのだろうか。この点について，SLA 研究からの答えは，残念ながらNO である。ドリル練習や練習問題などは，学習者が練習したのと同じ状況下で試される場合は，少なくとも短期的には効果が見られるかもしれないが，それ以外の状況になると，極端にその効果が失われてしまうのである。

次の例を考えてみよう。英語の授業で埋め込み疑問文の文型について，まずその規則を理解した上で，30分間たっぷりと次のようなパターン・プラクティスの練習をしたとしよう。

教師： OK, class, repeat after me, "What time is it?"
生徒： What time is it?
教師： What time is it?
生徒： What time is it?
教師： OK, じゃあ，それを Do you know の後に入れると？
生徒： Do you know what time it is?
教師： Good! Repeat, "Do you know what time it is?"
生徒： Do you know what time it is?

このような調子でテンポ良く，Where is John? What is her name? Where does she live? と埋め込む文を変えながら，生徒が誤りなく言えるようになるまで練習し続けたとしよう。（実際それほど長い間，持続力と集中力を持ってこういったドリル練習を続けられる生徒は，そう多くはないであろう。）こういった活動の問題点の1つとして，ただ埋め込み疑問文の機械的な入れ替え作業だけで，実際のコミュニケーションの中で，その表

現がいつ，どのように使われ，何の役に立つのかがはっきりしていないことが挙げられる。そのため，学習の動機付けといった点で，まず問題がある。教師がその場しのぎのために，「そのうちいつか役に立つ」と言ったとしても，それでは説得力に欠ける。

　それでも教師の熱心な指導に支えられて，生徒全員が目標文法規則を自信を持って間違わずに言えるようになったとしよう。そしてその後，生徒に自由な英語のコミュニケーションの機会が与えられたとしたら，どうなるだろうか。果たして，生徒は，練習した文型を積極的に使おうとするだろうか。もし Do you know what time it is? と聞くような状況に出くわしたら，本当にそのような複雑な文型を使うだろうか。より簡単に，What time is it? や What time?，もしくは Time? で済ませてしまわないだろうか。特に真面目な生徒なら，習ったことを頑張って使おうとするかもしれない。それでも，Do you know what time is it? と間違ってしまうか，会話のペースを著しく落として注意深く考えながら，Do you know ... uh ... what time is it? Ah, no, what time ... er ... it is? と，たどたどしくなってしまうかもしれない。そして，これが1週間，1か月，半年経った時，どこまで練習した文型が正確に使い続けられるだろうか。

　SLA 研究では，Lightbown（1983）が，このようなドリル練習の限界を端的に示した研究結果を報告している。この研究では，カナダ在住のフランス語を母語とした11歳から16歳の英語学習者を対象に，ドリルを中心としたオーディオリンガル・メソッドの教育効果について，長期的な検証を試みている。その結果，授業で進行形の -ing を練習した後は，生徒はそれを使って，He's playing ball. などの文を作って発話することができたが，同時に，He's want a cookie. といったように，be 動詞が必要ない場所でも be を使ってしまう，過剰一般化（overgeneralization）の現象が見られた。そして，次に三単現 -s の練習を始めると，進行形はそれが必要とされる場面でも正確に使われることが極端に少なくなり，最終的には，進行形を学習する前の段階で見られた，He play ball. の形に戻ってしまったのである。すなわち，ドリル練習をした期間は一時的にその言語項目を習得したように見えたが，別の言語項目を導入すると，ドリル練習の効果は消え失せ，結局はスタート時点である自然言語習得と同じ段階に戻ってし

まったのである。

　これと似た結果は、Tode（2007）が日本人英語学習者を対象に行った研究でも報告されている。Todeの研究では、中学1年生を対象に、連結詞としてのbe動詞（e.g., My father is a teacher.）と、助動詞としてのbe（e.g., He is playing music.）の習得について調べられた。この研究では、ドリルではなく、明示的な文法説明と作文練習の効果に焦点が当てられた。まず連結詞のbe動詞を教えてから、その習得の度合いを調べるために、次のクラスで直後テストを行い、3週間後に遅延テストを行った。その後、今度は助動詞のbeを進行形と共に教えて、次のクラスで事後テストを行い、3か月後、そして4か月後に、遅延テストを実施した。結果は、直後テストでは生徒のbe連結詞の使い方に伸びが見られたが、その学習効果はそれ以降のテストでは見られなくなってしまった。特に助動詞のbeの導入後には、直後テストで見られた有意な伸びは、消えてしまったのである。[6]

　このように、ドリル練習などをたっぷりと行って、そこで練習した文型が正確に使えるようになったとしても、その効果は、時間の経過とともに何事もなかったように失われてしまうことが多い。短期的に見ても、ドリルや練習問題で得た学習効果は、自由なコミュニケーションの場で現れることは少ない。読者も、自らの学習・教育経験の中で、このようなことを身近に感じたことはないだろうか。

ドリル練習の限界の理由

　なぜドリル練習には、このような大きな限界があるのだろうか。理由は様々な観点から論じることができるが、ここでは特に大事だと思われる2点について述べておきたい。まず、伝統的教授法で行われるドリル練習などでは、形式と形式のつながり（form-form connection）を強調しており、コミュニケーションで重要となる「形式と意味のつながり」（form-meaning connection）を極端に軽視していることが挙げられる。実際のコミュニ

---

[6]　その他類似の研究の結果をまとめた報告として、R. Ellis（1997）、Larsen-Freeman and Long（1991）、Lee and VanPatten（1995）、Macaro and Masterman（2006）を参照。

ケーションでは，意味を中心に言語処理を行うのが普通であり，発話の際は「意味から形式へ」と結びつけていくのが自然な順序である。しかし，伝統的教授法では，「形式から形式へ」といった単なる記号処理か，もしくは，特定の文法を使って文を作りなさいといったように「形式から意味へ」と，通常の言語使用とは逆の順序の言語処理が課される（DeKeyser, 1998; Izumi, 2003a）。そのため，いくら形式中心の練習を続けたとしても，実際のコミュニケーション状況へ対応できる練習とはなっておらず，実践的コミュニケーション能力には結びつかないのである。

　もう1つ，ドリル練習の限界を示す重要な点として，学習者の言語発達過程に関する事実が挙げられる。SLA研究では，いくつかの重要な文法項目を習得する順序として，ほぼ普遍的とされる「発達段階」（developmental sequences）というものが発見されている。これは，学習者が通るとされる言語習得過程を，学習者言語の長期的な観察に基づいて見出したものである。表1と2に，これまで多くの研究で同様の結果が示されてきた，疑問文と否定文の発達段階を示そう。

表1：英語の疑問文の発達段階（Lightbown & Spada, 2006; Pienemann et al., 1988に基づく）

段階	特徴	例
第1段階	単語／フレーズ／決まり文句	A dog? What's your name?
第2段階	上昇調イントネーションで肯定文の語順	It's a monster in the right corner? You work today?
第3段階	疑問詞（e.g., What, Is, Do）の文頭への前置き	Where the little children are? Is the picture has two planets on the top?
第4段階	wh+be動詞とyes/no疑問文での語順倒置	Where is the sun? Is there a fish in the water?
第5段階	wh疑問文での語順倒置	What's the boy doing? Where did she go shopping?
第6段階	複雑な疑問文 　付加疑問文 　否定疑問文 　埋め込み疑問文	 It's better, isn't it? Why can't you go? Can you tell me what the date is today?

表2：英語の否定文の発達段階（Lightbown & Spada, 2006; Pienemann et al., 1988に基づく）

第1段階	外付け否定	No bicycle.
		No have any sand.
第2段階	中付け否定	He don't like it.
第3段階	助動詞と否定形	You cannot go there.
第4段階	分析されたdon't	It doesn't work.
		We didn't have supper.

注：「分析されたdon't」とは，don'tの形を必要に応じてdoesn't，didn'tと柔軟に変えることのできる能力を指す。

　ここで注意しておかなければならないことは，このような発達段階は，学習者が文法規則をどこまで「理解しているか」ではなく，どこまでコミュニケーションの中で「使えるか」に基準を置いたものであるということである。また，決まり文句や丸暗記された例文ではなく，学習者がどこまで創造的に（つまり応用して）使うことができるかということに注目している。これまでの研究で，このような発達段階は，学習者の母語（日本語，スペイン語，フランス語など），学習開始年齢（子ども，大人），学習環境（ESL，EFL），インストラクションの有無（文法教育を受けているかどうか），などの要因にさほど影響されないことが分かっている。つまり，誰でも，どこでも，どんな学習環境でも通ずる，普遍的な習得の順序なのである。だから，日本人の英語学習者が，中学の早い頃から疑問文と否定文について教わっているからといって，発達段階を飛び越えて文法を習得するといったことは，あり得ないのである。[7]

　実際，筆者が教えている大学1，2年生対象の英語上級クラスの学生でも，自由なディスカッションやディベート活動の中で，第6段階の疑問文

---

[7] しかし，どの学習者も全ての段階の間違いを同程度に犯すとは限らない。特に日本人学習者は，とかく間違いを回避しようとする傾向があるため，自由な形での発話データが得にくいことがある。更に，学習者の性格によっても，間違いの頻度に違いが現れることが予想される。比較的無口で注意深い学習者は，社交的で話し好きの学習者と比べて，発達段階が観察しにくくなるだろう。しかし，これはデータ収集に関わる問題であり，それをもって，日本人学習者は表1・2に示されるような発達段階を通らないということにはならないことを注意したい。

はほとんど見られず，第4，5段階の疑問文の使い方も曖昧な場合が見られた。これは，口語だけではなく，筆記の場合にも当てはまり，学生の提出したレポートの中でも，第4，5段階に及ばず，第2，3段階の疑問文形を見ることも少なくなかった。これまで厳しい受験勉強を乗り越えてきて，「分かっているはず」なのに，第4，5段階の疑問文が使いこなせないのである。SLA研究では，このような学習者言語のことを自然な現象として捉え，「中間言語」（interlanguage）と呼んでいる（Selinker, 1972）。

　なぜこのような普遍的発達段階が起こるのか。その1つの有力な理由として，「処理可能性理論」（Processability Theory）がある（Pienemann, 1998; Pienemann et al., 1988）。これは，心理言語学的観点から言語使用を分析した理論で，人間が言語を使う際には，その言語を脳内で即座に処理できる「心理言語的準備」（psycholinguistic readiness）が整っていなければならないとされる。この心理言語的準備は，言語処理能力を徐々に1つ1つ自動化していくことから成り立っている。上記の疑問文の習得に当てはめると，第1段階の単語やフレーズ・レベルで発話することは，脳内の文法処理を最小限に抑えることができるという点で，一番簡単な質問の仕方である。第2段階の肯定文を上昇調イントネーションで発話することも，処理単位が文になったという点で第1段階よりも難しくなるが，文の基本形を全く変えないので，言語処理を簡単に済ますことができる。第3段階になると，疑問詞となる単語（wh 単語や is や do など）を文頭に持ってくるという文法処理が行われ始める。しかし，この段階では，主語と述語の一致や時制の一致に注意を払う心的余裕はない。

　第4段階になると，文内部の要素を動かすことができるようになるが，それでも最初は1回に1つの処理しか扱えないので，語順を転換するだけの yes/no 疑問文などの処理に止まる。第5段階になると，wh 単語の前置きと内部の語順転換を同時に処理することができるようになり，様々な wh 疑問文を難なく発することができるようになる。そして，最後の第6段階に到達すると，節を2つにまたがって作る付加疑問文や，wh の前置き，語順倒置，否定の3つの言語操作を同時に行う否定疑問文，そして疑問文の中に別の疑問文を埋め込みつつ，埋め込まれた疑問文の語順を元に戻す作業を要する埋め込み疑問文など，様々な疑問文を正確に無理なく処

理できる段階へと達するのである。
　つまり，言語使用で重要なのは文法の概念的理解ではなく，処理能力の発達であるとするのが，処理可能性理論の考え方である。その発達段階を最終段階まで行き着くには，1つ1つ前の段階の処理能力をマスターしていなければならず，それにはそれ相応の時間がかかるのである。決して，今日の授業で疑問文を学習したからとか，たっぷりドリル練習をしたからといって，1つ1つの発達段階を飛び越えて，一足飛びに最終段階に行き着くことはできないのである。

間違えなければ進めない
　このように中間言語の研究成果を見てみると，発達過程で学習者が犯す誤りというのは，心理言語学的に言って必然的なものであり，言語習得は，まさに誤りを犯さなければ前に進めないのである。より厳密に言えば，様々な発達段階の誤りを犯すこと自体が，言語発達の証拠とさえ言える。表1の例で言えば，今まで第2段階の上昇調のイントネーションでしか疑問文を発しなかった学習者が，Is the picture has two planets? と言ったとすれば，この誤りは，学習者の英語力が後退したことを示すのではなく，第3段階に発達していることの現れであり，喜ぶべきことなのである。
　読者自身の英語習得の実体験を振り返ってみていただきたい。学習者として，上述したような中間言語を使った経験はないだろうか。私事となるが，筆者は大学4年時に初めてアメリカに長期留学したが，今振り返ってみると，その当時，様々な中間言語を産出したことが思い起こされる。例えば，留学当初，疑問文では第1段階のフレーズや決まり文句（What's that? What do you mean? など）を多用したり，第2段階の上昇調イントネーションを使っていたことを鮮明に覚えている（You are going to the party tonight? We have to do this homework by tomorrow? など）。肯定文の最後に，"Right?" を付けて疑問文とすることも多かった。
　否定形でも，最初は第1段階の No money. と言ったこともあったし，第4段階の否定文に至るまでに，Jim don't ... uh ... doesn't know about it. と発話中に自己訂正したり，She didn't went there. など，過去形の二重

付けをしたこともよくあった。頭では分かっているつもりなのに，主語と述語の一致や時制の一致を一貫して正確に使えるようになるまでには，随分と時間がかかったものである。周りの日本人留学生が，似たような苦労をしているのを見る機会もあった。口をつぐんで，あまり英語を話そうとしない人も少なからずいた。今思うと，そういう人は正確な英語を話さなければならないという考えに束縛されて，間違いを恐れるがあまり，自らの言語発達の機会を失ってしまっていたのであろう。読者も，生徒の英語の自由発話や自由作文を集めて分析してみたり，自分自身の英語使用の状況を録音して振り返ってみてはどうであろう。色々と考えさせられる発見があるのではないだろうか。

　きちんと文法説明を理解し，練習していれば使えるし，もし使えないとすれば，それは理解不足か練習不足のせいであるとする英語学習観・教育観は，SLA研究の成果に照らしてみて，間違った考え方であると言わざるを得ない。多少のドリル練習は，発音訓練として何らかの役に立つかもしれないが，それで文法規則の自動化や内在化を図ることはできない。それを無理に生徒に強要することは，教える側の教師だけでなく，教わる側の学習者にとっても，不必要なフラストレーションと行き場のない学習の停滞感や閉塞感を生み出すことになりかねない。言語習得の事実を知ることが大切である。[8]

2.3.4. 文法中心の授業にコミュニケーションを加えてバランスをとったらどうか？

　日本でも1980年代から，徐々に本腰を入れてコミュニケーションを指向した英語授業を実践する動きが出てきた。特に1980年代後半から始まった

---

[8] ここでは，形式操作の反復練習では，学習者のコミュニケーション能力を育てることができないことを主張してきた。しかし，それは練習活動全てを否定しているわけではない。第7章でも触れるが，インプットを取り入れて内在化したり，アウトプットを自動化させるためには，音声知覚，音韻符号化，語彙アクセスといった下位レベル技能を鍛える練習が必要となってくる。授業でそのような練習活動を導入する際は，それが何の訓練になっており，何につながっているのかを，教師，生徒共々，しっかりと理解した上で行いたい。

外国人語学指導助手（Assistant Language Teacher—ALT）の導入で，それまで教室現場ではあまり触れることのできなかった，「生の」英語に接する機会が増えてきた。高校では，1994年度から正式に「オーラル・コミュニケーション」の授業が必修科目として始まり，生徒の実践的な英語能力の育成を目指してきた。

　このような動きの背景には，明らかにこれまでの読み書きと文法中心であった日本の英語教育への反省があり，国を挙げて実践的な英語コミュニケーション能力の育成を推進しようとしている証である。読み書きや文法が重要でないというのではなく，その偏重を正すために，口語を使ったコミュニケーション・クラスを取り入れ，両者のバランスを保とうとする動きと考えられる。しかし，これまでの動きを見る限り，このバランスは，従来の文法クラスにコミュニケーション・クラスを上乗せするといった，足し算的な発想で行われているように感じられてならない。その証拠に，多くの教育現場では，文法クラスとコミュニケーション・クラスがきれいに立て分けされて教えられてきたという事実がある。日本人英語教師が日本語で英文法を教える役割を担い，外国人英語教師がコミュニケーションを担当するといったことが，暗黙の了解となっていた。

　ティーム・ティーチングでも，日本人教師とALTが，生徒の前で掛け合いながら自然な英語使用を示している例も見られるが，多くの場合は，コミュニケーション活動の時は，日本人教師は舞台袖に下がってしまっていたり，さもなければ，ALTの通訳に徹してしまっていたりする。文法の時間には，今度はALTの出る幕がなかったり，もしくはALTは「人間CDプレーヤー」のように扱われたりする。つまり，確かに以前と比べて，コミュニケーションの時間は何とか確保されるようになったが，文法とコミュニケーションは依然分けて教えられており，両者のバランスは，量的なものに限られていることが多いようである。

　このような現状を作り出している理由として，教師や学校側の時間や状況などの制約が考えられる。ティーム・ティーチングを本気でやろうとすれば，日本人英語教員とALTとの間で綿密な話合いが必要となるが，それには多大な時間と労力を要する。しかも，もし日本人教員がその英語運用能力に自信がない場合は，そのような話合いはより一層おっくうとなる

だろう。ただでさえ現場の教員は忙しいのだから、できるだけ煩わしいことは避けたいという心理が働いても不思議ではない。それなら、日本人教員とALTが、それぞれの得意分野を請け負えばいいではないか、ということになる。

更に、文法とコミュニケーションの分離の別の理由として、教師の英語学習に対する先入観が挙げられる。文法とコミュニケーションを切り離して教えることで、より効率的で（手っ取り早く）、効果的な（学習がよく進む）英語学習ができるという考え方である。生徒は文法をきちんと教わり、練習問題も課せられ、その上でコミュニケーションのチャンスも与えられているのだから、後は実践的な場面でどんどん使って、英語を伸ばしていきなさいという思考である。

しかし、学習指導要領（文部科学省, 1999a,b）を見ると、言語学習とコミュニケーション活動は、必ずしも分離されていないことが分かる。英語ⅠもⅡも、オーラル・コミュニケーションのクラスも、英語をコミュニケーションとして捉える点では、共通しているのである。この傾向は、新学習指導要領（文部科学省, 2008a）では、より鮮明に打ち出されている。しかし、これまでの教育現場では、英語Ⅰ・Ⅱは、読むことを主体にした文法クラスとなっていたことが多く（三岩, 2004）、オーラル・コミュニケーションのクラスでは、単発的なゲーム活動やパターン・プラクティスだけで終わってしまっていたり、時には文法の補習授業などが公然と行われていることもあった（三岩, 2001）。このような現状は、教育現場の制約といった問題だけではなく、教師の英語教育観によって引き起こされていると考えられる。

オーラル・コミュニケーションのクラスの効果

文法とコミュニケーションの立て分けの理由がいずれであるにせよ、ここで大事なのは、両者を分けて教えることが、生徒の英語力の発達にどれだけ貢献しているのかという点である。オーラル・コミュニケーションのクラスについては、実施開始からすでに10年以上が経っており、様々な研究がなされてきている。しかし、これまでの研究では、残念ながら、顕著な効果は報告されていない。

例えば，北村，木村，竹内（2000）は，オーラル・コミュニケーションB（旧学習指導要領のもとの科目）と学生のリスニング能力との相関関係を調べているが，両者の間には，有意な関係が認められなかったことを報告している。また，市川（2006）は，生徒に対してアンケート調査を試みているが，オーラル・コミュニケーションの授業で英語コミュニケーション能力がついたかという問いに対して，わずか22％の学生が「ついた」と答え，6割の学生は「つかなかった」と答えていることを報告している。オーラル・コミュニケーションの授業でリスニング能力がついたかという問いに対しては，これもわずか25％の学生しか「ついた」と答えておらず，6割の学生は「つかなかった」と答えている。自由記述では，「受験対策のR（reading），G（grammar）などをやっていた」，「文法ばかりで飽きた」という答えから，「レベルが低すぎて半分授業崩壊していた」，「中学の時より英語力が落ちて嫌いになった」などの答えもあり，逆に「教師の英語が分かりにくかった」や「スピードが速くついていけなかった」という答えもあった。

　加藤（2004）の研究では，調査対象とされた大学生369人中，オーラル・コミュニケーションで本当にコミュニケーションを扱ったと答えた者は，その64％の236名で，その内で役に立ったと思う者が，41％の97人に止まった。どちらとも言えないが23％（55人）で，役に立たなかったと回答した者が35％（84人）に上った。その理由として，「会話していてもすぐに日本語を使ってしまう」，「ゲーム等での授業進行となっていたが，本気で受ける人はほとんどいなく，ただの休み時間状態だった」，「教師が一方的にしゃべるだけだった」などが挙げられた。

　すなわち，従来の文法中心の授業にオーラル・コミュニケーションこそ加えられはしたが，その内容は学生のニーズやレベルに必ずしも合っている訳ではなく，多くの学生がクラスのやり方に不満を感じており，英語力向上にそれほど役に立っていないということを訴えている。これは，どれだけの時間をコミュニケーションに費やせることができるのかという量的な問題だけでなく，コミュニケーションの中身に対する質的な問題があることを表している。

　2008年の文科省の学習指導要領の改訂（文部科学省2008a,b,c,d）では，小

学校からの英語学習の導入を始めとして，高校における英語科カリキュラムの再編成など，様々な改訂が行われている。小学校に英語を導入することによって，そこで英語コミュニケーションの「素地」を作り，中学校で英語の「基礎」を築くという流れが作られている。それが，中学校での英語教育の目的の明確化と負担軽減へとつながると期待されている（吉田，2008a）。高校では，従来の英語 I，II，オーラル・コミュニケーション I，II，リーディング，ライティングの 6 科目を，基本的に「コミュニケーション英語」1 つにまとめ，今までの技能別の教え方から，全技能を統合した教え方への転換が目指されている（吉田，2008b）。このような文科省の改革路線は，方向性としては望ましい英語教育へと向かっていると思われるが，行政面での改革が，今後，教育現場にどのような影響を与え，どこまで実現されていくのかを注視していく必要がある。学習指導要領の改訂が，単なるスローガンの差し替えや，科目名の変更に止まらないようにするためには，実際の教育内容の質も変わっていかなければならないことは言うまでもない。

2.3.5. 文法とコミュニケーションを別々に教えることは，どんな影響を及ぼすか？

　視点を少し変えてみよう。それでは，文法とコミュニケーションを分けて教えることは，生徒の英語学習にどのような影響を与えるのだろうか。上で紹介した研究結果からもすでに垣間見ることができるように，ある意味，至極当然のことが起こっている。それは，生徒の多くは，教えられた通り，文法とコミュニケーションを切り離して学習し，両者を積極的に結びつけようとはしないのである。文法は文法，コミュニケーションはコミュニケーションと実際に分けられていて，教師間でもクラス内容を調整して歩調を合わせるといったこともないので，双方のつながりが感じられないのは，無理もないであろう。その結果，「文法を知っているのに，使えない」「コミュニケーション活動は面白いが，テストに役に立たない」といった思いが，生徒の中に残るのである。

　Lightbown（1998; Spada & Lightbown, 2008）は，コミュニケーションとかけ離れた状況で文法を習うことは，その習った状況と同じような状況（例

えば，文法問題を解く時）にしか，それを十分に活かすことができないと指摘している。つまり，文法を分析的に理解して，エクササイズのような形で練習して得た知識を，コミュニケーションの場面で活かすことは，非常に困難なことなのである。それとは逆に，文法形式をコミュニケーションの場面で学んだ場合，それをコミュニケーションの場面で活用していくことは比較的容易である。

Segalowitz (2003) は，認知心理学的観点から，このような現象を「転移適切学習」(transfer-appropriate learning) の原則をもって説明している。つまり，学習は，それが行われた状況と同じような認知処理を課する状況に置かれた時に，最も転移が起こりやすく，そうでない状況へは転移が起こりにくいということである。学習がどれだけ実践で応用できるかどうかは，その学習がどれだけ実践と似た状況 (real operating condition) で行われているか如何によって決まる。ゆえに，もし学習目的が文法問題を解くことだけに限定されていれば，文脈のない状況で文法規則を学ぶこともよかろうが，それでは，その学習がコミュニケーションの状況へと自動的に転用されていくことは期待できない。したがって，言語習得の最終目標が，読み書き・話す聞くの4技能を使ったコミュニケーションであるならば，できるだけ意味を伝え合うコミュニケーション状況の中で，文法を含めた言語全体を学んでいくことが必要となるのである。

例外的学習者の存在

ただ，文法学習とコミュニケーションを別々で教わった状況の中でも，時々，教師の思惑通り，もしくはそれ以上の期待に応えていく，いわゆる「例外的学習者」がいるのも事実である。文法クラスとコミュニケーションのクラスで学んだ別々の内容を，自ら積極的に結びつけていく学習者である。そのような学習者は，文法クラスでは，規則の学習だけにとらわれず，コミュニケーションの状況をも自ら想像して学び，コミュニケーションのクラスでは，意味伝達だけにとらわれず，言語構造にも着目している。

筆者が大学で教える学生の中にも，そういう生徒が何人かおり，彼らは皆，総合的な英語能力が非常に高い。そういう学生は，中学，高校時代か

ら，授業の内外で自分なりにかなりの努力をしていることが分かる。例えば，習ったことは，なるべく色々な場面（コミュニケーション・クラスや海外とのメール交換，時には独り言など）で実際に使ってみようとするとか，習った文法規則を使って，実際に何が言えるのかを自分なりに考えてみたり，映画などを何度も見て，台詞を暗記しようとするなどの努力をしている。このような学生は，実際のコミュニケーションの場面が与えられると，「なるほど，ああいう風に使うんだな」，「あれは昨日の文法クラスで勉強したことだ。実際にはあんな状況で使うんだな」と，自らの力で色々なことに気付いている。

最近のSLA研究では，このような主体的な「気付き」（noticing）の役割を重視しているが（Schmidt, 1990, 1995, 2001; Schmidt & Frota, 1986参照），これらの生徒達は，言語習得に大事なことを直感的に感じ取って，「学習から気付きへ」，「気付きから習得へ」と結びつけていっているのである。彼らは，ある程度の「語学力をつけてから」英語を使うのではなく，「語学力をつけるために」英語を使うといった共通の姿勢を持っている。このことは，外国語学習成功者の研究でも報告されている（竹内, 2003）。

このような例外的な学習者は，教師にとってはまさに理想の生徒であるが，そのような生徒がクラスの中で一体何人いるのだろうか。残念ながら，多くの教育現場では，一握りと言わざるを得ないだろう。しかも，そのような例外的学習者は，英語授業の・お・か・げ・でその英語力を伸ばしているというよりも，英語授業に・拘・わ・ら・ず，自らの創意工夫と努力でその力を伸ばしているということを理解しておかなければならない（Long & Robinson, 1998）。すなわち，これは，教師の力量や教育の成果ではなく，個人の努力や言語適性によって支えられた成功である。したがって，彼らの例を持って，現行の教育方針を正当化することはできない。

例外的学習者を除いた大多数の生徒にとっては，教師がいくらコミュニケーションの大切さや，文法の重要性を熱弁したとしても，それは机上の空論としか響かない。それよりも，教師自身の授業への姿勢や，授業内容そのものが，生徒にとって大きなメッセージとなっているのである。

子どもは経験したままに学ぶ

　児童教育や児童心理学の分野で，示唆深い考え方がある。それは，「子どもは経験したままに学ぶ」(Children learn what they live.) という言葉に集約されている (Nolte, 1998)。子どもは，いくら大人が口やかましく言っても，なかなか言うことを聞かない。早く支度しなさいと言っても，なかなかそうしなかったり，後片付けをしなさいと言っても，そう簡単に言うことを聞いたりはしない。このようなことは，教師でなくても，子育てに携わった者なら身に染みて分かることであろう。子どもは，説教されたりすると，その場では言うことを聞くかもしれないが，その場を離れると，注意されたことさえすっかり忘れてしまったりする。それでも，彼らは，大人の日頃の言動から，いつの間にか，かなりの事を学び取っていたりする。言葉からではなく，行動から学んでいるのである。生きてきたこと，体験してきたこと，触れてきたことを，習得しているのである。だから，大人が言うことと，することが一致していれば，言動一致の姿勢を学ぶだろうし，逆に言うこととやることが違えば，行動から学んでいくか，それとも，本音と建前は別という態度を身に付けていってしまう。このように，言葉よりも行動から学ぶ傾向性は，子どもに限らず，大人の間でも友人関係や，会社・社会での人間関係，更には家庭での夫婦関係などにも，かなり当てはまるのではないだろうか。

　これを英語教育に当てはめてみると，どうなるか。もし英語教師がコミュニケーションの重要性を説きながら，文法中心の授業しか展開していないとすれば，生徒は「コミュニケーションは大事と言っても，やはり文法と暗記が大事なのだ」ということを学び取るだろう。そうして勉強し続けた末に，英語でコミュニケーションができないとなれば，今までの英語の勉強は何だったのかと憤り，失望するだろう。その経験から，教育の矛盾を学び，人生に対して懐疑的な態度を持つかもしれない。逆に，教師がコミュニケーションと言葉の重要性を単に語るだけでなく，授業実践の中で示して，生徒と積極的に交流していけば，生徒は，そこからコミュニケーションの大切さと言葉の大切さについて学んでいくだろう。

　このような観点から，文法とコミュニケーションの立て分けについて考えてみると，教師の英語教育観・学習観によって支えられた教育アプロー

チは，実際に教えている内容以上に，生徒に大きなインパクトを与えていると考えられる。教師が単なる知識伝授者，あるいは語学のテクニカル・アドバイザーではなく，教える師である意味が，ここにあるのかもしれない。我々は，上で述べたような例外的な学習者を，いかに授業実践の中で「例外」ではなく，「標準」なものとできるかを，知恵を絞って考えていかなければならない。

2.4. まとめ

　SLA研究では，断片的知識の積み重ねによって言語習得が成り立つということを支持する結果は，どこにも見当たらない。むしろ，学習者が1つのことを学び，次に別のことを学ぼうとすると，それは単なる積み重ねとはならず，既習事項と新学習事項が相互に影響し合って，脳内に中間言語と呼ばれる複雑な言語知識を構築していくこととなる。言語は，学習者の内に内在する様々な内的要因と，インプットやインストラクションなどの外的要因が，複雑に絡み合って習得されていくものである。規則を教え込んで，それをドリルなどで何度も練習していく中で習得されるものではない。

　第二言語習得過程で，学習者が間違いを犯すことはごく自然なことであり，それを単純に理解不足，練習不足，注意不足のせいにすることはできない。言語の正確さは，最初から現れるものではなく，結果として，後になってから得られるのが普通である。それなのに，最初から完璧さを求めて，説明一辺倒，練習一辺倒の押し付けの授業を行ってしまうと，生徒の英語嫌いや苦手意識を助長することになってしまう。勉強する意味が分からないからやる気が出ない，やる気が出ないから勉強しない，勉強しないからできない，できないから勉強しない，といった悪循環に陥ってしまっている生徒は少なくない。

　このような状況をいかに打破できるのか。生徒が本来持っているはずのコミュニケーションの意欲を，学ぶ意欲を，もっと掻き立てた教え方ができないだろうか。次の章では，伝統的教授法のアンチテーゼとして登場した，コミュニケーションを主体にした英語教育のあり方について見ていきたい。

第3章　コミュニカティブ言語教授法1：
　　　　内容中心教授法

　前章では，伝統的教授法の考え方とその限界について見てきた。伝統的教授法では，まず文法などの言語形式を教えてから，練習活動をして，最後にコミュニケーション活動を取り入れるといった授業が展開される。この教え方では，形式の基本を教わるまでは，英語によるコミュニケーションなどあり得ないとされる。しかし，文法の基本ができていなければ，コミュニケーションは本当に不可能なのだろうか。もし語彙習得や文法理解がコミュニケーションの前提条件ならば，子どもはどうやって母語を習得するのだろうか。子どもに限らず大人でも，広く世界を見渡すと，体系的に文法を学習したことがなくても，外国語を習得して，日常のコミュニケーションに使っている人はたくさんいる。逆に，前章で見たように，文法を長い間学んできても，それをコミュニケーションで使えない人も多く存在する。

　Krashen（2004b）は，伝統的教授法のように，コミュニケーションを後に引き延ばして教えるやり方を，「喜びを延期するアプローチ」（delayed gratification approach）と呼んでいる。それに対して，コミュニケーション活動を学習の最初から導入していくアプローチを，「即座に喜びを味わえるアプローチ」（immediate gratification approach）と呼んでいる。後者の考え方では，コミュニケーションの前提条件とは，全てが分からなくても，とにかくコミュニケーションに飛び込んでいこうとする意欲そのものと捉えられる。そこでは，コミュニケーションに従事していくことこそが，言語習得の基礎基本を作っていくと考えられている。

　本章では，言語形式ではなく，言葉の伝える意味内容に重きを置いた，コミュニカティブ言語教授法について紹介する。前章と同様に，まずその

言語習得観と教育観を紹介した後で，その教授法を概観し，それからSLA研究が示すその教育効果を検証していきたい。具体的には，本章では内容中心教授法を，次章ではタスク中心教授法に焦点を当てていく。

3.1. コミュニカティブ教授法の言語習得観と教育観

　コミュニカティブ言語教授法は，コミュニカティブ・アプローチ（communicative approach―CA / communicative language teaching―CLT）とも呼ばれているが，その誕生は様々な分野における変革や発展に端を発している。1つに，外国語教育の分野で，形式偏重の伝統的教授法が，学習者の外国語運用能力を伸ばすことができなかったことに対する反省がある。また，言語学における発展として，言語は習慣形成ではなく，学習者が本来持っている「普遍文法」（Universal Grammar; e.g., Chomsky, 1965, 1981）といった内的要因によって形成されているとする，いわゆる言語学のチョムスキアン革命の影響がある。更に，言語の果たす役割や機能に着目した機能言語学（functional linguistics; e.g., Halliday, 1985）の発展や，社会的な背景の中での言語使用を研究する社会言語学（sociolinguistics; e.g., Hymes, 1972）の発展なども，コミュニカティブ教授法の理論的背景を成している。

　コミュニカティブ教授法には様々なバリエーションが存在するが，概ね以下のような言語習得観と教育観に基づいていると考えられる。

- 言葉は，コミュニケーションの手段である。ゆえに，形式ではなく，伝える意味内容が重視されなければならない。形式は意味に仕えるものであって，意味が形式に仕えているわけではない。
- 言葉は，我々の回りの世界を理解する手段である。人は言葉を使って，回りの世界についての理解を深め，他者とつながっていくことができる。
- 学習者は，言葉を抽象的な勉強の対象としてではなく，具体的なコンテクストの中で，意思伝達の道具として使っていくことで習得していく。
- 学習者を内容豊かな言葉に触れさせることは，彼らの知的好奇心を駆り立て，学習の動機を高める上で欠かすことができない。

- 学習者が学習過程で誤りを犯すことは，ごく自然なことであり，それを教師が無理矢理訂正しようとすることは，慎まなければならない。

コミュニカティブ教授法の教育目的は，生徒に単なる言語知識を身に付けさせることではなく，より包括的な「コミュニケーション能力」(communicative competence) を獲得させることにある。コミュニケーション能力とは，言葉を使って意思伝達を行う際に用いる総合的な能力を指し，細かくは，以下の下位能力が含まれるとされる。語彙，発音，文法などを使いこなす際に必要な「言語（文法）能力」(linguistic competence)，社会的な規則や規範に沿った形で言葉を使うことを可能にする「社会言語的能力」(sociolinguistic competence)，場面や文脈の中で適切に言葉を使うのに必要な「談話能力」(discourse competence)，そしてコミュニケーションの際に起こる理解や伝達の問題に適切に対処するために必要な「方略的能力」(strategic competence) である (Canale & Swain, 1980; Hymes, 1972)。

実際のコミュニケーションで，的確に相手を理解して，自分の考えを伝えていくためには，言語能力だけでは不十分であり，これら全ての能力をフル活用していく必要がある。外国語教育で，これらの能力を育成するためには，それぞれをバラバラに扱って，説明を基にして教えていくというやり方では不十分であり，できるだけ全てを統合した形で教えていくことが求められる。語彙や文法それ自体を切り離して勉強対象とはせずに，意味あるコミュニケーションの中で習得させていくことを目指すのである (Brown, 1987; Richards & Rogers, 2001; 白畑，他, 1999)。

ここで，伝統的教授法と対比して，コミュニカティブ教授法の特質について理解しておきたい。まず，伝統的教授法が形式重視のアプローチであるのに対して，コミュニカティブ教授法は「意味重視のアプローチ」(Focus on Meaning) である (Long, 1991; Long & Robinson, 1998)。そして，伝統的教授法が統合的教授法と呼ばれているのに対して，コミュニカティブ教授法は「分析的教授法」(analytic methods) と考えられる (Long & Robinson, 1998; Wilkins, 1976)。前者では，学習者がバラバラに与えられた言語形式を後で統合して使っていかなければならないが，後者では，学習者が自然なコミュニケーションの中で起こる形式やパターンを，自ら分析して

習得していかなければならないからである。

　更に，伝統的教授法が教師主導のアプローチであるのに対して，コミュニカティブ教授法は「学習者主導のアプローチ」(learner-centered approach) と捉えられる。どの言語形式を学んでいくかは，教師や教科書が前もって全てお膳立てするのではなく，学習者自身がその場のコミュニケーションの必要性に応じて，自ら選択して学習していかなければならないからである。また，伝統的教授法が外的シラバスを使ったアプローチであるのに対して，コミュニカティブ教授法は「内的シラバスを使ったアプローチ」(internal syllabus approach) である。それは，言語項目を学ぶ順序が，教師や教科書によって規定されるのではなく，学習者個人のニーズや興味，また心理言語的な準備段階などに基づいて，学習者本人が決めていくからである。教師は，授業を運営する際に，特定の言語形式の習得の有無に過敏にとらわれるのではなく，そこで扱われる意味内容やトピック，タスクなどの課題の達成に注意を向けていくことが必要とされる。

　このように，学ぶべき言語項目を外部から押し付けないという考え方は，SLA 研究の誕生の親とされる Corder (1967) が，40年以上も前に次のように述べている。すなわち，教師が学習者に言語を教えるということは，事実上不可能なことであり，教師ができる最善のことは，学習者が言語を学ぶための機会と環境を整え，提供してあげることである。この考え方に基づき，コミュニカティブ教授法は，教える側を中心に考える養育重視のアプローチではなく，学習者の自然な言葉習得能力を尊重した「自然力重視のアプローチ」(nature approach) をとるとされる。

　また，コミュニカティブ教授法は，イギリスやアメリカなどの ESL 環境で発展してきた教授法なので，ESL アプローチと捉える向きもあるが，日本のような EFL 環境でも，多様に取り入れられてきていることは周知の通りである。他方，アメリカでの外国語としての日本語教育 (Japanese as a foreign language—JFL) などの場でも，コミュニカティブ教授法は積極的に取り入れられているところもあるし，逆に，日本国内での外国人に対する日本語教育 (Japanese as a second language—JSL) では，まだ伝統的教授法の影響が強く残っているところも少なくない。[9] アメリカの ESL 環境でも，以前は伝統的教授法が主流であったことも忘れてはならないだ

ろう。それゆえ、伝統的教授法はEFL、コミュニカティブ教授法はESLに適切であるといった、二極対立的な解釈は適切ではない。

3.2. コミュニカティブ教授法の弱いバージョンと強いバージョン

　コミュニカティブ教授法は、最近の日本の教育現場でも、かなり浸透してきているので、その具体的な実践方法については、多くの説明を要さないかもしれない。しかし、コミュニカティブ教授法には、その解釈によって、「弱いバージョン」(weak version) と「強いバージョン」(strong version) があることは、あまり知られていないようである。日本で浸透しているのは、ほとんどの場合、弱いバージョンであり、強いバージョンはごく限られた教育現場でしか見られない。どちらのバージョンも、コミュニケーション能力の育成をその目的としていることは同じだが、どのようにそれを達成するかという点で、大きく異なっている。

　弱いバージョンでは、前述したような当初のコミュニカティブ教授法の考え方から少し離れて、コミュニケーションは手段ではなく、最終目的であると捉えられている。そのため、必ずしもコミュニケーションを通して言語を習得しようとはせず、文法説明やドリル練習なども大いに取り入れる。結果として、それは伝統的教授法との折衷案となる。具体的には、PPP教授法のPresentation段階で、ダイアログやスキットを使って目標言語項目の説明をしたり、最後のProductionの段階で、タスクなどのコミュニケーション活動を取り入れるといった具合である。

　確かにそうすることによって、形式学習とコミュニケーションのギャップを、以前よりも縮められるかもしれない。しかし、実践的コミュニケーション能力を育成するためには、それでもまだ大きな限界が存在する。というのは、学習する言語形式が授業前からあらかじめ決められており、それを順序立てて学習者に与えようとする点で、教師主導、教科書依存型の学習形態は、伝統的教授法と何ら変わらないからである。また、学習者が個々の言語項目を積み上げて言語習得に至るという考え方も、根本的には

9　JFL/JSLの研究に関しては、小柳（2004）参照。

伝統的教授法の範疇にある。

　更に，実践上の問題として，あらかじめ使用する言語項目を決めた上で，自然なコミュニケーション活動を行なうことの難しさが挙げられる（R. Ellis, 1997; Willis & Willis, 2007)。例えば，John helped me. のような能動態の文を，I was helped by John. と受動態の文に変えるといった活動では，いくら絵やゲームを使って工夫したとしても，練習問題の域を出ない。また，受動態を使って，John が Emi に何をされたか（してもらったか）について書きなさい（例えば，John was given a present by Emi.）では，受動態を使う必然性が全くなく，不自然な制約が多すぎて，決して自然で自由なコミュニケーション活動とは言えないだろう。

　何よりも，生徒が「この文型を使えばいいのだ」と意識してしまっている限り，本当の意味でのコミュニケーションは成り立たない。そのような活動の中で，決められた文法をいくら上手く使えたとしても，それが実際のコミュニケーションに応用され，他の言語知識と上手く統合されて使われていくという保証はない。このような活動は，コミュニケーション活動ではなく，指示通りに行うだけの「コンフォーミティー活動」（conformity activity）であると厳しく批判する研究者もいる（D. Willis, 1996)。本当のコミュニケーションの場では，話者は発言内容だけでなく，発言方法にも選択の自由があるはずだからである。かといって，単なる英会話活動では，生徒自らが受動態を積極的に使うことは，あまり期待できない。これは，コミュニケーションと文法の両方を教えたい教師にとっては頭の痛いところであるが，文法シラバスを基調とする伝統的教授法では，このような問題が特に顕著に現れる。

　これに対して，コミュニケイティブ教授法の強いバージョンでは，先に示したコミュニケイティブ教授法の学習観と教育観が，より忠実に体現されている。そこでは，学習者はコミュニケーションのために学習するだけでなく，コミュニケーションを通して言語を習得していくとされる（Learners learn language not just *for* communication, but *through* communication)。つまり，コミュニケーションは目的でもあり，手段でもあるとされるのである。コミュニケイティブ教授法の強いバージョンには，大きく分けて2つのアプローチがある。1つは「内容中心教授法」（content-based language teaching / content-based instruction）であり，もう1つは「タスク中心教授法」(task-based language teaching) である。

　弱いバージョンが，何らかの形で文法シラバスを中心として採用しているのに対して，強いバージョンである内容中心教授法では，扱うトピックやテーマを中心にした，トピック／テーマ・シラバスが用いられる。タスク中心教授法では，学習者が現実世界で行うタスクを中心にした，タスク・シラバスが用いられる。これらの教授法は，外国語教育の現場でも，SLA研究の分野でも，近年特に注目され，発展が著しい分野である。以下では，内容中心教授法に焦点を当てていきたい。

3.3. 内容中心教授法とは何か？

　内容中心教授法は，その名のごとく，言語の伝達する意味内容を重視した教授法である。「とにかくよく聴いて，よく読むやり方」(Just listen and read) や，「一石二鳥のやり方」(Two for one) と表せられるように，インプットの役割を重視し，扱われる題材の内容と，そこで使われる言語の両方を一辺に習得させようとする方法である (Lightbown & Spada, 2006)。

　カナダでは，内容中心教授法は，1960年代から第二言語としてのフランス語教育に長年使われてきており，イマージョン (immersion) として知られている。アメリカでは，特に1980年代後半から，ESL学習者がアメリカ社会に円滑に溶け込めるための有効な橋渡しとして，内容中心教授法が使われるようになってきた。それは「シェルター教育」(sheltered instruction) として知られている (Echevarria et al., 2008; Rosen & Sasser, 1997; Snow & Brinton, 1997)。[10]

　内容中心授業で取り扱われる題材には，様々なものが考えられるが，イマージョンなら，社会，数学，理科などの教科内容が中心となる。シェルター教育では，生徒が主流教育（現地で母語話者を対象に行われている教育）や，実社会で必要とされる内容，もしくは，生徒が興味を持って積極的に取り組める内容などが扱われる。ハワイ大学マノア校のESLプログラム (University of Hawaii English Language Program) を例にとると，2008年の時点で，次のようなコースが提供されている：Living in the USA,

Learning About Hawaii, American Songs, Amazing Stuff!, Pirates of the Caribbean, Science, Publishing a Newspaper, What's on TV?, Meaning of Life, Global Issues, International Business Communication, Joy of Math, American Cinema, Grammar Through Fiction, Modern Hawaii, Current Issues in Business。

　日本でも，大学教育などで，内容中心授業の取り組みがカリキュラム化されているところもある。Murphey（1997）を例にとると，その題材には，以下のようなものが含まれている：English in Japan, Computer Literacy, Japanese/American Education, Journalism, Language Use in Communication, Rock'n Roll History, Origins of American Music, TV Commercials, Environmental Concerns, Women's Studies, Health and Fitness Awareness などである。

　上智大学でも，英語で行われている内容中心授業として，以下のような科目が提供されている：Introduction to English Linguistics, Second Language Acquisition, English Teaching Methodology, Bilingualism, Psycholinguistics, American Studies, British Studies, Australian Studies, Issues in Social Violence, Minority Education, Intercultural Communication, American Cinema, Social Problems in America などである。これらの科目は，筆者の所属する外国語学部英語学科を例にとったものであるが，その他，理工学部を始めとする言語を主専門としない学部・学科でも，英語で行われる内容中心授業は広まりつつある。

---

[10] 内容中心教授法には，イマージョンやシェルター教育以外にも，教育環境によって様々な形態が存在する。例えば，教科専門教員（content teacher）と言語専門教員（language teacher）が協力して，内容をコーディネートしつつも別々に授業を行う「アジャンクト教育」（adjunct model—Brinton & Jensen, 2002; Rosenkjar, 2002）や，教科専門教員と言語専門教員が共同で授業を行う「協同学際的ティーム・ティーチング」（collaborative interdisciplinary team teaching—Stewart, Sagliano, & Sagliano, 2002）などがある。これらの場合，通常，目標言語で教科を教える教科専門教員と言語専門教員の双方が，それぞれの強みを活かしながら協力して，内容を中心にしつつも，言語スキルを意識した授業を行う。それに対して，イマージョンやシェルター教育では，通常一人の教員が教科内容と言語教育の双方の責任を持つこととなる。

3.3.1. 内容中心教授法の理論的背景と日本の英語教育に対する意味

　内容中心教授法は，どのような理論的な裏付けがあるのだろうか。その主な理論的拠り所として挙げられるのが，Krashen（1982, 1985）の「インプット仮説」（Input Hypothesis）である。インプット仮説は，言語習得において，学習者が大量の「理解可能なインプット」（comprehensible input）に接することが，きわめて重要であると提唱している。学習者の現在の言語レベルを"i"とすると，それに多少知らない単語や文法などが含まれている"$i+1$"のレベルのインプットに触れていくことが，言語習得では大事とされる。学習者は，既存の言語知識や，背景知識，その場の状況的情報，話の前後関係などを手がかりに，多少難しいインプットでも理解することが可能であり，その過程で言語を習得することができるとされる。

　Krashen（1982, 1985; Krashen & Terrell, 1983）は，インプット仮説以外にも，その他の関連する仮説を提唱しており，それら全てを統合して，「モニター・モデル」（Monitor Model）と呼ばれる独自の第二言語習得理論を構築している。更に，それを外国語教育に活かす上で，いくつかの重要な指導ガイドラインを掲げている。以下では，これらの仮説とガイドラインについて紹介し，同時に，それが日本の英語教育とどう関連しているのかについて考えていきたい。

（1）$i+1$の理解可能なインプットをできるだけ大量に与える。

　上述したように，Krashen は，まず何よりも $i+1$ の理解可能なインプットの重要性を強調している。確かに，インプットが言語習得で大きな役割を果たすことは，これまでの SLA 研究の成果を見ても明らかであり，それに対して異論を唱える研究者は見当たらない（e.g., R. Ellis, 1994, 1997, 2008; Gass & Selinker, 2008; Larsen-Freeman & Long, 1991; Lee & VanPatten, 1995; Ortega, 2009）。Krashen が主張するように，インプットなしで言語習得に成功した例は未だ見つかっていないし，これからも見つからないだろう。それに対して，文法規則をいくら勉強しても，インプットが限られている状況では，言語習得が適わないことは明らかである。すなわち，全ての成功した言語習得の事例では，$i+1$ の理解可能なインプットが必ず存在

すると言っても過言ではない。[11]

インプットの重要性は，話し言葉に限らず，書き言葉でも同様に当てはまる。Krashen (2004a) は，その著書 *The Power of Reading* で，母語でも第二言語でも，言語能力を大幅にアップさせるための秘訣として，読書の効用を強調している。読む力は，大量の「楽しみの読書」(pleasure reading) からきており，文法学習からきているのではないと主張している。ライティングでも，文法を学んだから上手い文章が書けるようになったという人はまれで，文章の上手い人は，ほぼ必ずと言っていいほど読書家であると言われる。

この点に関して，文法中心の教え方に基づいた外国語プログラムと，多読を奨励した外国語プログラムの効果を比較した研究がある。そこでは，多読をしたグループの方が，文法中心に学習したグループよりも，リーディング能力においても，一般的な英語力においても，より高い能力を獲得していることが報告されている (Elley, 1991)。また，外国語学習成功者の研究では，仕事などで自由に外国語が使えるようになった，いわゆる外国語の「達人」達が，そのライティング能力を伸ばすのに，文法を詳しく勉強したというよりも，大量に読むことが重要な役割を果たしたと強調していることが報告されている (竹内, 2003)。言語習得で，インプットがいかに重要な役割を果たしているかがうかがわれよう。

日本の英語教育でのインプットの量と質の問題

ここで，日本の英語教育について考えみよう。日本人学習者が使える英語力をなかなか身に付けられない最大の理由の１つは，インプットに触れる機会が少ないせいと言えるだろう。それは，授業時間が不足しているという問題以前に，現在ある授業時間の中でさえ，生徒が「生きた英語」に触れる時間が極端に少ないという問題がある。ALT の授業でも，日本人

---

[11] White (1987) は，時に「理解不可能なインプット」(incomprehensible input) が重要となると主張している。つまり，分からないインプットに直面して，それを解決しなければならない立場に立たされることで，言語習得が引き起こされるというのである。しかし，そのような場合でも，最終的にはインプットの理解が必要となるため，Krashen の主張と大きく矛盾しているわけではない。

教師の授業でも，教師が内容豊かで興味深いことを生徒に長時間英語で話しかけるということは少ない。教師の英語使用は，簡単なクラスルーム英語に止まってしまっていることが多い。リーディングでも，インプットの量は限られており，英文を読んでも，1時間に1〜2ページの精読（「暗号の解読」）がほとんどで，意味内容に注目して議論を深めていくといったことはまれである。このように目標言語のインプットが極端に制限されている環境で，英語能力が十分に伸びていかないのは，至極当然のことであり，日本の英語教育を向上させる上で，この点で大いに改善の余地がある。

　インプット不足の問題とは反対に，「英語のシャワー」を浴びせることが重要だといった，通俗言語教育学のような話もある。分かっても分からなくても，とにかく大量の英語に触れていればいいといった考えが，学校の内外で実践されている。多くの場合，学習者はインプットを理解できないだけでなく，バックグラウンド音楽のように，それに何の注意も払っていなかったりする。掃除をしながら英語のCDをかけたり，家ではCNNをつけっぱなしにするといった具合である。しかし，このような学習方法が有効に機能するためには，インプットに注意を向けて，それをある程度理解できなければならない。ただ単に英語を流しっ放しにしていれば，自然に習得に至るといった考えに，科学的根拠はなく，支持するSLA理論や実証研究成果は見当たらない。理解できないインプットにいくら長時間接しても，それで飛躍的にリスニング力や語彙力，文法力が伸びることは，常識的に考えられない。

　要するに，インプットは，量がある程度確保されていなければ，質云々と言った議論は成り立たない。反対に，質が$i+1$の理解可能なインプットとなっていなければ，いくら量を増やしても効果は期待できない。インプットは，質も量も共に大事なのである。

「インプット」と「説明」は違う

　日本の英語教育では，しばしば「インプット」(input) と「説明」(explanation) が混同されて理解，または実践されているように思える。インプットとは，文脈の中で，意味の伝達を目的として使われる目標言語のサ

ンプル，もしくは言語習得で用いる生の言語データのことを指す。それに対して，説明は言語を分析する際に用いるものであり，目標言語を使ってなされない限り，それ自体がインプットとはなり得ない。例えば，関係代名詞の文法構造を，He is the man who I met yesterday. という文を使って，the man が先行詞で，who が関係代名詞で，それ以降の節が関係詞節として，先行詞の the man を後ろから修飾していると説明したとしよう。この場合，かろうじて例文だけがインプットとなっているが，あとは全て説明である。しかも，例文にコンテクストはなく，he や I が誰だとか，なぜこの文がこの場で使われているのかといった，コミュニケーションに必要な情報は全く欠けている。当然，ここで関係代名詞が使われなければならない必然性も，全く感じられない。すなわち，このようなインプットは，量においても，質においても，共に大きな問題を抱えている。

　ここでは，文法説明それ自体の価値を否定しているわけではない。しかし，文法理解を高めるために説明を多くして，インプットを少なくしたとしても，それでは決して効果的な言語教育とはならないだろう。説明は，インプットの理解に役立ったとしても，それ自体がインプットの代わりとはなり得ないからである。教えること＝インプットと，勘違いしてはならないのである。言語習得の主役は，あくまでもインプットであって，説明は脇役でしかない。この点を履き違えてしまうと，英語の授業にも拘わらず，日本語ばかりしか聞こえない授業となってしまったりする。あえて言うならば，説明の量がインプットの量よりも多くなるような授業は，言語学の授業ならまだしも，英語の授業としては相応しくない。

　言語習得とは直接関係ないが，2006年のトリノ・オリンピックのフィギュア・スケートで金メダルを獲得した，荒川静香選手の興味深い体験談がある。荒川選手は，オリンピックに出場するにあたり猛練習に励んでいたわけだが，当初は，リンクの外からの指示や説明ばかりの指導を受けて，いくら言われてもなかなか動きの感覚がつかめず，練習に行き詰まりを感じていたそうである。それが新コーチに変わって，実際にリンクの上でモデルとなる動きを見せてもらえるようになってから，それまで抱えていた問題を解決することができたと回想している。つまり，いくら説明を与えられても分からなかったことが，モデルとなるインプットを示しても

らうことで、分かるようになったのである。目指すべきパフォーマンスの姿がはっきりと見え、自分のスケート技術を伸ばすことができたのである。

　荒川選手の話は、スポーツに限らず、楽器などの習い事をした経験がある人なら、身近に感じられる話ではないだろうか。もしインストラクターが実際に演奏する姿をあまり見せてくれず、説明ばかりの指導をしていたとしたら、どうだろうか。いくら説明が理路整然としたものであったとしても、それでは理屈ばかりしか学べず、実際の演奏技術は進歩しないだろう。それどころか、当初あったはずのやる気が、大きく削がれてしまうのではないだろうか。反対に、もしインストラクターが実際に演奏する姿を頻繁に見せてくれ、しかも演奏する合間に、時に短い説明を加えてくれたり、時にはゆっくりと大げさに見せてくれたりすると、とても助かるのではないだろうか。自分もあのようになりたいと、大きく触発されるのではないだろうか。

　要するに、説明偏重では、本当に良い教育はできないのである。英語教育の目的が、理論家を育てるのではなく、英語のユーザー、もしくはコミュニケーターを育てることにあるならば、やはり主役はインプットでなければならない。説明は、いくら明解なものであったとしても、脇役でしかないのである。前章で示した実用文法と教育用文法の関係（第2章 2.3.2. 図1参照）も、インプットが説明よりも上位の概念となっていることを表している。ゆえに、教師は説明に頼り過ぎずに、普段からたっぷりとモデル（インプット）を示していくべきであろう。

インプットとアウトプットの関係

　Krashenはインプット仮説の中で、スピーキング能力は、それ自体を練習する必要はなく、理解可能なインプットを多量に受けた後に、自然に発生するものであると主張している。すなわち、言語習得の直接の原因はアウトプット（output, 発話／産出）ではなく、インプットにあると主張しているのである。ここでアウトプットの練習が全くいらないとする意見は、最近のアウトプットの有効性を示す研究結果（e.g., Izumi, 2000, 2002, 2003a; Swain, 1998, 2001, 2005）と大きく矛盾しており、問題がある。しか

し，言語習得の自然な順序は，インプットからアウトプットであるとするKrashenの指摘は，熟考に値しよう。

　母語習得では，子どもは多くのインプットに接する中で，自然と発話し始める。最初に聞くことなしに話し始める子どもはいない（乳児の喃語―babbling―は，言葉以前の発声の問題なので，ここでは省かれる）。このように子どもが言語習得過程で聞くことに徹する時期は，「沈黙期間」（silent period）と呼ばれている。沈黙期間には，個人差があることも分かってきているが，アウトプットの前にまずインプットを吸収する必要があることは，どの子どもも変わりはない。ほぼ同様のことが，第二言語習得でも言える。いくら言いたいことがあっても，どうやって言うのかを示すインプットのモデルがなければ，言葉は発達しようがない。自然な言語習得の順序は，子どもでなくても，インプットが最初にあり，それを基にアウトプットするのである。

　この点で，日本の英語授業を見てみると，インプットを十分に与える前から，アウトプットを強要している傾向が多く見られる。PPPの授業では，限られた英語のインプットを基に，多くの文法説明が日本語でなされ，その後，コンテクストが乏しい中で練習問題やドリル練習が行われる。1つの文型や語彙，イディオムにつき，単文の例文が1回きりしか与えられないことも珍しくない。そして，それで準備ができたとして，生徒に発話を強要するコミュニケーション活動がなされたりする。その際，生徒の声が小さかったり，元気がなかったりすると，「もっと大きく元気な声で！」と生徒を叱咤したりする。

　自然な言語習得を考えた時，このようなやり方は，まさに「馬の前に荷車をつなぐ」（put the cart before the horse）やり方である（VanPatten, 1995, 1996; 和泉，2009）。十分なインプットなしにアウトプットさせたとしても，生徒にしてみれば，栄養不足の状態で活発に活動することを強いられているようなものである。そこに自発的且つ創造的な発話を期待されても，困惑するのがおちである。Krashenが指摘するように，説明とアウトプットだけで言葉を習得した人がいないことを，肝に銘じておかなければならない。[12]

（2）動機付けを高め，インプットの内在化を促進するために，学習者に
　　 とってできるだけ興味深いインプットを与える。

　これは上記のインプット仮説と密接に関連した点であるが，インプットが $i+1$ レベルで，理解可能でなくてはならないという以外に，学習者の注意をインプットに長時間引きつけるためには，それが学習者の年齢と知的レベルに合った内容のものでなければならない。それでは，どのような題材が生徒にとって興味深く，しかも教育的価値が高いものなのか。この点で，学校現場では，教育的配慮から他教科の内容を借りたものをトピックとする場合が多い。例えば，社会科や理科の授業から，貧困問題や環境問題に関する知識と知恵を借りてきて，その内容を英語科の授業で確認したり，発展させたりといったことができる（中嶋, 2002a,b; 三浦，他, 2002）。時には，生活科や図工のクラスなどからもアイデアを借りてきて，英語の指示に従いながら料理をしたり，クラフト作りをしたりする活動も考えられる（小泉, 2003）。これらの授業では，実物教材を目の前にして行えるので，インプット理解が大いに促進される。また，友人関係や恋愛，将来のことなど，生徒に身近なトピックを扱うケースもある（三浦，他, 2006）。生徒を引きつける活動と内容を考えることによって，彼らの興味と知的好奇心を喚起して，持続的にインプットに集中させることが可能となる。

　Krashen がここで指摘する充実したインプット内容の必要性は，言語形式に偏り，意味内容を軽視しがちな日本の英語教育にとっては，非常に重要な点である。外国語科目だから，言語知識さえ教えていればよいとか，内容はなくても構わないということにはならない。単なる知識としての英語力ではなく，実用的な英語運用能力が強く要請される社会では，英語教育の使命は，言語知識を一方的に教えることに止まらず，生徒自身が生活

12　「アウトプットよりインプットが先」は，言語習得の原則だが，生徒にまずアウトプットさせることによって，問題意識を高めてから，関連するインプットを与えて，気付きを促す手法もある（第4章参照）。このような活動のバリエーションもあり得るが，ここで重要なことは，アウトプットをさせっ放しにするのではなく，やはりインプットとの関係性を考えて，活動をつないでいくことである。その他，インプットとアウトプットの関係についての様々な議論は，2009年『英語教育』2月号に掲載されているので，参考にしていただきたい。

について，世界について，人生について，広く学び語れるコミュニケーション教育となっていかなければならない（松本, 1999）。そうでなくては，言語知識の定着もままならない（白井, 2009）。

　しかし，現在の日本の英語教育で，どれくらいの教師がそのような英語授業を展開しているだろうか。どのような内容を，どの程度の深さまで掘り下げて話をしているだろうか。生徒の問題意識を喚起するような形で英語のインプットを与え，討論の材料にしたりしているだろうか。筆者は，教えているクラスの大学生に，彼らが中学・高校生だった頃，英語の授業でどのようなトピックについて勉強したか尋ねることがある。驚くことに，学生たちは文法や練習問題，語彙テストといったこと以外は，ほとんど覚えていないことが多い。扱われたトピックについて話す学生も，教科書に出ていた2〜3の話題に触れるだけで，語られた内容については覚えていないことがほとんどである。訳読したという以外に，内容について話し合ったことはないとはっきり言う学生も少なくない。これは，彼らが受けてきた英語授業が，いかに内容を軽視して，形式偏重なものであったかを物語っている。コミュニケーションのクラスであるはずの英語科授業の内容が，生徒の心には残っていないのである。

人は「意味作りの生き物」

　心理言語学の研究では，人の記憶は言語形式だけを長い間覚えていることは難しく，普通覚えているのは形式ではなく，意味内容であるということを示している。形式は意味抽出に必要な処理が済むと，かなり早い段階で忘れ去られてしまうのが普通である。思い出そうとすると，それは通常，意味内容やコンテクストを思い浮かべる中で，それに対応する言語形式を辿ろうとするものである（Caine & Caine, 1990; Scovel, 1998; Tyler & Tyler, 1990）。この点について，Caine and Caine（1990）は，脳科学の見地から次のように述べている。

> The search for meaning (making sense of our experiences) is survival-oriented and basic to the human brain... The search for meaning cannot be stopped, only channeled and focused... The brain resists hav-

ing meaningless patterns imposed on it... When the brain's natural capacity to integrate information is acknowledged and invoked in teaching, vast amounts of initially unrelated or seemingly random information and activities can be presented and assimilated. (p.67)

すなわち，人は「意味作りの生き物」(meaning makers) であり，その欲求は人間特有のものであると考えられる。だから，それを抑えつけようとすることは，人間の本質に反することであり，教育上，得策ではない。この知見を外国語教育に当てはめて考えると，言語形式それ自体を覚えておくことは，実は非常に困難なことであることが分かる。しかし，そこに豊かな意味内容や具体的なコンテクストが加わると，それに付随した形で，言語形式を記憶に留めることが容易になってくる。脳内で，意味内容やコンテクストが，言語形式をつなぎ止める「留め金役」，もしくは脳内ネットワークの「クモの糸」のような役割を果たすからである。

認知心理学で提唱されている「処理水準説」(levels of processing framework) では，表層的な構造分析をするよりも，意味を伴った分析をする方が，記憶の定着には優れていることが示されている (Craik & Lockhart, 1972)。それは，意味処理が学習者の既存の知識と新しい情報とを密接に関連づける役割を果たすからであり，新情報が単なる脳内への「貼付け」ではなく，「結びつき」となるからだと考えられる。言語教育において，形式だけを強調して教えるのではなく，そこに常に記憶に値する意味内容がなければならない大きな理由である。

（3）授業では，学習者を不安にさせたり，緊張させたりすることを避けなければならない。

Krashen の理論の中では，学習者の情意面に関する考え方は，「情意フィルター仮説」(Affective-Filter Hypothesis) として表されている。学習者は情意フィルターと呼ばれる心理的な障壁を持つとされ，それは不安感や自信のなさ，学習意欲の低さなどの要因が絡んで構成されていると考えられている。フィルターが高いと，最良のインプットもその高い障壁にぶつかって，脳内の「言語習得装置」(Language Acquisition Device) に到

達できず，言語習得は起こらない。逆にフィルターが下がると，学習者は安心感と興味を持ってインプットに接するため，インプットは最大の効果を発揮するとされる。

　Krashen は，情意フィルターを上げる原因として，生徒の心の準備ができる前に，発話を強要することを挙げている。これは，前述した沈黙期間を尊重する必要があるという点と関連している。また，学習者の誤りを訂正することも，情意フィルターを上げる原因と見なされる。確かに，過度の誤り訂正は，学習者を不安にさせ，やる気を失わせるだけでなく，必要以上に注意を形式に向けてしまい，コミュニケーションを阻害する恐れがある。特に最初から「正しい理解」や「正しい英語」を強調してしまうと，学習者は言語の正確さばかりに目を奪われがちとなる。それが，「間違えると恥ずかしい」といった気持ちを過敏にさせて，情意フィルターを上げてしまうと考えられる。

　情意フィルターの概念は，その定義付けが曖昧なため，それ自体を対象にした研究はあまりない。しかし，関連した研究として，MacIntyre and Gardner（1994）などの言語不安（language anxiety：外国語を学習する際に学習者が持つ不安や緊張感）の研究がある。これらの研究では，言語不安が強い生徒は，弱い生徒よりも，外国語クラスの成績が低く，スピーキング力，リスニング力，ライティング力，文法力，語彙力と，全てにおいて劣ることが発見されている。更に，そういう生徒は学習速度も遅く，往々にして失敗を避けようとするので，発話量も少なければ，伝えようとする内容も単純になってしまう。学習過程で適度な緊張感を持つことは必要であるが，過度の緊張は言語習得に悪影響となってしまうのである。

　情意的に最適な学習環境を作ることは，モチベーション（動機付け）の観点から言っても重要なことである。例えば，受験や定期テストを動機付けの道具として乱用し，必要以上に緊張感を増すような学習環境を作ることは，長期的に見て言語習得にとってはマイナスとなる。最近の動機付けの研究では，学習者が学習過程を心から楽しんでいるという「内発的動機付け」（intrinsic motivation）の重要性を示している。内発的動機は，外から与えられる「外発的動機付け」（extrinsic motivation）と比べて，言語不安を低くし，自分の能力への自信を高め，ひいては外国語習得の成功と

関連していることが報告されている（Noels et al., 2000）。また，教師がテストなどを使って高圧的な態度で生徒のやる気を高めようとすることは，生徒の内発的動機を弱めることにつながり，逆に教師が生徒の意欲と努力を積極的にほめて学習をサポートしていく時には，生徒の内発的動機が高まるという研究結果もある（Noels et al., 1999）。

　英語学習ができるだけ心地良い環境の中で進められることによって，長期的で持続的な言語習得が可能となる。生徒の誤りの訂正は，時と場合によっては必要となろうが，それが必ずしもすぐに習得につながるわけではないことを，教師は心得ておかなければならない。また，フィードバックを与える際は，生徒の認知面（何にどれだけ注意を向けさせるか）だけでなく，情意面（どう感じるか）も十分に考慮することが必要となる（フィードバックの研究と具体例は，第6章参照）。

（4）意識的な文法学習は，発話を監視するモニターとしてしか役に立たない。

　Krashen が生徒の誤りの訂正に対して否定的である別の理由は，そこから得られる知識は，言語習得にはつながらないと考えるからである。Krashen の「習得・学習仮説」（Acquisition-Learning Hypothesis）では，意識的に言語を分析して学ぶ方法を「学習」（"learning"）と呼び，インプットに触れてコミュニケーションの中で自然に学ぶ過程を「習得」（"acquisition"）と呼ぶ。そして，前者が後者に変わることはあり得ないとしている。

　Krashen の理論では，自然な言語使用に必要なのは，「習得された知識」（acquired knowledge）であり，「学習された知識」（learned knowledge）は，習得された知識から発せられた言語をチェックする機能に止まるとされる。このような機能は，モニター（Monitor）と呼ばれ，その考え方は「モニター仮説」（Monitor Hypothesis）として表されている。しかも，モニターが有効に働くためには，少なくとも3つの条件を満たさなければならないとされる。1つは時間的に余裕があること，2つ目は，学習者の注意が意味ではなく言語形式に向けられていること，そして3つ目は，関連する明示的言語知識を持っていることである。

しかし、実際、これらの条件がコミュニケーション場面で満たされることはそう多くない。人は通常のコミュニケーションの中で、時間的余裕はほとんどなく、注意は言語形式ではなく意味内容に向けられ、しかもコミュニケーションで使われる全ての文法規則を明示的知識として保有することは容易ではない（第2章2.3.2.参照）。それゆえに、Krashen は文法学習に否定的であり、そこに割く時間をできるだけインプットを与える時間に当てるべきだと主張しているのである。

　ここで Krashen が言う「学習」と「習得」は、前章で紹介した明示的知識と暗示的知識に相当するものであるが、両者は理論的背景が異なるので、必ずしも同等には扱えない。特に、Krashen の理論では「学習」は「習得」に結びつかないとする「非インターフェースの立場」（non-interface position）をとっているが、多くの研究者は、明示的知識と暗示的知識の間には何らかの接点があると考えている。この両者の知識が特定の練習活動によって結びつけられるとするのが、「強いインターフェースの立場」（strong interface position）である。一方、文法指導と学習者の心理言語的レディネス（準備）のタイミングが合致すれば、明示的知識は気付きを促して、暗示的知識の形成を間接的に助けると考えるのが、「弱いインターフェースの立場」（weak interface position）である（N. Ellis, 2005; R. Ellis, 1993, 1997, 2006a, 2008）。

　これまでの SLA 研究の成果を見ると、非インターフェースと強いインターフェースの立場は、反証する研究結果もあり、両者とも説得力に欠ける部分がある。前にも述べたように、練習活動によって明示的知識を暗示的知識に変えるとする強いインターフェースの立場は、"Practice makes perfect." と常識論で言われているほど単純ではない。一方、文法学習が英語運用能力には全く役に立たないとする非インターフェースの立場は、インストラクションの効果を示す数々の研究結果と矛盾する。これまでの SLA 研究の成果と最も合致しているのが、弱いインターフェースの立場である。弱いインターフェース説では、第二言語習得の複雑性を認めつつも、インストラクションや明示的知識が条件的に言語習得で果たす役割を認めている。問題は、どのようなインストラクションが、いつ、どのようなメカニズムで、どんな言語面の習得を促進するのかということであり、

これらの争点を巡っては，現在も様々な研究が進められている。この点については，第5章で紹介するフォーカス・オン・フォームと関連するので，そこで具体的に触れることにしたい。

いずれにせよ，文法学習は「習得」ではなく「学習」にしかならず，その使い道はモニターだけに限られるとするKrashenの理論は，多くの学習者や教師の経験に照らしても，受け入れがたいものであろう。しかし，たとえそうであったとしても，Krashenの主張を真っ向から退けることは賢明ではない。なぜなら，明示的知識と暗示的知識の存在は，Krashenだけでなく，多くの研究者が認めるところであり，2つの知識の間の関係は，前者が即後者に変わるといった直接的で自動的なものではないからである。Krashenが掲げるモニターが機能するための3つの条件も，経験的に真実を言い当てている部分もあり，学習者としても教師としても，考えさせられることは多い。特に，典型的な日本の英語授業が圧倒的に「学習」主体であることを考えると，Krashenの指摘もそう的外れなものではなく，考慮に値すると言えるだろう。

モニター・モデルの問題点

これまで，Krashenの理論に基づく外国語教育の考え方について，日本の英語教育と照らし合わせながら考えてきた。ここで，Krashenの理論が1980年代以降，様々な批判にさらされている事実も付け加えておかなければならない。i+1のインプット仮説に関しては，その必要性は大筋で認められているが，定義の曖昧さについて色々と指摘されている。どうやって学習者の現在のレベルである"i"を割り出して，どのようなインプットが"+1"となるかが，Krashenの理論では曖昧なままなのである。インプットだけで，本当に十分な第二言語習得が可能なのかといった問題点も挙げられる。これは，第二言語習得と母語習得を全く同じに扱ってよいのかという問題とも関連している。また，習得・学習仮説とモニター仮説は，インターフェースの問題として議論されているが，最近のSLA研究では，Krashenとは異なる意見が主流となっていることも前述した通りである。情意フィルター仮説においても，その定義の曖昧さだけでなく，フィルターが下がっていれば，言語習得は自動的に起こるのかといった議

論もなされている。言語不安がなく，学習動機が高くても，言語習得が成功していない事例も見られるからである。

しかし，このような問題点にも拘わらず，Krashen の理論は多くの研究者に大筋で認められていることも事実であり，批判ばかりに気を取られて，大事なものを見失ってはならないだろう（"We shouldn't throw the baby out with the bathwater"—VanPatten, 1987）。特に，ここで示してきた日本の英語教育に与える数々の識見という点では，我々が Krashen の理論から学ぶべきことは多い。

次のセクションでは，Krashen が，自身の理論の「最高の実行例」とまで呼んだイマージョン教育について紹介したい。イマージョン教育は，内容中心教授法を忠実な形で実現した例であり，これまでに数多くの研究がなされてきている。それらの研究成果を見ながら，改めて日本の英語教育が学ぶべき点を考えていきたい。

3.3.2. イマージョン教育の挑戦：「一石二鳥」の取り組み

イマージョン教育では，各教科の教科内容を目標言語で教えていく。地理，歴史，数学，理科などの教科と外国語科目との区別をしないで，それら全てを目標言語で教えることによって，一石二鳥を目指すのである。このような教育は，生徒を目標言語に「どっぷりと浸す」(immerse) というところから，「イマージョン教育」(immersion education) と呼ばれている。

イマージョン教育は，1960年代にカナダで始められた教育方法である。それは，英語母語話者の親達が，子ども達に第二言語としてのフランス語と，その文化・伝統をしっかりと学んでほしいという強い要望から始まった。最初はケベック州で実験的に始められたが，その成功が弾みとなって，次第にカナダ全土，そしてアメリカ，ヨーロッパ，オセアニア，アジアにまで広まっていった。その基本的な考え方は，外国語それ自体を学習目的として学ぶのではなく，外国語で他教科を学ぶのであり，その過程で外国語も習得するというものである。言語を意味の伝達に使用しながら学んでいくという意味で，「体験的なアプローチ」(experiential approach) とも言われている。

イマージョン教育は，主に開始年齢と目標言語への接触時間の違いによって，次のようなタイプに分けられている。

〈開始年齢別〉
- 早期イマージョン（early immersion）：5，6歳（幼稚園，または小学校1年時）から開始される。
- 中期イマージョン（middle immersion）：9，10歳（小学校4，5年時）から開始される。
- 晩期イマージョン（late immersion）：11〜13歳（小学校6年〜中学校2年時）に開始される。
- 高等教育イマージョン（post-secondary immersion）：18歳以降（大学時）に開始される。

〈接触時間別〉
- 完全イマージョン（total immersion）：プログラムの授業のほぼ100％が目標言語でなされる。
- 部分イマージョン（partial immersion）：プログラムの授業の約50％程度が目標言語でなされる。

　カナダで一番多いのが，早期完全イマージョンである。そこでは，低学年のうちは目標言語への接触を100％に近いものとして始め，学年が上がるにつれて，徐々に母語の読み書きの授業も取り入れていき，部分イマージョンへと移行していく。そうすることによって，最初は目標言語への慣れと習得を促進して，その後，目標言語と母語の双方の発達を助けていくのである。これは，最初は母語を多用し，徐々に目標言語を増やしていこうとする伝統的な外国語教育観とは，全く逆の発想である。
　早期部分イマージョンでは，読み書きの指導は，小学校1年時から目標言語と母語の両方で始められることが多い。中期以降のイマージョンでは，通常すでに母語で読み書きができ，目標言語の学習も多少はしてきている児童・生徒が対象となる。高等教育でのイマージョンでは，大学生などを対象に，教養科目や専門科目の一部，または全ての科目を目標言語で

教えている。

　イマージョン教育の目的は，単なる外国語習得ではなく，非イマージョンの公共教育と同様に，児童・生徒の学力向上と共に，人格形成をも視野に入れている。つまり，目標言語を機能的に使えるようにするだけでなく，母語の維持と発達はもちろんのこと，教科内容の十分な習得，そして母語と目標言語双方の文化に精通させていくことを目標としている。2つの文化の教育を同等に大切にするという点で，イマージョン教育はインターナショナル・スクールとは異なっており，両者を混同してはならない。

　また，イマージョンは，子どもをただ目標言語の中に飛び込ませ，「溺れるか泳ぐか」（sink or swim）といった教育を無理矢理押しつけるのとは異なる。このような強制的なやり方は，「サブマージョン」（submersion）と呼ばれ，以前は行われていたが，近年では教育政策として相応しくないと言われている。イマージョンでは目標言語が使われつつも，それを生徒が理解できるように教師があらゆる工夫を凝らして，生徒が授業に徐々に慣れていくような環境作りがなされている。

インプット理解を促す手法
　では，イマージョン教育では，まだ目標言語能力が限られている児童・生徒に，中身の濃いインプットを一体どのように理解させているのか。この点で，イマージョンの教師は，以下に見られるような様々な工夫をしている（Echevarria et al., 2008; Fortune, 2000, 2003; Lyster, 2007; Rosen & Sasser, 1997; Snow & Brinton, 1997）。

- 話すスピードを落とす。
- ポーズを長くして，生徒に言語処理の時間を与える。
- 明瞭な発音で，誇張したイントネーションで話す。
- 重要な単語やフレーズを強調したり，繰り返したりする。
- 頻繁に使われる語彙を多用し，スラングや熟語をあまり使わない。
- 同じ単語や文，またはセンテンス・パターンを繰り返し使う。
- 言い換えを多用する（例えば，He is my grandfather, my father's father,

an old man. など)。
- 具体例を使う（例えば，You know fruits, like apples, oranges, and strawberries? など)。
- 意味を説明する定義を使う（例えば，A 'cathedral' is a church with a high ceiling. など)。
- 同義語を使う（例えば，'Argument' means fight or quarrel. など)。
- 母語にある目標言語からの借用語など生徒が既に知っていそうな単語を使う（例えば，日本の英語イマージョンの場合，banana, cookie, ice cream, tiger, lion, kangaroo, table, kitchen, computer, TV, baseball, soccer, truck, taxi, helicopter, sweater, shirt, blue, red, one, two など)。
- 視覚的に訴える教材（例えば，実物，地図，絵，ビデオ，OHP，パワーポイントなど）を多用する。
- ジェスチャーや顔の表情を豊かに使う（例えば，big, small, smile, cry, walk, run などの単語を顔の表情や体の動きと共に使う)。
- 生徒が既に知っていることや，生徒の経験と結びつけて，新しい学習内容を提示する（例えば，理科の授業で「浮力」—buoyancy—の概念を導入する際に，What kind of things do you know that floats on the water? That sinks? Can a ship float? Can a coin float? Why? というように生徒を巻き込んで始める)。
- 授業の最初に，先行オーガナイザー（advance organizer）として，その日の学習目標を提示し，板書しておく。
- 複雑な内容は，噛み砕いて順々に紹介する（例えば，活動の順序に番号を振って，黒板に示しながら説明する)。
- 個人作業やグループ活動を行ったり，宿題を与えたりする際は，まず模範となるモデルを示して，何が期待されているかをはっきりさせる。
- 授業の展開に予測可能なパターンを作る。
- 児童・生徒同士で理解を確認し合う時間を設ける。
- 教室や廊下に役立つ単語やフレーズなどを示すポスターを貼り，機会あるごとにそれを授業でも活用する。

　これらの教育的措置の多くは，何もイマージョン教育に限ったことでは

なく，養育者が子どもに話しかける時に使う一般的な手法であり，ネイティブ・スピーカーが外国人と話す時によく使われるコミュニケーション術でもある。前者は「養育者言葉」（caretaker speech）と呼ばれ，後者は「外国人言葉」（foreigner talk）と呼ばれている。ネイティブ・スピーカーの教師や日本人教師が，生徒と英語でコミュニケーションをとろうとする際，生徒のレベルに合わせて話し方を変えるのも同様である。このように教師が使う言葉は，「ティーチャー・トーク」（teacher talk）と呼ばれている。[13] いずれの場合も，言語能力が発達した話者が，言語能力の未発達な者に対して使う言葉であり，言葉を教えるという教育目的で意識的に使われることもあれば，大人が幼児に話しかける時のように，ほとんど無意識的に使われることもある。

　このような言語修正は，決して固定されたものではなく，学習者の言語能力，話題，状況に応じて，ダイナミックに変えられていく。例えば，学習者が初級段階であれば，「今，この場」（here and now）の話題が，具体的且つ目に見える形で多く取り扱われるが，聞き手の言語能力が上がるにつれて，「その時の，その場所」（there and then）という風に，徐々に時間と空間が離れた抽象的な話題へと移行していく。話すスピードも，語彙のレベルも，繰り返しの頻度も，聞き手のレベルが変わるにしたがって微調整されていく。そのため，教師は，いつまでもジェスチャーや絵に頼るのではなく，徐々にそのような「足場」（scaffold）を取り除いていき，常に学習者に適度な難易度のインプットを提供することが必要となる（これはKrashenの $i+1$ の概念に相当する考え方である）。

どんなリスニング補助が効果的か？

　以上のことを考慮しながら，ここで教室でのリスニングのトレーニング

---

[13]　ティーチャー・トークは，別のよく使われる言葉である「教室英語」（classroom English）とは区別される。後者は，主にクラス運営の際に使われる決まり文句で成り立っているが（"Good morning." "Stand up." "Open the textbook." など），前者は，広範囲な話題をカバーし，説明からストーリー，冗談などを言う際にも，生徒が分かるように修正された言葉が使われる。最近の日本の英語教育では，classroom English はある程度普及してきたが，teacher talk の使用はまだまだ限られているようである。

方法について，SLAの実験研究を参考にして少し考えてみたい。授業で英語のリスニング活動をする際，生徒のリスニング力の弱さを補助するために，様々な教育的サポートが与えられる。一般的によく使われている手法として，インプットを数回聞かせることや，未習の語彙をあらかじめ教えておくことが挙げられる。しかし，これらの方法は，生徒のインプット理解とリスニング力の発達を実際にどれだけ助けているのだろうか。

　この疑問に答えるために，Chang and Read（2006）は，次のような実験研究を行っている。英語リスニング力が初級から中級レベルの台湾の大学生に，1分半から2分半のミニ・レクチャーを聞かせ，その後で聴解テストを行った。被験者は，次の4つのグループに分けられた。1つ目のグループは，同じリスニング・インプットを2回聞き，質問に答えた。2つ目のグループは，リスニング前にトピックに関する予備知識を母語で教わり，その後リスニングを1回だけ行った。3つ目のグループは，リスニング前に必要な語彙を教えてもらい，それを練習する機会をもった後で，リスニングを1回だけ行った。そして，4つ目のグループは，事前準備なしで，リスニングを1回だけして質問に答えた。さて，どのグループが一番高いリスニングの理解度を示したと思われるだろうか。また結果は，英語リスニング能力の高かったグループと低かったグループで，どう違ってくるだろうか。

　結果は，図3に示す通りである。全体的に見ると，一番理解度が高かったのは，トピックについての予備知識を与えられたグループであり，次に高かったのがインプットを2回聞いたグループ，次が予備準備なしでリスニングをしたグループ，そして最後が語彙を教わったグループであった。英語リスニング能力別で見てみると，リスニング力上位群の学習者は，トピックの予備知識を与えられた場合と，リスニングのチャンスが2度与えられた場合とで，ほぼ同程度の理解度を示していた。それに対して，リスニング力下位群の学習者は，トピックの予備知識を与えられた状況で特に高い理解度を示しており，リスニングのチャンスが2度与えられた状況では，理解度の伸びはさほど見られなかった。そして，リスニング前の語彙指導は，リスニング能力の差に拘わらず理解度は伸びず，特にリスニング力上位群にとっては，マイナスの効果さえ生じてしまっていたのである。

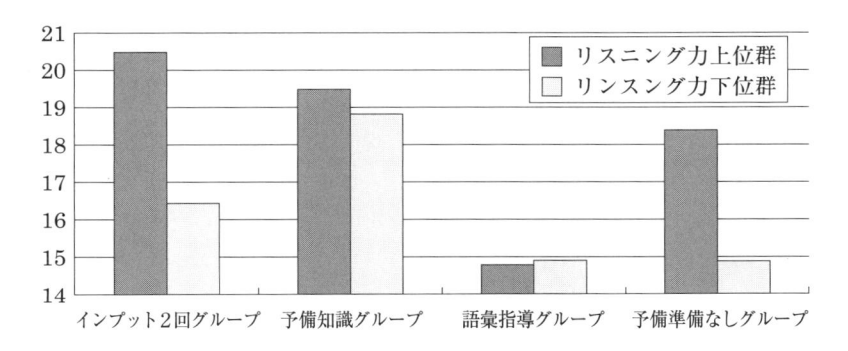

図3：リスニング補助の理解度における効果の違い
（平均得点表示：Chang & Read, 2006に基づく）

なぜこのような結果になったのか。端的に言うならば，リスニングには，音声，語彙，文法などの言語知識を使って行う「ボトムアップ処理」（bottom-up processing）と，背景知識や状況知識を使った「トップダウン処理」（top-down processing）の両方が関係しており，双方が密接に関連して起こる「インタラクティブ処理」（interactive processing）がリスニングの本質だからである（Izumi, 2003a）。そのため，たとえ学習者の言語知識が未熟であったとしても（つまり，ボトムアップ処理能力が弱くても），それを背景知識などで補ってあげる（つまり，トップダウン処理を活性化させる）ことで，その弱さを克服することが可能となる。

言語能力が未熟な学習者にとっては，ただ何度も同じ状態でリスニングを繰り返したとしても，それだけで理解を深めたり，リスニング力を上げることは難しい。リスニングの繰り返しが有効に機能するためには，ボトムアップ処理が自動化されていなければならないので，上級者にとっては有効であっても，そこまでのレベルに達していない者にとっては，あまり役に立たない。ボトムアップ処理だけに頼っても，一向に足がかりがつかめないからである。しかし，それをトップダウン処理の面からサポートしてあげると，それが足場となってリスニングを助けるのである。

語彙指導の影響がほぼゼロ（リスニング力下位群），もしくはマイナス（リスニング力上位群）となったのは，語彙習得が短時間の詰め込みや練

習によって簡単に成し得ないということを表している。実験後のインタビューで，リスニング力上位，下位を問わずに被験者は，「関連語彙を学んで自信をつけていざリスニングをしてみると，覚えたはずの単語がすぐには思い出せず，思い出そうとしている間に話はどんどん先に進んでいってしまった」といった感想を述べている。つまり，教わった語彙に注意を奪われてしまい，全体のリスニングが疎かになってしまったのである。このことから，付焼き刃的な語彙指導では，リスニング能力を伸ばしていくことは難しいと言えよう。語彙指導がリスニングに有効に働くためには，何よりもまず普段からリスニングの量を増やしていくことが必要となる。その上で，リスニング時にはポーズを入れたり，部分的な繰り返しや言い換えなどをふんだんに用いる必要がある。つまり，イマージョンで見られるような，様々なインプット理解のための工夫を積極的に活用しなければならないのである。

　言語能力の基本とされるリスニング力を鍛えるためには，多くのインプットに接する中で，言語知識のみに頼るボトムアップ処理だけでなく，トップダウン処理も同時に鍛えていかなくてはならない。このことは，リスニングに限らずリーディング指導にも当てはまり，最初はトップダウン的なサポートが多い状況から始めていって，それを徐々に取り除いていくことによって，しっかりとしたボトムアップの言語処理能力を身に付けさせていけるのである（Cummins, 2000）。教師や学習者の中には，ボトムアップ処理が本当のリスニングの実力であると捉える者もいるが，本来のリスニング力とは，ボトムアップ処理とトップダウン処理の両方を柔軟に使いこなせる能力であることを覚えておきたい。

3.3.3. フランス語イマージョン教育研究が示すこと

　さて，話をイマージョンに戻すと，カナダのフランス語イマージョン教育では，上に示されたようなあらゆる教育的方略を使って，児童・生徒の目標言語の理解と共に，各教科の学習を可能にしている。カナダのイマージョン教育は1965年に開始以来，40年以上にわたって数多くの研究がなされており，SLA研究に有益な示唆を数多く与えている。その研究成果は全体としてかなり一貫性があり，信頼性の高いものと考えられる。

概して，完全イマージョンの方が部分イマージョンよりも，そして早期イマージョンの方が中期以降のイマージョンよりも，児童・生徒の目標言語の能力は高くなる傾向にある。しかし，プログラム・タイプ別の結果は，学習の開始時期だけでなく，児童・生徒のやる気や，学力，プログラムの質等とも関係しているので，最終的な結論には未だ研究の余地があるとされている。

カナダのイマージョン教育では，多くが早期完全イマージョンであるので，それを対象とした研究が最も充実して行われてきている。以下に，その主な研究成果を羅列してみたい（Allen, 2004; Cummins & Swain, 1986; Genesee, 1987; Harley et al., 1990; Johnson & Swain, 1997; Lyster, 2007）。

- イマージョンの児童は，小学校中学年の時点で母語の読み書きを教わるが，その時点では，それまで母語で勉強してきた同年齢の児童と比べて母語の発達において遅れをとっている。しかし，小学校卒業時までには，その能力が非イマージョン児童と同レベルか，それ以上のレベルに達する。この発達傾向は，特にリーディング力において顕著である。
- 教科の学習の達成度においては，イマージョンの児童・生徒に長期間の遅れは見られず，遅くとも小学校高学年時までには非イマージョンの児童と同程度の知識を獲得する。
- イマージョン児童・生徒は，問題解決能力や思考の面で，非イマージョン児童・生徒よりも優れた柔軟性を身に付けることが多い。
- イマージョン児童・生徒は，目標言語の能力を飛躍的に伸ばす。その進歩は，毎日一時間目標言語を学習した非イマージョン児童・生徒と比べて，はるかに大きいものである。この結果は，プログラムのタイプに拘わらず確認されている。
- 特に目標言語でのリスニング力とリーディング力においては，早期イマージョンの生徒は，小学校6年次を終了するまでに同年齢の母語話者にひけをとらないほどのレベルに達する。
- イマージョン児童・生徒は，目標言語をコミュニケーションの道具として，流暢に且つ自信を持って使えるようになる。
- 目標言語の受容能力の飛躍的な進歩に比べて，スピーキングとライティ

ングの産出能力については，母語話者との比較において問題点を残す。特に文法能力，語彙の幅，社会言語的能力で伸び悩みがある。
- イマージョン児童・生徒は，文法能力などの弱点を補う方法として，分からない単語や表現などを文脈から推測したり，発話の際には言い換えたりするなどのコミュニケーション方略（communication strategies）を使うことに長けている。

　ここで見られるように，イマージョン教育は，全般的にかなりの成功を収めており，カナダの教育界の「サクセス・ストーリー」として知られている。実際，多くのSLA研究者からも，イマージョン教育は，現存する言語教育政策の中で最も成功したものの1つとして広く受け入れられている。
　現在，イマージョン教育は世界各国に広まり，フランス語だけでなく，英語，日本語，中国語，ドイツ語，イタリア語，ロシア語，アラビア語などの主流言語の外国語教育としてだけでなく，ハワイ語，マオリ語，アイルランド語といった言語の継承教育の手段としても用いられている。カナダでは，現在30万人にも及ぶ児童・生徒がフランス語イマージョン教育を受けており，アメリカでは，300近い数のイマージョン・プログラムが存在している。その言語的内訳は，スペイン語が最も多く，次いでフランス語，ハワイ語，そして日本語のプログラムの順となっている。
　日本においても，近年，英語イマージョン教育が脚光を浴びるようになってきており，静岡県沼津市の加藤学園に始まり，東京都世田谷区にある佼正学園女子中学校，京都府宇治市の立命館宇治，群馬県太田市のぐんま国際アカデミー，宮城県仙台市にある宮城明泉学園などの学校が，現在イマージョン教育に取り組んでいる。また，沖縄県などでも，イマージョン教育の（部分的）導入を検討しており，積極的に教員研修に励んでいる最中である（沖縄県立総合教育センター，2007）。
　では，一体イマージョン教育の成功の秘訣は何か。様々な要因が考えられるが，一番重要と思われるのは，やはり教える側の人材の確保と育成となるだろう。イマージョンの教師は，目標言語が流暢に話せるというだけでなく，教える教科内容にも精通していなければならないし，目標言語を

第二言語として学ぶ子どもに分かりやすく伝えることができなければならない。そして当然，教師としての忍耐強さ，優しさ，思いやり，情熱といった人間的な資質も重要となる。その上で，それぞれの子どもの成長に応じて柔軟に対処する能力も持ち合わせていなければならない（Echevarria et al., 2008; Snow & Brinton, 1997）。

　このような課題を一人の教師が全て背負うことは至難の技なので，教師間の協力体制，そして学校全体のサポート体制が重要になってくる。また，イマージョン教育に対する保護者の理解を深めて，家庭での子どもに対する精神的支えを確立することも必要になる。そういう意味で，イマージョン教育は，教師が外国語で話していれば自動的に成功するといった魔法のようなものでは決してなく，関係する全ての人々のたゆまぬ努力によって支えられているということを忘れてはならないだろう。

3.3.4. 加藤学園の英語イマージョン：イマージョンは日本でも有効か？

　カナダのイマージョン教育のことを教員研修などで紹介すると，度々聞かれるのは，イマージョンは日本でも同じように機能するのかという質問である。カナダのフランス語イマージョンでは，英語の母語話者がフランス語を学んでいる場合がほとんどであり，アメリカのイマージョンでは，英語の母語話者がスペイン語を学んでいるケースが多い。これらの場合，母語と目標言語の両方がインド・ヨーロッパ語族に属しており，しかも基本的に同じアルファベットを使っている。そうすると，そのような言語間の類似性がイマージョンの成功の鍵を握っているのではないだろうか，という疑問が生じてくる。イマージョンは，日本人が日本語と全く違った言語である英語を学ぶ際にも，同様の効果があるのだろうか。このような疑問に対して興味深いデータを提供している例として，加藤学園がある。以下では，加藤学園の研究成果について紹介したい。

　加藤学園は，文部科学省に認可された私立学校であり，1992年から日本で初めて英語イマージョン教育を導入した学校である。在学児童・生徒の99％は日本人なので，その点では他の日本の学校と比べて大差はない。加藤学園のイマージョン教育の目標は，次のような5つの項目から成り立っている（以下，加藤学園英語イマージョン・ホームページに基づく）。

- 機能的な英語能力を獲得し，英語での授業を問題なく受けることができるようにする。
- 日本語能力も，一般学生と同等か，あるいはそれ以上の水準に到達することを目指す。
- 各教科の内容を確実に理解，消化できるようにする。
- 日本人としてのアイデンティティーを確立しながら，他国の言語や文化を尊重し理解していく。
- 自他を尊重し，創造力を伸ばして誠実に実践する人間を育てる。

　ここから読み取れるように，他のイマージョン・プログラムと同様，加藤学園イマージョンでは，児童・生徒の英語力を伸ばすというだけでなく，その日本語力，国際人としての日本人のアイデンティティーの確立，そして，しっかりとした教科内容の学習を通して，全人格的な教育を目指している。
　バイリンガル教育の専門家であり，加藤学園のバイリンガル・プログラムの責任者であるBostwickは，当校のイマージョン教育の3つの特徴を次のように述べている。（1）加藤学園イマージョン・プログラムは，学習指導要領のカリキュラムに沿った形で作られており，イマージョンではないレギュラー・プログラムと同様のカリキュラムを使用している。（2）イマージョン・プログラムでは，英語で習った学習内容を日本語で教え直すことはしない。この点において，日本語教師の役割は，英語で学習した重要単語の復習の手助けをする程度に止まる。（3）加藤学園の文化は，地域文化を反映しており，児童・生徒に西洋的価値観を押し付けることはしない。逆に，外国人教師が，日本という新しい文化に適応することを求めている。
　加藤学園のイマージョン・プログラムは，日本では初めてのイマージョンの試みということもあり，その創設当初から，保護者を始めとする人々は，様々な不安や懸念を抱いてきた。外国語である英語で授業を行うことによって，児童・生徒の日本語力が落ちるのではないか。他教科の学力が落ちるのではないか。日本人としてのアイデンティティーが壊れるのではないか。過度のストレスを抱えてしまうのではないか。そして期待するほ

ど英語力が伸びないのではないか，といった心配である。これらの懸念は，何も加藤学園に限ったことではなく，カナダでイマージョン教育を始めた当初も，多くの保護者や教育者が抱えていたものである。

加藤学園イマージョン教育の成果

　このような保護者の不安に対して，加藤学園では様々な形で独自のイマージョン教育のプログラム評価を行ってきている。国語や英語だけでなく，数学，社会，理科等の学力も，客観テストを使って追跡調査し，イマージョンと，日本語で通常教育を受けているレギュラー・プログラムの児童・生徒の学力結果を比較検討している。更に，アンケート調査などで，児童・生徒のプログラムに対する態度や，日本の文化と異文化への態度などについても調べている。以下に，Bostwick（2005）の報告を基に，加藤学園イマージョン教育のこれまでの主な研究成果をまとめて提示しよう。

- プログラムの初期段階では，日本語の識字発達において，イマージョン児童は，日本語のみで学習しているレギュラー・プログラムの生徒と比べて遅れをとることがある。しかし，小学校卒業時には，レギュラー・プログラムの児童と同レベルか，それ以上の日本語能力を身に付ける。[14]
- イマージョン児童・生徒は，レギュラー・プログラムの児童・生徒と同レベルの教科学力を身に付ける。
- イマージョン児童・生徒は，異文化に対する理解を深め，積極的な態度を示すだけでなく，日本人としてのアイデンティティーも，レギュラー・プログラムの児童・生徒よりも確固としたものを持つようになる。
- イマージョン児童・生徒は，レギュラー・プログラムの児童・生徒と比べて，より多くのストレスを抱えるということはない。逆に，イマー

14　加藤学園イマージョン・プログラムでは，日本語の識字教育は，小学校の早いうちから導入されており，その点で，カナダのフランス語イマージョンとは異なる。これは，日本語と英語の文字形態が違うことを考慮した結果であり，賢明な判断だと考えられる（Cummins, 1998）。

ジョンに対して非常に積極的で好意的な態度を示す。
- 保護者も，イマージョン・プログラムに対して年数を重ねるごとに理解を深めていき，強いサポートを示すようになる。
- イマージョン児童・生徒は，従来の英語の授業を受けたレギュラー・プログラムの児童・生徒よりも優れた英語力を身に付ける。ネイティブ・スピーカーと同レベルになるわけではないが，同年代のネイティブ・スピーカーと機能的なコミュニケーションをするのに不自由しないだけの英語力を身に付ける。

　これらの結果は，カナダやアメリカのイマージョン教育の研究結果とほとんどの面で共通している。例えば，イマージョン学習者の母語の能力がレギュラー・プログラムのそれより高くなるという結果は，世界のバイリンガル教育の成果を見ても，決して珍しいことではない。地域の主要言語が母語という環境の中で，目標言語に触れる「付加的バイリンガル状況」（additive bilingualism）では，母語が失われるどころか，目標言語の習得が母語に比較対象を与えて，母語の発達を助けることが多い。そして，母語の順調な発達は，目標言語の発達をも助け，両言語の発達が相乗効果を生み出すのである。
　このような付加的バイリンガル状況と対比されるのが，「消滅的バイリンガル状況」（subtractive bilingualism）である。これは，地域の主要言語が目標言語であり，母語が少数派言語の時に起こり得る状況である。例えば，アメリカで長期滞在する日本人児童・生徒が，英語を習得するにしたがって，現地では必要度が低い日本語の能力を徐々に喪失するような場合に起きる。イマージョンは，基本的に加算的バイリンガル状況でなされるので，このような心配はないと言える。[15]
　また，イマージョン学習者の日本人としてのアイデンティティーの意識

---

[15] 小学校英語の導入に際して，小さい頃から英語の学習をすると，日本語能力が落ちるといった議論がなされることがある。しかし，これは違ったバイリンガル状況を混同している話であり，取り越し苦労である場合が多い。特に，週数時間程度の英語授業を設けることで，日本語力が落ちるということは，通常考えられない。逆に，バイリンガル教育の研究事例を見ると，国語教育と英語教育が助け合える部分は，非常に多いと考えられる（松村, 2009など参照）。

が，レギュラー・プログラムの児童・生徒よりも高いという結果は，異文化に触れる別の利点を示している。異文化に接することによって自文化への感受性と評価を高め，異文化だけでなく，自文化への興味や関心を育てるのである。この点においても，加藤学園の研究結果はカナダのフランス語イマージョンと似通っており，イマージョン教育の成果が，言葉や場所の違いによって大きく変わらない普遍性があることを示していると言えよう。

最後に，加藤学園のイマージョン学習者が獲得する英語力に関して，具体的なデータとして次のようなものが報告されている。表3は，アメリカ留学のための英語学力検定テストとして知られるTOEFLの結果を，学年別平均点として示している。表4は，日本英語検定の学年別の取得級である。

表3：2004年TOEFLの学年別平均点

学年	computer-based testの得点	paper-based testの得点
高校1年	195	525
高校2年	213	550
高校3年	228	565

表4：2004年日本英語検定の取得級

学年	英検の取得級
小学校6年	30%の児童が3級に合格
	60%が準2級に合格
中学校3年	ほぼ90%の生徒が2級に合格
高校2年	40%の生徒が準1級に合格
高校3年	75%の生徒が準1級に合格
	15%の生徒が1級に合格

表3，4に見られるように，イマージョンの児童・生徒は，TOEFLにおいても，英検においても，かなり高レベルの英語力を身に付けていることがうかがわれる。TOEFLでは，一般的に外国人がアメリカの大学に進

学する上で必要な点数は，paper-based testで500点が1つの目安となっており，大学院への進学には，ほとんどの場合，最低550点以上が必要とされている。イマージョンの生徒は，そのような点数を高校1年か2年の段階でクリアしていることになる。英検の結果では，文部科学省がこれからの英語教員に望ましい英語力を英検準1級（もしくはTOEFL550点以上，TOEIC730点以上）としていることを考えると，イマージョンの生徒がいかに高い英語力を身に付けているかが分かるだろう。

　しかし，おそらくこれらのテストの点数以上に重要なことは，イマージョンの生徒の多くが英語でのコミュニケーションに臆することなく，自信を持って臨めるということだろう。従来の伝統的な日本の英語教育を受けた生徒の多くが英語に自信がなく，苦手意識を持っていることを考えると，イマージョンの成果は傑出したものと捉えられるだろう。[16]

イマージョン教育が日本の英語教育へ示唆すること

　さて，我々がこれからの日本の英語教育の向上を考える上で，上に示されたようなイマージョン教育の研究結果から，何を学ぶことができるだろうか。以下に，3つの重要な点を指摘しておきたい。

　まず，言語習得には，理解可能なi+1のインプットに多く触れることが不可欠であることを再認識しなければならない。イマージョンの学習者は，豊かなインプットからかなりのレベルの言語知識を身に付けている。しかも，それは明示的知識としてではなく，実用的な英語能力として獲得しているのである。後でも見るように，決してインプットのみで第二言語習得の全てが解決するわけではないが，だからと言って，インプットの価値を決して軽視するようなことがあってはならない。十分なインプットなくして，言語習得はあり得ないのである。

　2点目として重要なことは，学習者は，言語形式それ自体を学習対象として学ぶよりも，意味内容がしっかりとある言葉に触れた時に，より強い動機付けを感じ，それが言葉を学ぶ原動力となっていくということであ

---

[16] 多くの父兄が心配するのは，加藤学園でイマージョン教育を受けた生徒たちの進路の問題だが，多くの生徒が日本またはアメリカの大学に進学している。詳しい進学先の情報は，加藤学園英語イマージョン・ホームページ <http://bi-lingual.com/School/JapanseHome.htm> 参照。

る。「今日は条件節を勉強します」と言われて、やる気を掻き立てられる生徒は、まずいない（言語学専攻の学生は別とする）。いつかそのうち役に立つ、試験のために役に立つといった論理では、生徒の心は動かない。仮にその場では勉強に取り組んだとしても、その学びは心に残らない。言語習得では、その時にその場で、言葉が生き生きとして使われていることが重要なのである。

　3点目は、生徒が内容豊かなインプットに接した時に発揮する本来の学習能力を、教師は決して過小評価してはならないということである。伝統的教授法の授業で、退屈そうにしていて目立たなかった生徒が、コミュニカティブな授業で急に輝き始めることも珍しくない。生徒は、知的好奇心や探究心を掻き立てられる環境に置かれ、学習に意味を見いだした時に、教師がそれまで想像だにしなかったような能力を発揮する。彼らが本来持っている潜在能力、学習能力は計り知れない。それを触発する学びの環境（acquisition-rich environment）を作ってあげることが、教師の重要な役割となるのである。

3.3.5. これからの内容中心教授法の課題

　これまでイマージョンの研究成果について紹介してきたが、過去40年間のイマージョン研究は、これからの課題についてもはっきりとした方向性を示してきている。これらの課題の多くは、イマージョンに限らず、内容中心教授法全般に当てはまる課題である。前述したように、イマージョンの学習者は、一般的にリスニングやリーディングの受容能力で飛躍的な伸びを示すが、スピーキングやライティングの産出能力で伸び悩みがある。このことは、加藤学園イマージョンも例外ではない（Bostwick, 2004）。ただ、この問題は、決してイマージョンの学習者が目標言語で会話や作文ができないということではない。多くの場合、イマージョン学習者は、自分の伝えたいことを効果的に伝えられるという面で優れていると言える。しかし、その発話の中には、文法の誤りを伴っている場合が多く、その誤りはこれまでの意味重視の教育の中だけではなかなか改善されなかった。

　イマージョン学習者の誤りは、フランス語で言えば、例えば名詞や形容詞などの性の区分や、完了、未完了時制などが挙げられる。英語では、冠

詞，三単現の -s などの形態素といった比較的目立たないもので，コミュニケーションで意味の伝達にさほど支障をきたさないものが多い。また，フランス語で「あなた」の丁寧表現として使われる vous の単数形や，条件節を使った丁寧表現など，教室環境では使用頻度が低い言語項目も，習得されにくいことが分かっている。イマージョン学習者が触れるインプットは，授業科目を教える上で必要な指示や説明がほとんどなので，母語話者が日常生活で使う砕けた表現や語彙にも疎遠となりがちである。

　文法能力の伸び悩み現象に関して，当初カナダでは，フランス語科目の授業で文法規則を教えることによって対応しようと試みてきた。しかし，この方法は思ったような効果を上げておらず，再考を迫られている。なぜフランス語の文法規則の授業によって，イマージョン学習者の実用文法能力は上がらないのか。その答えは，前章でも見たように，コミュニケーションと文法を分離して教える指導アプローチの限界にあると言える。すなわち，学習者は，教えられるのと同じように，文法とコミュニケーションを切り離したものとして学習し，言語クラスでは文法を，イマージョン・クラスでは意味内容に注目した学習をする。そして，それぞれのクラスで他方のクラスで学んだ内容について注意を払って授業に取り組むということは，ほとんどない。その結果，文法とコミュニケーションの結びつきは弱くなる。ここでも，前章で触れた，学習方法が学んだ内容の応用可能性を決定づけるとする，転移適切学習（transfer-appropriate learning）の原理が働いていると言えよう。

　このような状況を踏まえて，イマージョン教育の研究者たちは，問題の背景に文法指導の方法論とは別に，少なくとも次のような要因が関係していると指摘している。1つは，イマージョンの教育環境では，クラスメートのほとんどが自分と同じ母語を持つ話者であるため，お互いのアクセントや文法などの誤りにさほど注意を払わずにコミュニケーションが成り立ってしまう。その結果，間違いは常態化しやすくなる。生徒同士以外のインプットとしては，教師から与えられるインプットが主である。しかし，その設定も教室内がほとんどであり，内容も教科内容が中心となるため，インプットの種類や幅に自然と限界が生じてしまう。

　このような問題に対処するため，近年では，交流プログラムなどを積極

的に活用して，生徒・児童が同年代のネイティブ・スピーカーと交流する活動が推進されてきている。このような努力は，イマージョン児童・生徒のインプット，アウトプット両方にわたっての言語使用の幅を広げるだけでなく，より多くの社会経験を積むことにもつながり，イマージョン教育の学習を補完する役割を果たしている（Cummins, 1998; Warden et al., 1995）。わずか1～2週間程度の交流プログラムでも，児童・生徒に十分に刺激を与える効果があることが確認されている（MacFarlane, 2001）。

　別の要因として，イマージョンの学習者は，目標言語を聞いたり読んだりする機会に比べて，話したり書いたりする機会が限られていることが指摘されている。従来のイマージョン教師は，教科を教えるために「知識注入型の教え方」（transmission-oriented teaching style）に偏る傾向があり，そのため，学習者の発話の機会が少なくなりがちであった。学習者の発話が促されても，返答は短い答えで済むことが多く，そこに誤りがあっても，それが教科の指導に差し支えない限り，教師が誤りを指摘することは少なかった。教師が学習者言語に慣れてしまうことも，誤りの指摘を少なくしている原因の1つである（Allen et al., 1990; Lyster, 2007）。

　そのため，カナダのイマージョン教育を長年研究してきたSwain（1985, 1995, 1998, 2005）は，生徒が目標言語を産出する機会をただ量的に増やすだけでなく，より正確にメッセージを伝えられるように，質的な向上も求められるべきだと主張している。そうすることによって，生徒は「理解可能なアウトプット」（comprehensible output）を産出するように訓練され，それが文法の正確さを伸ばすのに役立つと主張した。これは「アウトプット仮説」（Output Hypothesis）として知られる考え方で，Krashenのインプット仮説を補足するものとして，SLA研究の分野では広く受け入れられている。インプットの「$i+1$」に対して，「$o+1$」と表されたりもする（Izumi, 2000, 2002, 2003a; Muranoi, 2007）。

　このような指摘に基づいて，最近のイマージョン教育では，従来のような知識注入型の教育を改め，児童・生徒の活発な発話を促すようになってきている。また，問題解決型の活動やプロジェクト・ワークなどを通した協力学習も積極的に導入するようになってきている。文法指導に関しては，文法を個別に教える従来のアプローチから，文法形式と内容を統合し

て教えるアプローチに徐々に変わりつつある。例えば，意味内容に焦点を置いたコンテクストの中で，言語形式に関するフィードバックを与えたり，言語意識を高める活動を取り入れたりしている。具体例は，第5・6章でフォーカス・オン・フォームを論じる際に詳しく紹介したい。語彙指導においても，科目学習の中で生徒が自律的に学ぶことだけに任せず，接頭辞，接尾辞などを教えることによって，生徒の更なる語彙力の発達を促すような試みもなされている（Lyster, 2007; Ranta & Lyster, 2007; Rodgers, 2006）。

　様々な課題を抱えながらも，イマージョン教育は，これまでに多大な成果を上げてきており，今後，更に進化していくことは間違いない。イマージョンに限らず，内容を中心とする外国語教育は，初級から上級レベルに至るまで，外国語教育のあらゆる段階で実施することが可能であり，これからの日本の英語教育の向上を考えるに当たって学ぶべきことは多い。

第4章 コミュニカティブ言語教授法2：タスク中心教授法

　前章では，コミュニカティブ教授法の強いバージョンの1つである「内容中心教授法」について，特にイマージョン教育に焦点を当てて話を進めてきた。本章では，コミュニカティブ教授法の強いバージョンのもう1つの例として，「タスク中心教授法」について紹介したい。

　タスク中心教授法は，近年特に注目されてきている外国語教授法であり，2005年には第1回目のタスク中心教授法に関する国際会議（Task-based Language Teaching—TBLT—Conference）がベルギーのルーベン・カトリック大学で開かれ，2007年には第2回会議がハワイ大学マノア校で，そして2009年には第3回会議がイギリスのランカスター大学で開かれた。1つの教授法に的を絞った国際会議が，世界中から何百人という研究者や教育者を集めて行われるのは異例なことであり，タスク中心教授法が，どれだけこれからの外国語教育の要として注目されているかがうかがわれよう。本章では，まずタスクとは何かという点について考えるところから始め，タスク中心教授法の理論的背景を説明していきたい。そして，タスクに関するこれまでのSLA研究の成果を紹介していく中で，それらが日本の英語教育に与える示唆について探っていきたい。

4.1. タスクとは何か？

　タスク中心教授法は，その名の通り，タスク（課題）を使って外国語学習を促進しようとする教育法である。この方法では，学習者は一方的なインプットの受け手ではなく，タスクの遂行者として他の学習者もしくは教師と相互交流する中で，言語を習得していくとされる。自らが積極的に言

葉を使っていくことによって言語習得が進むとされるので,「話すことから始めるやり方」(Let's talk!) とも言われている (Lightbown & Spada, 2006)。タスク中心教授法では,言語はコミュニケーションで使えるようになるために習うのではなく,コミュニケーションで使っていく中で学ぶとされる。そこでは,内容中心教授法と同様に,コミュニケーションは目的でもあり,手段でもあると見なされる。学習者は,最初は単語レベルの発話から始まり,数々の間違いを犯しながらも,そこから学びを広げ深めていくこととなる。

　SLA研究の分野で,早くからタスク中心教授法を提唱し研究を押し進めてきた Long (1980, 1985, 1991, 1996, 2005, 2007; Long & Crookes, 1992; Doughty & Long, 2003) は,タスク中心教授法の利点を,伝統的教授法と対比して,次のように述べている。伝統的教授法では,学習者と何ら関係のない登場人物が,これまた学習者と何ら馴染みのない場所で道案内をするといった設定でダイアログ・テキストが与えられ,それを分析・暗記する。それに対して,タスク中心教授法では,学習者本人が,本物の地図を見ながら道案内を聞いて,それに沿って目的地にたどり着こうとする。そして,道案内を聞くことに慣れてきたら,今度は自分が人に道案内をして,相手がちゃんと目的地にたどり着けるように説明する。タスク中心授業では,このような課題の遂行が学習目的となり,そのための手段として言葉が学ばれることとなる。学習の転移の原則は,学習の仕方が現実の状況に近ければ近いほど,学習されたことは実生活で即使えるようになることを示している。だから,タスクを使って体験的に学習した方が,与えられたダイアログ・テキストを読んで勉強するよりも,はるかに役立つと考えられる。[17]

　それでは,タスクとは一体何なのか。より掘り下げて考えてみよう。タスク (task) とは,特定の目的を達成するために行う活動のことを表す。

---

[17] Long (2007) は,テキスト (text) は,誰かがすでに達成したタスクを「冷凍化」したものであるのに対して,タスク (task) は,学習者がこれから成さねばならない「生の」課題であると述べている。ゆえに,言語教育では,テキストではなく,タスクを中心に考えていかなければならないと主張している。テキストは1つのモデルとして有効に活用し得るが,それを学ぶことが学習目的と勘違いしてはならないということである。

より具体的には，Skehan（1998）がタスクの要件として次の事柄を挙げている。

- 意味の伝達が中心となる。
- 何らかの解決すべきコミュニケーションの問題が存在する。
- 目的課題があり，その課題を達成することが必要とされる。
- 教室外の世界と何らかの関係がある。
- 評価は，タスク達成の成果をもって行われる。

伝統的教授法に慣れた教師や生徒は，タスクとエクササイズ（exercise）をよく混同してしまうことがあるが，両者は全く別のものである。その違いを理解することは，タスクの教育的価値を理解する上で重要になってくるので，表5に両者の違いを示しておこう。

表5：タスクとエクササイズの違い（Skehan, 1998に基づく）

	タスク	エクササイズ
指向性	言語能力は，コミュニケーションに従事する中で発達していく。	言語能力をすでに持っている（教わっている）ことが，コミュニケーションに従事する上での前提条件となる。
焦点	伝達する意味内容	言語の形式
ゴール	言語を使って内容伝達をする中で，コミュニケーションの目的を果たすこと	言語形式の正確な知識を持っていることを示すこと
評価	タスクの設定したコミュニケーション課題が，どこまで達成できたかで判断される。	教わった言語形式がどれだけ正確に使えたか（再生できたか）で判断される。
現実世界とのつながり	教室外の世界の自然なコミュニケーション活動と教室内のタスク活動が，比較的密接に関係している。	教わった言語知識を定着させることで，将来の外の世界での言語使用に備える。

表5から，タスクがいかに意味内容やコンテクストを重視して，実際のコミュニケーションの場と結びつけようとしているかが分かろう。そこに

は，エクササイズに見られるように，言語形式それ自体を目的として練習するといったことはない。また，エクササイズのように，将来いつの日か必要になるかもしれない事態に備えるというのではなく，今現在，この場で必要なものとして扱っていくのがタスクである。これは，そもそもコミュニケーション能力というのは，コミュニケーションを通してでしか獲得できないという考えの現れであり，そのため，活動の目的も，焦点も，評価も，全て意味内容と課題達成が柱となる。

更に，エクササイズのように，決められた言語形式を使わなければならないといった制約はタスクには存在せず，課題達成にどのような言語形式が使われるかは，学習者に委ねられることになる。学習者は，タスクを遂行する上で，与えられたインプットと，自らの既存の言語能力をフルに活用することが求められる。その中で，自分の言語能力の足りない部分に気付き，学ぶことの必要性を感じ，それを補うために，教師や他の生徒の助けを借りて言語学習を深めていくのである。このように，タスクは体験学習の概念をフルに活用して，学習者に問題意識と目的意識を持たせて，言語習得を促そうとするのである。

ショッピング・エクササイズ，それともショッピング・タスク？

タスクとエクササイズの違いをよりはっきりさせるために，ここで読者に，少し考えてもらいたい。次のアクティビティーは，タスクだろうか，それともエクササイズだろうか。上記に挙げたタスクとエクササイズの違いを参考に，考えていただきたい。生徒全員に以下のプリントが配布され，ペア活動が行われるという設定である。

Going Shopping

Look at Mary's shopping list. Then look at the items in John's store.

Mary's shopping list:
1. oranges 2. eggs 3. flour 4. powdered milk 5. biscuits 6. jam

> John's store:
> 1. bread 2. salt 3. apples 4. fish 5. Coca Cola 6. flour 7. vinegar
> 8. sugar 9. curry powder 10. biscuits 11. powdered milk 12. beans
>
> Work with a partner. One person be Mary and the other person be John. Make conversation like this:
>
> Mary　　Good morning. Do you have any flour?
> John　　Yes, I do.
>
> or
>
> Mary　　Good morning. Do you have any jam?
> John　　No, I'm sorry, I don't have any.

（R. Ellis, 2003に基づく）

　いかがだろうか。この活動では，会話のモデルとして，使うべき言語形式のパターンが最初から提示されている。更に，Maryのショッピングリストと Johnの店の在庫品は，わざわざコミュニケーションをとって情報交換するまでもなく，お互いに見比べることができてしまう。そのため，コミュニケーションの必要性はほとんどない。したがって，意味内容に注目する必要性もほとんどない。活動の焦点は，Do you have any ～ ? Yes, I do. / No, I'm sorry, I don't have any. のパターンで単語を入れ替えて繰り返すという，機械的な言語操作の練習が主なものとなる。結果的に，活動のゴールは言語形式が正確に使えるかどうかということだけになり，評価も言語形式の正確さだけに焦点が当てられる。食料品の買い物という点で，何らかの現実世界とのつながりはあると言えばあるが，対話のコンテクストや達成目的といったものは存在しない。しかも，必要な情報は活動前から既に全て分かってしまっているという点で，現実世界では，ほぼあり得ない状況である。実際上，言葉を交わす必要が全くないのである。要するに，あらゆる面で，この活動はタスクではなく，エクササイズと言えるだろう。

　それでは，この活動をタスクと変えていくには，どうすればよいだろう

か。読者なら，何をどのように変えることによって，このエクササイズを
タスク化されるだろうか。

エクササイズをタスク化する方法

　以下に，エクササイズをタスク化するアイデアを，いくつか紹介しよう。まず，それぞれの学習者が情報交換の必要性を感じるためには，Mary のショッピングリストと John の店の在庫品の情報を別々にして渡し，お互いの情報が分からないようにすることが必要である。このように，対話者間に「情報ギャップ」（information gap）を作ることによって，活動の焦点を言語形式の操作ではなく，自分の持っている情報を相手に伝えるというコミュニケーションに変えることができる。この場合の活動のゴールは，上手く情報交換して課題を達成することにある。[18]

　活動にコンテクストと達成目標を与えることも，タスクをより現実的にして，生徒の動機付けを高めることに役立つだろう。唐突に Look at Mary's shopping list. と始めるのではなく，例えば，ALT のためのクラス・パーティーの企画をするとしよう。そこで何か料理を用意しなければならないが，どんな料理がいいか。それを生徒と一緒に考えてみる。もしカレーライスを作るとすると，どんな食材が必要か。これを皆で話し合う。ごはん，ジャガイモ，にんじん，タマネギ，肉，カレー粉，福神漬け，それに飲み物やデザートといったものが挙げられるだろう。ひょっとしたら，チーズや卵といったものも提案されるかもしれない。それを買いに行くのが，今日のタスクとなる。これを授業内の疑似活動としてだけでなく，実際に行なうことになれば，生徒にとってタスクの意義はより一層高まるだろう。

　課題達成のために必要となるモデル・ダイアログも，最初からすぐに「こうしなさい」と与えてしまうのではなく，まず前段階のプレ・タスク

---

[18] 情報ギャップ以外にも，「意見のギャップ」（opinion gap）や「理由のギャップ」（reasoning gap）を利用したタスクもある。これらのタスクは，ディスカッションやディベート活動などで行うことができる。指導の順としては，情報ギャップに慣れ親しむことから始まり，意見のギャップ，理由のギャップへと進むと，認知的付加が徐々に増していくこととなる（中嶋，1999）。

として，自主的な気付きを促すような形で行うといいだろう。ダイアログを生徒に聞かせたり，読ませたりして，その中から生徒に役立つと思う単語やフレーズを拾い出させていくのである。同様の状況で日本語でだったらどういった表現を使うのか簡単に話し合った後で，英語のダイアログを聞かせ，対応する英語表現を聞き取らせることもできよう。ポイントは，まずバリエーションのあるインプットに触れさせて，そこで拾い集めた表現が次のタスクで役立つように，活動の流れを仕組むのである。

　タスク中の具体的な発言内容や発言方法は，教師が押し付けるのではなく，できるだけ学習者の自由な判断に任せることが大事になる。活動中に生徒が言えなくて困った表現があれば，活動中，もしくは活動後に紹介していっても構わない。逆に，その方が生徒の必要感が高まったところで形式を与えることになるので，吸収率はより一層高まるだろう。活動の評価も，言語形式それ自体を個別に評価するのではなく，課題達成の手段として，どこまで効果的に使えたかということで評価するといいだろう。

　学習者のレベルに応じて，タスクの難易度を変えることも大事な配慮である。タスクの難易度を増すためには，使える予算の上限を決めておいて，それを越えてはいけないようにするとか，買う食材の量を決めて，その通りに買ってこなければいけないといったように，活動設定や条件を工夫するといいだろう。店側も，値段の違った品を用意したり，品切れの商品もあったりすると，より現実的なタスクとなる。店を複数用意して，置いてある商品を変えたり，クラスをいくつかのグループに分け，別々の料理を担当させて，競い合わせることも可能である。

　このような様々な状況をタスクに盛り込んだり外したりして，タスクの難易度を調整していくといいだろう。また，タスク前に個人やグループで行う事前準備の時間を設けることで，タスクの難易度を調整することも可能である。最初は負荷の低いものから始め，徐々に負荷の高いものへと進展させていくといいだろう。これは，子どもが初めてお使いに行く時に，最も簡単な用事から始まり，慣れるにしたがって，徐々に複雑なものへと移行していくのと似ている。そういう意味で，タスクは，現実世界の課題と非常に類似していると言えるだろう。

タスクは世の中にいくらでもある

　現実世界の課題を基にしているという点で，考えられるタスクには限りがない。中学生や高校生に関連する実生活のタスクを思いつくままに列挙してみよう：ショッピング（衣類，雑貨，食べ物，プレゼントなど），休みの過ごし方（スポーツ，映画，キャンプ，食事，パーティーなど），旅行（予算，行き先，行き方，日程，計画など），電話での会話（カジュアル，フォーマル，特定の用事がある時，ない時など），メールのやりとり（友人同士，知り合い同士，初めての人へなど），道案内（地元で，都会で，国内で，国外でなど），機械の使い方の説明（コンピュータ，インターネット，新型携帯電話など），施設の使い方の説明（体育施設，図書館，スーパー銭湯，カラオケなど），公共交通機関の乗り方の説明（電車，バス，タクシー，飛行機，船など），自己紹介（自分，家族，学校，地域，母国の紹介など），悩みの分かち合いと解決方法（恋愛，進学，就職，将来の夢，人間関係など），クラブ活動（入会，紹介，練習方法，先輩・後輩との関係など），学園祭，地域ボランティア活動，気になる社会問題の探求と発表活動，等々。

　上に挙げた全ての事柄が，タスクとなり得る。上記のようなタスクのいくつかは，1回の授業で完結するものもあれば，学園祭の準備といった，長期的なプロジェクトとなり得るものもある。これらの事柄を中学生や高校生の日常の「現実課題」（target task）と捉えるならば，そこから学習者のレベルに応じて調整して作ったタスクを，「教育用タスク」（pedagogical task）と呼ぶ（Long, 2007）。タスク中心教授法の基本的な考え方は，まず学習者の実世界での言語ニーズを考えて，そこから学習者のレベルに合わせた教育用タスクを作り，最終的には，学習者が実世界でのタスクに適切に対応できるように育成していくのである。

　上で，タスクは，教室外の世界の自然なコミュニケーション活動と密接に関係していることが重要だと述べた。しかし，教室内で使うタスクが，いつも日常の言語使用状況と一致していなければならないというわけではない。言語教育における「真正性」（本物らしさ：authenticity）という概念は，様々な解釈があり，必ずしも現実世界での言語使用の場面を教室でそのまま再現しなければならないというものではない（白畑，他，1999参

照)。この点で，Ellis (2003) は，教育用タスクには「状況的真正性」(situational authenticity) と「交流的真正性」(interactional authenticity) があると述べている。状況的真正性とは，現実世界での言語使用状況との類似性を表しており，交流的真正性は，状況的には現実世界ではあり得ないかもしれないが，そういった言語使用は行われ得るものと捉えられている。

例えば，上記のショッピング・タスクは，状況面から見ても，言語使用面から見ても，これら両方の真正性を満たしていると言える。しかし，間違い探しなどのタスクは，状況的には現実世界でそのようなタスクを行うことは遊び以外では考えにくい。だが，そこで起こる言語使用は，現実世界でも十分にあり得るものである。例えば，間違い探しタスクで使われる「あなたは〜を持っているが，私は〜を持っている」といった言語表現は，現実世界では自分の持ち物と他人の持ち物を比較するような時に使われよう。また，ストーリー・リテリングや，後に紹介するディクトグロスのような，与えられた文を読んだり聞いたりした後で再生するタスクでは，状況的にはそのままの形で現実世界で行われることはあり得ないかもしれないが，そこで得られるスキルは現実の言語使用に十分応用可能である（例えば，人から聞いた話を別の人に伝える，また読んだ内容を人に伝えるなど）。このようなことは，ディベートのような活動にも言えるだろう（ディベートを実生活でそのまま行うことはまれだろうが，論理的な議論をしなければならないことは日常茶飯事である）。

学習場面と現実社会の言語使用場面が類似していればいるほど，それだけ実際のコミュニケーションに対応しやすくなることは事実である。その点を考慮しつつも，教室用タスクを考える際は，状況的真正性だけでなく，交流的真正性も考えて柔軟に選択・作成していくといいだろう。[19]

タスクに関する誤解を解く

ここで，タスクに関するよくある誤解を解いておきたい。まず，タスクは，ゲーム的な要素がなければならないと思われることがある。確かに，競ったり楽しんだりする要素があれば，学習者をタスクに巻き込みやすくなるだろう。しかし，それはタスクの付随的要素であって，必須条件ではない。タスク中心教授法に使われる課題を見てみると，タスクには「面白

いもの」(fun, entertaining, amusing) から「興味深いもの」(interesting, engaging, thought-provoking) まで，様々なタイプがあることが分かる。だから，タスクが真面目な勉強にはそぐわないとする考え方は，タスクの本質を全く誤解していると言える。

　実際，学習者は年齢が上がるにつれて，ただのゲーム的なタスクには満足せず，それなりの知的内容を求めてくる。そのため，教師は学習者の興味や知的レベルも十分に考慮した上で，タスクを作成，選択，調節していかなければならない。例えば，4コマ漫画を使って，バラバラになった絵を順番に並べ替えさせ，オチのあるストーリーを完成させるようなタスクは，ゲーム感覚で行うことができるだろう。より高度には，歴史のクラスと絡めて，史実を描く絵や写真（第二次世界大戦に至るまでの出来事など）をいくつか用意し，その内容について話し合った上で，それを時間順に並べさせ，発表するといった活動が考えられる。また，科学の実験結果を示すグラフ（浮力と重力の関係など）を解釈させたり，社会情勢に関する統計データ（日本の年代別人口の推移など）を示して，それが意味することを考えさせるといったタスクも考えられる（Swain, 2001; Willis & Willis, 2007; 松村, 2009）。

　タスクに関する別の誤解として，タスクはアウトプット活動が中心でなければならないという先入観がある。しかし，コミュニケーションという言葉には，アウトプットだけでなくインプット理解も当然含まれるので，スピーチ活動のようなアウトプット中心のタスクもあれば，それを聞いて質問やコメントをするといった，リスニング主体のタスクもある。どちらも立派なタスクとなり得るが，授業で課すタスクでは，最初はインプット

---

[19] 現在市販されているタスクを基にした教材として，*Pyramid*（Madden & Reinhart, 1987），*Atlas*（Nunan, 1995），*Cutting Edge*（Cunningham & Moore, 1999），*Natural English Intermediate*（Gairns & Redman, 2002）などがある。他にも，タスク的要素をふんだんに使ったアイデアを提供している本として，数多くのものが出版されている。以下は，筆者が特に推薦したいものである：『生徒を変えるコミュニケーション活動』（松本, 1999），『和訳先渡し授業の試み』（金谷他, 2004），『ヒューマンな英語授業がしたい！：かかわる，つながるコミュニケーション活動をデザインする』（三浦，他, 2006），『文法項目別英語のタスク活動とタスク−34の実践と評価』（髙島, 2005），『英語教育を知る58の鍵』（松村, 2009），*A Framework for task-based learning*（J. Willis, 1996），*Doing task-based teaching*（Willis & Willis, 2007），*Discussion that works*（Ur, 1981）。

中心のものを十分に行ってから，アウトプット中心のタスクに移行するといった流れが1つの原則となるだろう。例えばショッピング・タスクなどでは，客役の生徒が積極的に質問をするようなタスクの前に，まず質問に答えるタスクから始めてみるといいだろう。次の例では，教師が店員役で，生徒が客役となっている。

<At a clothing store>

店員：	Are you looking for anything in particular?
客：	Shirt.
店員：	What size are you looking for? Small, medium, or large?
客：	Medium, please.
店員：	What color would you like? Do you have any specific color in mind?
客：	Blue.
店員：	OK. How would you like this one?
客：	Good.
店員：	Would you like to take it?
客：	Yes.
店員：	How would you like to pay for it? Cash or credit card?
客：	Cash, please.

　ここでは，客の返答が最小限に抑えられており，生徒にとってはリスニング主体のタスクとなっている。店員の質問の後に続く選択項目（small, medium, or large? Cash or credit card? など）の提示は，生徒が返答に困った時に特に役立つ会話手法であり，生徒のレベルに応じて使い分けたらいいだろう。実際，買い物やレストランでの会話に限らず，ネイティブ・スピーカーがノン・ネイティブと話す時には，具体的な選択肢を提示しながら尋ねることはよくあることである（4.2. 参照）。このように，最初のうちはリスニング主体のタスクを数多く行い，生徒が慣れてくるにしたがって，客である生徒が店員に対して助けやアドバイスを求めるといった状況設定に変えて，徐々に生徒側のアウトプットを増やしていくといいだろう。上の例のように，これを2者の掛け合いの中で行うと，インプットとアウトプット活動をはっきりと分けてしまわないので，より自然なタスク

の流れを作ることができる。

　更に，タスクに関する別の誤解として，タスクとオーラル・コミュニケーションを同一視していることがある。しかし，タスクには口語会話を扱ったものもあれば，リーディングやライティングを対象としたものもある。レストランでメニューを読んだり，店の前に掲げられた注意書きを読んだりすることもタスクであるし，より高度には，新聞や雑誌の記事を読んで要旨を理解したり，細かな情報を探し出すことも，我々が日常行っているリーディング・タスクと言える。ちょっと外出する時に置き手紙をするとか，メールで近況報告をするといったライティング・タスクもある。いずれの場合も，何らかの課題達成目的がしっかりとあり，あくまでもその目的を達成するために言語能力を使うことになる。そこが，言語の分析や操作自体を目的としたエクササイズと，タスクの大きく違うところである。タスクは通常4技能を様々な形で統合して行われることが多いので，オーラルからリーディング，そしてライティング，またオーラル・タスクといったように，一連の流れを作って生徒に課すことが望まれる（J. Willis, 1996; Willis & Willis, 2007; 松浦, 2009）。

タスクからエクササイズへの授業の流れ

　これまで，タスクについて，エクササイズと対比しながら紹介してきた。しかし，これはエクササイズ的な活動を英語教育から全て排除することを意味するのではない。ただ，エクササイズを行う際は，いくつか注意すべき点がある。1つには，それを単なる記号操作の練習にしてしまわないよう気を付けなければならないということがある。意味内容が伴わない言語操作は，実際の言語使用には役に立たない。そのため，エクササイズであっても，それなりに意味に注意を払わなければできないように配慮する必要がある。また，別の注意点として，タスクを行う前にエクササイズを行って言語形式をあからさまに強調してしまうと，せっかくのタスクの体験学習的な要素が損なわれてしまいかねない（第3章3.2.参照）。そのため，タスク中心教授法では，言語形式を分析したり練習したりする活動は，タスク前よりも，タスク後，もしくはタスク中に導入されることが望ましいとされる。

例えば，J. Willis（1996; Willis & Willis, 2007）が提唱するタスク中心授業では，タスク前に言語形式を紹介する際は，インプットの中で役立つ単語やフレーズをチャンクとして紹介するに止められる。そして，タスク前に準備時間を設けたり，タスク・サイクルの後半（レポート）で全体発表の時間を設けるなどして，学習者の注意が意味だけでなく，言語形式にも注がれやすくなるように工夫している。そして，その後更に，ネイティブや上級者が同様のタスクを行っている様子を見せて（あるいは聞かせて），それを書き取らせたり，書き取ったスクリプトを分析させて，言語形式の使い方に注目させたりする。つまり，細かな言語分析活動は，タスク後に回されるのである。このような流れは，図4に示す通りである。ここで重要なポイントは，タスクを決して独立したものと考えるのではなく，それぞれのタスクの関連性と流れ（task sequences）を考えていくことである。教師が最初から手取り足取り教えるのではなく，あくまでも学習者の主体性を尊重して，タスクの体験学習的な要素を最大限に引き出していくことである。[20]

タスク前：　　　　　　　　教師がその日のトピックとタスクを導入する。
タスク・サイクル：
　▶タスク：　　　　　　　生徒がタスクを遂行する。
　▶プランニング：　　　　生徒がタスクの成果を発表する準備をする。
　▶レポート：　　　　　　生徒がクラス全体へタスクの成果を発表する。
タスク後：　　　　　　　　振り返りとして，分析活動や練習活動を行う。
（時間が許す限り，同じ，または類似のタスクを繰り返し行う。）

図4：J. Willis（1996; Willis & Willis, 2007）のタスク中心授業の流れ

---

[20] 市川（2004, pp.54-56）は一般教育学の立場から，発展的な活動を行う中で基礎の大切さに気付き，そこから学んでいくことの重要性を訴えている。これからの教育は，「基礎から積み上げる学び」ではなく，「基礎に降りていく学び」が大切であるという主張である。外国語教育では，「基礎から積み上げる学び」がPPPのような伝統的教授法と捉えるならば，「基礎に降りていく学び」は，まさにタスク中心教授法の考え方と言えるだろう。

4.2. タスク中心教授法の理論的背景

　外国語教育に限らず，教育という分野を広く見渡してみると，タスクを活用しようという試みは，様々な分野で見受けられる。古くから，タスクは医療関係者（医者や看護婦など）の研修プログラム，音楽教育，ビジネスマンや経営者の育成，弁護士の養成，パイロットのトレーニング，社会福祉や環境問題エキスパートの養成研修など，実に様々な分野で用いられてきた。どの場合も，その目的は単なる知識の習得ではなく，実用的な能力の養成であり，そこで果たすタスクの教育的価値はとても高く評価されている。

　タスクの教育的価値を表す際に，次の格言がよく引用される。

Tell me, and I will forget.
Show me, and I may remember.
Involve me, and I will learn.

聞いたことは，すぐに忘れてしまう。
目にしたことは，記憶にとどまるかもしれない。
実際に経験したことからは，必ず何かが学べる。

　教育に携わる者にとって，感慨深い言葉である。一方的な知識注入型の教育よりも，学習者が身をもって体験しながら学ぶことの重要性を端的に表している。こういった観点から見れば，教育の役割とは，生徒の自発的な成長を促すことであり，教師の役割は，生徒に知識を教え込むことではなく，生徒の学習を促進し，支援することであると見なされる。[21]

　外国語教育の分野でタスクが脚光を浴びるようになってきたのは，比較的最近の話であるが，その背景には，このような一般教育学の影響があることをまず認識しておきたい。そして更に，タスク中心教授法の発展に

---

[21] このような実体験を重視する教育方法は，20世紀前半を代表するアメリカの哲学者であり教育者である，John Dewey の考え方に色濃く現れている（Dewey, 1938）。Dewey の教育論は，人間の自発性を重視したものであり，問題解決学習をその教育方法の根底に置く。Dewey が教育の理念としたのは，社会や生活との関連を重視した教育である。このような考え方は，タスク中心教授法にも反映されている。

は，SLA研究の発展も大いに関わっている。以下では，SLA研究を基に，タスク中心教授法の理論的背景について概観したい。

インタラクション仮説

タスク中心教授法は，Long（1980, 1985, 1996）の提唱する「インタラクション仮説」(Interaction Hypothesis) を，その主な理論的背景としている。インタラクション仮説によると，学習者は，最初は理解困難と思えるインプットでも，対話者と相互交流をする中で理解可能なインプットへと変えていけるとされる。つまり，相互理解のために「意味交渉」(negotiation of meaning）をすることによって，インプットの理解度を深め，未知の言語項目への注意を喚起して，言語習得を促していくとされる。

具体的には，次のような質問が意味交渉では特に重要とされる：相手の言っていることが分からない時に使う，I beg your pardon? や What do you mean? のような「明確化要求」(clarification request)；自分の理解が正しいかどうかを確認する時に使われる，Do you mean 〜？ Did you say 〜？ などの「確認チェック」(confirmation check)；そして，自分の言っていることが相手に理解されているかどうかを確かめる時に使う，Do you understand? や Do you follow me? のような「理解チェック」(comprehension check) である。このような質問を対話者に投げかけて，繰り返しや説明を求めたり，逆に相手から質問されることによって，お互いのコミュニケーションが深められていく。

次の例は，学習者とネイティブ・スピーカーが情報ギャップ・タスクを行っている際の会話である。学習者は，始めは reading glasses の意味が分からなかったが，明確化要求や確認チェックをすることで，単語が繰り返され，それに説明が付け加えられて，理解するに至っている（以下の例は，Mackey, 1999 に基づく；NS は native speaker，NNS は non-native speaker を示す）。

NS: 　There's a pair of reading glasses above the plant.
NNS: A what?　　　　　　　　← 明確化要求
NS: 　Glasses, reading glasses to see the newspaper.

NNS: Glassi?　　　　　　　← 確認チェック
NS: You wear them to see with, if you can't see, reading glasses.
NNS: Ahh ahh glasses to read you say reading glasses.
NS: Yeah.

また，次の会話例に示されるように，対話者は，コミュニケーションを促進するために，様々な形で会話修正を行うことが知られている（以下の例は，Larsen-Freeman & Long, 1991に基づく）。

（1）修正された繰り返し
　NS: Do you like California?
　NNS: Huh?
　NS: Do you like Los Angeles?
　NNS: Uhm...
　NS: Do you like California?
　NNS: Oh! Yeah, I like it.

（2）"or" 選択肢を使った質問
　NS: Well, what are you doing in the United States?...
　　　　Are you just studying? Or do you have a job? Or...
　NNS: No, I have job.

（3）重要項目の文頭への転置
　NS: Did you like San Diego?
　NNS: Pardon?
　NS: San Diego, did you like it?
　NNS: Oh! Yeah.

（4）質問と答えの同時提供
　NS: When do you take the break? At ten thirty?

（5）会話内容の分解
　NS: When do you go to Santa Monica?
　　　　You say you go fishing in Santa Monica, right?

NNS: Yeah.
NS:　 When?

　Long（1980, 1983）の研究では，このような会話修正は，母語話者同士の会話でも見られるが，特に学習者を交えての会話の中で頻繁に使われることが確認されている。しかも，それが単なる自由会話よりも，タスク達成のための会話交流時に，その頻度が増すことが確認されている。タスク達成のために，学習者が積極的に意味交渉を行い，対話者がそれに応えて，学習者に見合った言語修正をしていくのである。インタラクションの中で，インプットを理解可能なものとし，言語習得に適した形に変えていくというこの現象は，何も第二言語習得に限ったことではなく，母語習得でも見られる。自らの手で自分に合ったインプットを獲得していくというこの現象の特色から，このような会話交流を「自分で調整する言語学習」（self-paced language lesson）と呼ぶ研究者もいる（Berko-Gleason, 1999）。

　更に，後のSLA研究では，インプットの修正の仕方が学習者の理解度にどのような違いを及ぼすかを調べている（Doughty & Pica, 1986; Gass, 1997; Parker & Chaudron, 1987; Pica, 1992, 1994; Pica et al., 1987; Van den Branden, 2000）。これらの研究では，主に次のような学習者グループが比較された。1つ目のグループは，何の修正もされていないインプットが与えられ，インタラクションの中でそれを修正していった（interactionally-modified input group）。2つ目のグループは，文法や単語などがあらかじめ学習者用に単純化されたインプットが与えられ，インタラクションの機会は与えられなかった（simplified input group）。そして，3つ目のグループには，何の修正もされていないインプットが与えられ，インタラクションの機会は与えられなかった（authentic input group）。

　これらの研究では，ほぼ一貫して次のような結果が出ている。まず，インプット修正をした2つのグループは，インプット修正をしなかったグループよりも高い理解度を示した。インプットを修正した2つのグループを比較すると，最初から単純化されたインプットを与えられたグループよりも，インタラクションを通してインプット修正をしたグループの方がより高い理解度を示した。つまり，学習者にとって何らかのインプット修正

は有益であるが，特にインタラクションを通してインプット修正することが，より良い理解につながることが分かったのである。

しかも，インプット修正したグループが聞いたインプット内容を比べてみると，興味深い違いが浮き彫りとなった。単純化されたインプットでは，学習者にとって未習で難しい単語や文法などは，優しいものに差し替えられていた。それに対して，インタラクションを通してインプット修正した場合は，未習の言語項目は必ずしも取り除かれず，それらを説明する語句や，例，言い換えなどが多く付け加えられていたのである。つまり，前者はインプット理解を促すために，未習の言語項目を取り除いてしまった結果，インプットの言語的豊かさを損なってしまっていた。それに対して，後者ではインプットの言語的豊かさを残したまま，インプット理解を促進していたのである。このことは，インタラクションがその場のコミュニケーションを可能にしているというだけでなく，言語習得上，重要な役割を果たしている可能性があることを示唆している。

この関連で興味深いのは，ネイティブ・スピーカーと学習者が会話する際，インプットの「単純化」(simplification)と同時に，言い換えや語句説明などの「詳細化」(elaboration)の両方が起こり得るが，両者の頻度を比べると，後者の方がより一貫して起こっていることが発見されている(Long, 1980, 1985, 2007)。ネイティブ・スピーカーの中には，インプットの単純化に慣れていない者も少なくなく，インプットの単純化は必ずしも一定して使われているわけではない。しかし，ほとんどの場合，インタラクションを通して意味交渉がなされ，そこで詳細化が起こり，言語的に未熟な学習者のインプット理解を助けているのである。とりわけ，教室で英語教育を受けないで，生活の中で自然習得する学習者(naturalistic learners)にとっては，このようなコミュニケーションそれ自体が，重要な英語習得環境を構成していると考えられる。

アウトプット仮説と社会文化理論

更に，インタラクションはインプット理解だけでなく，アウトプットの面でも重要な役割を果たすことが分かっている。インタラクションの中では，学習者がインプットを理解するだけでなく，自らがアウトプットを産

出することも求められる。しかも，学習者がアウトプットを発した際，対話者から明確化要求や確認チェックなどを受けると，学習者は自らのアウトプットをより正確で理解可能なものへと修正するように仕向けられる（第3章3.3.5.参照）。これは，インタラクションの中で起こる，アウトプットの「フィードバック機能」（feedback function）と「仮説検証機能」（hypothesis-testing function）であると考えられる（Izumi, 2003a; Swain, 1985, 1995, 1998, 2005）。

以下の会話は，学習者間のインタラクションの中で起こるアウトプット修正の例を示している。道案内のタスクをしている場面で，生徒Aの発話が不明確なので，生徒Bがそれに対して明確化要求を行っている。その結果，生徒Aは自らの発話をより的確な表現へと修正し，生徒Bの理解を得ることに成功している（以下の例は，Mackey, 2007に基づく）。

生徒A：In front of library, turn another side from grocery store.
生徒B：Which side from the grocery?　　← 明確化要求
生徒A：Ah, er turn to the left side.　　← 修正されたアウトプット
生徒B：Ok, turn left. I did it, now which way to turn?

タスク中心教授法は，インタラクション仮説以外にも，「社会文化理論」（Sociocultural Theory）によっても支持されている。インタラクション仮説が，心理言語学的な側面から言語習得を見るのに対して，社会文化理論では，インタラクションの価値をより広い視点から捉えている。そこでは，インタラクションの役割は，コミュニケーションの問題を解決するための意味交渉に止まらずに，様々な形で起こる学習者の相互協力も含んでいる。学習者がお互いにサポートし合って活動する中で，様々な知識が創出されていくとされるのである（collective construction of knowledge—Donato, 1994; R. Ellis, 2000; Lantolf, 2000; Lantolf & Thorne, 2006）。社会文化理論の創始者とされるVygotsky（1978）は，人間の学習は，そもそも人と人とのインタラクションの中から生まれ（learning happens intermentally first），最初は共同でしかできなかったことが，次第に個人の能力として獲得されていくと主張している（later it is internalized intramentally）。このようなインタラクションが果たす学習の補助的役割は，一般的に「足場

作り」(scaffolding) と呼ばれており，それは教師だけでなく，周囲の学習者も果たす役割である。

　英語教師の中には，タスクなどの学習者主体のコミュニケーション活動を行うと，生徒の間違いが多くなりすぎて，教師が対応しきれなくなることを心配する人がいる。しかし，今まで述べてきたような観点から言えば，教師がいつも先取りして文法説明を行ったり，エクササイズを課したりして，生徒の間違いを制限しようとすることの方が心配であると考えられる。それでは，長い目で見て，学習者の自立を妨げてしまい，本当のコミュニケーション能力が育たないと考えられるからである。それは，まるで親がいつも先回りして，子どもに必要なものを与えたり，危険と思われることを回避したりといったような過保護（厳密には「過干渉」）の状態と似ている。それでは，健全な子どもの育成は期待できない（明橋，2005；佐々木，1998）。そうではなく，学習者が意味あるコミュニケーションの中で，どうにか相手のことを分かろうとして意味交渉を行い，どうにか自分を表現しようとして理解可能なアウトプットを産出するということを経験することが，重要と考えられる。インタラクションは，学習者を相互交流の中でサポートするのが狙いであり，豊富なインタラクションの経験を通してこそ，学習者は実践的な言語能力を身に付けていけると考えられる。

　これらインタラクション仮説，アウトプット仮説，社会文化理論以外にも，タスク中心教授法の理論的背景には，中間言語研究の知見があることも忘れてはならない。学習者に内在する「内部シラバス」(internal syllabus —Corder, 1967) に配慮し，教師主導の外部シラバスをやみくもに押し付けないということも，タスク中心教授法の考え方の根底にある（第2章参照）。このように，タスク中心教授法は，SLA研究に裏付けされた言語習得の実際を考慮し，更に教育学で強調される体験学習の重要性や，使える言語能力の育成を目指す実用主義の考え方など，多角的な観点から支えられた外国語教育アプローチなのである。

4.3. タスクに関する SLA 研究が示すこと

　それでは，実際に，どこまでタスク中心教授法によって第二言語習得が促進されるのだろうか。以下では，タスクの有効性を示す SLA の実証研究のいくつかを紹介し，それらが示す日本の英語教育への示唆を考えていきたい。

4.3.1. 単純化 vs. 詳細化：どちらのインプットがリーディング理解を深めるか？

　前のセクションで，会話中のインタラクションを通して得られたインプットは，あらかじめ単純化されたインプットよりも学習者の理解を促進するという研究結果について触れた。それでは，リスニングではなく，リーディングの場合はどうなのだろうか。当然，リーディングでは，会話のようなインタラクションは不可能であるが，それと似た形のインプットを与えることは可能である。例を示そう。次の 1, 2, 3 の英文を，順に読み比べてみていただきたい（以下の例は，Oh, 2001 に基づく）。

1.　Yet the fact is we know very little about gorillas. No really satisfactory photograph has ever been taken of one in a wild state. No zoologist, however intrepid, has been able to keep the animal under close and constant observation in the dark jungles in which he lives. Carl Akeley, the American naturalist, led two expeditions in the nineteen-twenties, and now lies buried among the animals he loved so well. But even he was unable to discover how long the gorilla lives, or how or why it dies, nor was he able to define the exact social pattern of the family groups, or indicate the final extent of their intelligence.

2． But, in fact, we know very little about gorillas. No one has ever taken a good photograph of a gorilla in a wild state. Gorillas live in the dark jungles. No scholar on animals has ever examined the gorilla closely and continuously in the jungles. Carl Akeley was an American naturalist. He took two trips in the nineteen-twenties. He loved animals very much. He now lies buried among the animals. But even he was not able to discover how long the gorilla lives, or how or why the gorilla dies. He could not tell us about their family patterns or how smart they are. All this and many other things remain a mystery.

3． Unlike our common belief, however, the fact is that we know very little about gorillas. No one has ever taken a really satisfactory photograph of a gorilla in a wild state. So we don't have any good pictures of them. No zoologist, who is a scholar on animals, however intrepid and courageous he or she is, has ever been able to keep the gorilla under close and constant observation in the dark jungles in which they live. That is, gorillas in the jungles have not been fully examined by men. Carl Akeley, who was an American naturalist, led two expeditions in the nineteen-twenties in order to examine these animals in the African jungles. He died there and now lies buried among the animals who he loved so well. But even Carl Akeley, who took trips to Africa, could not discover much about gorillas. He was not able to discover how long the gorilla lives, or how or why it dies. Nor was he able to define the exact social pattern of family groups, or indicate the full extent of their intelligence; we don't know yet about the gorillas' family or their I.Q.

　これら3つの文章の違いに気付かれただろうか。3つとも同様の内容に基づいた文章であるが，1は英語の母語話者用に作られた英文であり，英

語学習者が理解しやすくなるような工夫は特にされていない。基準インプット（baseline / authentic input）と呼ばれるものである。２は英語学習者を対象に，１の文章に出てくる難しい単語や文法を取り除き，より易しいものに変えたものである。単純化されたインプット（simplified input）と呼ばれる。３は，１の文章に説明や言い換えなどを加えて，学習者の理解を助けようとしたものである。詳細化されたインプット（elaborated input）である。

　これらの文章の違いを見ると，例えば１の最初にある Yet the fact is... は，２では But, in fact,... と，より馴染み深い表現に代えられている。３では Unlike our common belief, however, the fact is... と，文の前に１フレーズ付け足されている。Unlike our common belief と the fact is の意味することはほぼ同じであり，そのため，このフレーズは余分な繰り返しとなっている。また，１では No really satisfactory photograph という表現が使われているが，２では satisfactory はより簡単な good に替えられている。３ではその表現はそのまま使われている代わりに，So we don't have any good pictures of them. という文が付け足されている。他にも，１に出てくる zoologist は，２では scholar on animals と簡単な単語に入れ替えられており，３では zoologist, who is a scholar on animals と zoologist という単語を残しつつ，それを説明する語句が付け加えられている。また，１に出てくる intrepid は，２では無くなっているが，３では intrepid and courageous と類義語を並列させている。

　これらの例からも分かるように，３のインプットは，会話のインタラクションの中で起こる詳細化されたインプット修正をリーディングに応用したものである。もとの文章をなるべくそのままに残しつつ補足説明を加えるので，３の文章は１の文章よりも随分長くなっていることが分かる。これは，単純化された２の文章が１の文章よりもやや短くなっている点と比べて対照的である。

　さて，これら３つの文章を英語学習者に与えた場合，理解度にどのような違いが生じるだろうか。どの文章が学習者の理解度を最も助けるだろうか。この疑問に答えるために，Oh（2001）は，韓国の高校生を対象に実験研究を行っている。被験者を英語能力が高いグループと低いグループに

分け，それぞれのグループに上記のような1, 2, 3の文章を読んでもらった。与えられた時間内で読解をした後で，内容理解を測るテストに答えてもらった。さて，これらのグループ間でどのような違いが生じたと思われるだろうか。

リーディング・インプットの理解効果の違い

結果は，表6に示される通りである。英語能力が高いグループでは，単純化されたインプットを読んだグループと，詳細化されたインプットを読んだグループの双方が，基準インプット・グループよりも統計的に有意に高い点を獲得していた。しかし，単純化インプットと詳細化インプット・グループ間では，統計的有意差は見られなかった。英語能力の低いグループでは，単純化されたインプットと詳細化されたインプット・グループの双方が，基準インプット・グループよりも高い平均点を獲得した。しかし，統計的に見ると，詳細化されたインプット・グループだけが，基準インプット・グループを有意に上回っていた。つまり，単純化されたインプットは，上級者には有効であったが，英語レベルの低い学習者にとっては，必ずしも助けにはならなかったのである。それに対して，詳細化されたインプットは，学習者のレベルに拘わらず，リーディング理解を促進する結果となった。[22]

表6：リーディング・インプットの理解効果の違い：テスト結果（Oh, 2001に基づく）

英語能力の高いグループ：				
基準インプット	(10.1)	<	単純化されたインプット	(12.8)
基準インプット	(10.1)	<	詳細化されたインプット	(12.4)
単純化されたインプット	(12.8)	=	詳細化されたインプット	(12.4)
英語能力の低いグループ：				
基準インプット	(7.9)	=	単純化されたインプット	(9.1)
基準インプット	(7.9)	<	詳細化されたインプット	(9.4)
単純化されたインプット	(9.1)	=	詳細化されたインプット	(9.4)

注：括弧内は平均点を，記号はそれぞれのグループ間の統計的有意差を示している。

---

[22] ここで得られた Oh（2001）の研究結果は，他の研究でも確認されている。これらの SLA のインプット研究の成果をまとめた報告として，Long（2007）参照。

インプットの詳細化とティーチャー・トークの重要性

　このような研究結果が，日本の英語教育に与える示唆は何であろうか。重要な点の1つは，前述したように，単純化されたインプットは，未習の言語項目を取り除くことでインプット理解を助けようとするが，詳細化されたインプットは，未習言語項目を残したままインプット理解を促そうとしている点である。すなわち，詳細化されたリーディング・インプットは，会話中のインタラクションと同様に，内容理解と言語習得の両方を促進する可能性を秘めていると言える。たとえインプットに分からない単語や文法構造があったとしても，そこに補足説明があるならば，理解することは可能である。しかも，もしその文を何度も読む機会があれば，その習得はなおさら促進されることになるだろう。

　それに対して，単純化されたインプットでは，単語や文法を事前に制限してしまうため，たとえインプット理解が促進されたとしても，新しい言語事項の学習が犠牲となってしまう。もし未習事項が含まれていたとすると，今度は辞書や教師の説明を待たずには，理解が困難となってしまう。しかも，上記の研究では，英語レベルの低い学習者にとっては，インプットの単純化はそれほど役に立たなかったことが示されている。これは，文章を単純化する過程で，文と文の関係や，文章の論理的な発展などが，曖昧にされてしまったためだと考えられる。結果として，英語レベルの低い学習者にとっては，たとえ文単位での理解ができたとしても，文と文のつながりを埋めることが困難となってしまったようである。これは，インプットの単純化でよく起こり得る落とし穴である。「木」が見えても，「森」が見えず，それぞれの木が森のどこに位置するかが，分かりにくくなってしまうのである。当然，木自体も，本来の姿とはかけ離れた貧相な姿となってしまう危険性がある。

　それに対して，インプットの詳細化は，リーディング指導の目的という観点から見ても重要であると考えられる。リーディング指導の最終目標は，学習者が何の修正もされていない基準インプットを理解できるようになることである。しかし，単純化されたインプットに慣れてしまうと，基準インプットへの移行が困難になる恐れがある。それに対して，詳細化されたインプットであれば，基準インプットに「足場」としての補足説明を

加えただけであるので，基準インプットへの橋渡しとして役立てられる。もちろん，学習の初期段階では，単純化と詳細化の両方を織り交ぜたインプットが必要かもしれないが，その場合，徐々に比重を単純化から詳細化へと移していき，最終的に，学習者が何の補助もなしで基準インプットに取り組んでいけるように育てていくべきであろう。[23]

　残念ながら，現在使われている英語教科書で，詳細化されたインプットを使ったリーディング教材はまだ見当たらない。今後，詳細化されたインプットが様々な形で教材に導入されていくことが期待されるが，教師はそれを座して待っている必要はない。大事なのは，機会あるごとに教師が生徒とのインタラクションを試みて，その中でインプットの詳細化をしていくことである。リーディング指導においてだけでなく，授業運営全般で，ティーチャー・トークとしてインプットの詳細化を積極的に活用していきたい。要は，口語，書き言葉といった全てのコミュニケーションで，インタラクションのある授業を展開することである。インタラクションの中で起こるインプットの詳細化は，言葉が伝える意味内容と言語内容を過度に薄めることなく，生徒の理解を助けていけるという点で，貴重な教育の補助手段となろう（ティーチャー・トークの参考例は，第6章 6.1.2. 参照）。

4.3.2. 会話のインタラクションは文法学習に役立つか？

　インタラクションを通してインプット理解が促進されたとしても，それがどこまで言語習得に結びついているのだろうか。インタラクションの中で，文法の習得は起こり得るのだろうか。このような疑問に答える研究の代表的な例として，Mackey（1999）の疑問文の習得の研究がある。この研究では，英語学習者とネイティブ・スピーカーが一対一でタスクを行うという設定で，タスクの効果が検証された。使われたタスクは，物語を完成させるタスク，バラバラの絵をストーリーの順序に配列するタスク，2

---

[23] ここで示された詳細化されたインプットを見て，不自然なものであると感じる教師もいるようである。しかし，もしそうならば，それは単純化されたインプットにも同様に当てはまることである。しかも，ノン・ネイティブを伴ったコミュニケーションでは，詳細化は実際に頻繁に起こる現象であり，その意味で，読み手が英語学習者である場合，詳細化されたインプットは自然なインプット形態であると捉えられよう。

つの絵を比べて違いを見つけるタスク，そして口頭で描写された絵を描くタスクであった。これらの情報ギャップ・タスクでは，情報交換のために自然と yes/no 疑問文や wh 疑問文を多く使わなければならないようになっていた。

　被験者は，オーストラリアの英語学校で学ぶ初級から中級レベルの英語学習者であり，日本語を含む様々な母語を話す学習者から成り立っていた。英語疑問文の発達段階の枠組みを使って（第2章 2.3.3. 表1参照），事前テストの時点で第2段階（上昇調イントネーションで肯定文の語順を使用），もしくは第3段階（疑問詞の文頭への前置き）のレベルにあった学習者が研究対象とされた。タスク中のインタラクションの効果を検討するために，被験者は次の3つのグループに分けられた。

（1）インタラクション・グループ：学習者と対話者が相互交流する中で，双方のインプットとアウトプットを修正して，タスクを達成していった。
（2）オブザーバー・グループ：タスクには直接参加せずに，（1）のグループがタスクを行うのを観察した。タスク後には，タスク中で聞いた内容を確認する課題が与えられた。
（3）単純化されたインプット・グループ：（1）のグループと同様に，タスクに参加したが，インプットは，学習者用にあらかじめ単純化されたものが与えられた。そのため，意味交渉を伴うインタラクションは，ほとんど起きなかった。

　研究スケジュールは，以下の通りである。まず1週目の事前テストで学習者のレベル判断が行われた後，次の週のうち3日間にわたって，それぞれ15分から25分間のタスク活動が行われた。そして，同じ週の最後の日に直後テストが行われ，更に1週間後に遅延テスト1，3週間後に遅延テスト2が行われた。学習者の明示的知識ではなく，実際の運用能力を調べるため，全てのテストでも口語のタスクが使われた。さて，読者はどのグループが一番伸び，どのグループがあまり伸びなかったと思われるだろうか。

インタラクションの効果

　結果は，インタラクション・グループだけが，当初の第2，3段階の能力から，事後テストで第4段階（wh+be動詞とyes/no疑問文での語順倒置），もしくは第5段階（wh疑問文での語順倒置）まで伸びていることが確認された。オブザーバー・グループと単純化されたインプット・グループでは，テスト間に有意な伸びは見られなかった。これらのグループは，与えられたタスクは達成することができていたが，疑問文の運用能力にはあまり変化が見られなかったのである。この結果は，言語習得のためには，単にタスクを遂行するというだけでは不十分であり，そこで積極的にインタラクションに参加することが必要ということを示している。

　興味深いことに，インタラクション・グループの疑問文の伸びをテストごとに見てみると，直後テストよりも遅延テスト1での方が高い伸びを示しており，それよりも遅延テスト2の方がより高い伸びを示している。つまり，直後テスト以降は何のタスク活動も行わなわなかったにも拘わらず，時間が経つにつれて，学習者の疑問文の運用能力が高くなっていっていたのである。このことは，タスクの効果がタスク中やその直後に限定されるわけではなく，より長期的に言語発達に貢献していることを示唆している。

　このMackeyの研究結果は，それ以降に行われた数々のSLAインタラクション研究によっても支持されている。最近の試みとして，Mackey and Goo（2007）は，1990年から行われてきた数十に及ぶSLAインタラクション研究をまとめる形で，統合的なメタ分析を試みている。そこでは，インタラクションが，第二言語環境（ESL）・外国語環境（EFL）の違いに拘わらず，語彙と文法の双方の習得に効果があることが確認されている。そして，多くの場合，その効果はインタラクション直後よりも1週間後，あるいはそれ以降の方が強く出ており，その傾向は語彙よりも文法に顕著に現れている。これは，第2章でも述べたように，文法は教わったからといってすぐに習得できるものではなく，たとえ言語習得にとって最良の機会に恵まれていたとしても，脳内整理を経て習得に至るまでには，それ相当の時間がかかることを示していると考えられよう。[24]

「習得」と「使用」のダイナミックなサイクルを作る

この研究から，日本の英語教育へどんな示唆が読み取れるだろうか。まず第一に，コミュニケーションで英語を使うということは，単に既習知識を使って練習活動に励むというだけの話ではなく，それ自体が重要な言語習得の機会を提供しているということである。換言すれば，コミュニケーションは，学習の「結果」や，単なる「まとめ活動」ではなく，それ自体が重要な学習「過程」を形成していると考えられる。習得（acquisition）と使用（use / communication）の関係は，習ってから使うといった一方的なものではなく，使おうとするからより効果的に学べるのであり，あやふやながらも使う中で知識が明確化されたり，インプットへより注意深く集中できるようになっていくのである。このような習得と使用の関係は，相互に影響し合う関係であり，どちらが先かということよりも，そのダイナミックなサイクルに足を踏み入れることこそが重要となる。

学習者間のインタラクションで気を付けること

Mackey（1999）の研究では，タスクは学習者とネイティブ・スピーカーとの一対一の対話形式で行われたが，教室環境では，学習者間でタスク活動を行うことがほとんどであろう。この点で付け加えておきたいのは，学習者同士の対話でも，ネイティブを相手にする時と似たようなインタラクションが起こり，様々な良い学習効果が生まれることが多くの研究で報告されているということである（Adams, 2007; McDonough, 2004; Pica et al., 1996; Sato & Lyster, 2007; Storch, 2002; Swain, 1998, 2001; Swain & Lapkin, 1995, 1998, 2001; Van den Branden, 1997, 2000）。

学習者間でインタラクションさせる時に特に重要となるのが，いかに教師がタスク前・中・後に，必要な教育的サポートを与えるかということである。タスク前（pre-task stage）には，タスクの設定と達成目標をはっきりさせて，タスクを行う動機付けを促しつつ，できるだけ多くの関連するインプットを与えていく必要がある。タスク中（during-task / task-cycle

---

[24] このような知識の脳内整理のことを，SLA研究では「再構成／再構築」（restructuring）と呼んでいる（Kellerman, 1985; McLaughlin, 1990; 白畑, 他, 1999）。

stage) には，学習者のタスク遂行を妨げないように，さりげなく言語サポートを与えるべきだろう。そして，タスク後 (post-task / language focus stage) には，言語形式に焦点を当てた活動を行っていくことができよう。

　教師のサポートと同様重要になってくるのが，学習者同士のペアの作り方である。教室現場では，生徒間の英語力の差に頭を悩ませている教師も少なくない。この問題に対して，習熟度別でクラス分けを行う動きもある。しかし，生徒間の能力差というのは，別の観点から見ると，大きな利点ともなり得る。SLA 研究では，Storch (2002) や Van den Branden (1997, 2000) らが，学習者間の英語力の差が，タスクの取り組みに与える影響について調べている。その結果，能力差があったペアの方が，なかったペアよりも積極的にタスクに取り組んでいたことが発見されている。能力差のあるペアは，インタラクションも多く，タスク後の言語習得の度合いも高かったのである。しかも，能力が高かった者も低かった者も，両方同様の言語力の伸びが確認された。この結果について，Van den Branden (2000) は，能力の低い学習者は高い学習者から多くを学び，一方，能力の高い学習者は低い学習者をサポートしようと努力する中で，自らの能力を伸ばすことができたと説明している。つまり，無造作にペア作りをするのではなく，そういった英語力の差を利用することによって，より良い学習効果が期待できるのである。

　更に，ペアが有意義なインタラクションを行えるようにするために大事なことは，教師が適切な指導を行って，ペアを育成していくことである。この点で，Naughton (2006) のペア・ワークの研究が興味深い。この研究では，中級レベルの EFL 学習者にインタラクションを促進するのに効果的なストラテジー指導 (strategy training) を行い，その結果をそのような指導を受けていないグループと比較分析している。ストラテジー指導には，次の4つが使われた：(1) つなぎの質問の仕方 (例えば，The movie was very interesting. とくれば，Who was the main actor? と続ける)，(2) 明確化要求の仕方とそれに対する答え方 (例えば，I got a big stuffed animal for my birthday. に対して，Sorry, what does stuffed animal mean? と尋ねる)，(3) 自己訂正と他者訂正の仕方 (例えば，相手の間違いに対し

て，Sorry, I think you need to say ... と言ったり，自分の間違いに対して，No, I didn't mean that. I meant to say ... などと言う），そして，（4）助けの求め方と与え方（例えば，The other day, I was in a burger shop when a ... how do you say somebody poor who asks for money? と聞いて，I think it's "beggar." と答える）である。

　結果は，ストラテジー指導前ではインタラクションとストラテジーの使用の頻度は全体的に低かったが，ストラテジー指導後にはストラテジー指導を受けたグループで明らかにインタラクションの起こる頻度が増え，4つのストラテジーもより多く使用されるようになっていたのである。それに対して，ストラテジー指導を受けていないグループでは，同期間に同じタスク活動を行っていたにも拘わらず，インタラクションの度合いには特に大きな変化は見られなかった。つまり，この結果から，タスクは与えたらただやらせっ放しにしておけばいいのではないということが分かる。ペア活動が効果的に働くためには，教師がストラテジー指導などを積極的に取り入れていって，学習者間で質の高いインタラクションが行われるよう指導していく必要があることを示している。

　英語学習のペア作りに関して，日本の中学校の現場で長年ユニークな取り組みを行っている教師として，中嶋洋一がいる。中嶋はペア作りを学習の一環として捉え，英語の得意な生徒をペア・リーダー，苦手な生徒をパートナーとして，できるだけ生徒の好きなようにペアを組ませている。こういった組み合わせに加え，必要に応じて，個人活動，ペア・リーダーとパートナーのペア活動，ペア・リーダー同士，パートナー同士のペア活動，更にペアを合体させたグループ活動，全体活動なども行って，柔軟でダイナミックな英語授業を展開している。

　中嶋はペア作りに配慮するだけでなく，ペア活動を通して自己責任を培っていくことの必要性も指摘している（三浦，他, 2006）。例えば，3人で協力して会話を発展させていくトライアングル・ディスカッションを行って，会話を途切れさせないで話をつなげていく練習をする。また，つなぎ言葉（例えば，That's nice. Oh, did you? No way! など）の指導と訓練や，言い換え，描写の訓練，更に，相づちや聞き返しの練習などを通して，生徒が積極的に会話に参加する態度や，相手の意見を尊重し協力して学習する

態度を育成している。このような実践は，上で紹介したStorch, Van den Branden, Naughtonらの研究と大きく符合する部分があり，言語使用の中で言語習得を促している好例と言えよう。ペア活動に限らず，中嶋の授業実践は参考になる部分が多くあるので，第5・6章で更に詳しく紹介したいと思う。[25]

4.3.3. タスク中心授業は語彙習得に役立つか？

上で紹介したMackey (1999) の研究では，文法習得に焦点が当てられていた。同様の学習効果は，語彙習得の場合にも期待できるのだろうか。それとも，単語はタスクの中で学ぶよりも，教師の説明とエクササイズによってより効果的に学べるのだろうか。次に示すDe la Fuente (2006) の研究では，アメリカの大学でスペイン語を学ぶ学生を対象に，タスクを使った授業とPPPの授業の効果を語彙習得の面で調べている。

これら2つのグループが受けた授業の違いについて説明しよう。まず，PPPのグループでは，学習者はレストランでの接客シーンのモデル・ダイアログを読み，そこで登場する未習単語と，それに付随する冠詞の性分類と複数形の語形変化について学んだ。[26] 次に，ペアでダイアログをロール・プレイの形で練習した。その後，次の3つのエクササイズが行われた。

（1）ダイアログの穴埋め練習：最初のとは別のダイアログが与えられ，空所に，描かれた絵に当てはまる食べ物の単語を書き入れた。
（2）口頭での質疑応答練習：その日習った単語を使って，好きな質問を作り，ペアと受け答えの練習を行った。その際，冠詞や複数形に注意

---

25 中嶋のペア作りのアイデアの詳細は，三浦，他（2002），三浦，他（2006），中嶋（2000），及び「NHKわくわく授業」ホームページを参照。
26 スペイン語では，冠詞と複数形は名詞の性によって変化する。例えば，セロリーはapioだが，男性名詞なので，定冠詞を付けるとel apioとなり，複数形はlos apiosとなる。また，ナッツはnuezだが，女性名詞なので，定冠詞を付けるとla nuezとなり，複数形はlas nuecesとなる。このように，スペイン語では名詞を覚える際，名詞それ自体と共に語形に関する規則も学ぶ必要がある。英語で言えば，複数形のスペリングや発音パターンの違い（e.g., pens vs. watches），また可算名詞と不可算名詞（e.g., water vs. a cup）を覚えることなどに当てはまるだろう。

するように指示された。
（３）単語の分類と書き方練習：習った単語を果物，野菜，魚介類といったグループに分類し，適切な冠詞や単数形・複数形を書き示した。

　これらのエクササイズの後，PPPの仕上げとして（Production 活動として）レストランという設定で，一人がウェイター，もう一人が客役を演じるペア活動が行われた。その際，生徒はできるだけ習った単語を使うように指示された。以上，計50分のPPP授業の内容である。
　これに対して，タスクを使った授業のグループは，最初にPPPグループと同様のダイアログを読んだが，そこに出てくる未習単語については，意味を簡単に確認する程度に止まった。その後，次の３つのタスクが行われた。

（１）ロールプレイ・タスク１：スペインのレストランという設定で，１人がウェイター役，もう１人が客役となってペア活動が行われた。客には先の新出単語が含まれたメニューが渡され，ウェイターには新出単語とその意味を示す絵の載ったメニューが渡された。客は注文をする際に，新出単語の意味をウェイターに尋ね，ウェイターは絵を参考にして，それをスペイン語で説明しなければならないこととされた。その後，役割を交代して同様のタスクが繰り返された。
（２）理想のメニュー作りタスク：ペアで「理想のメニュー」を相談して作り，それをクラス全体に理由も添えてスペイン語で紹介した。
（３）ロールプレイ・タスク２：上記（１）のタスクと同様の形式で，今度は単語の意味を聞くことにこだわらずに，自由にオーダーする会話を行った。

以上が，タスクを使った授業の50分間の内容である。
　上の２つのグループの他に，この研究では，もう１つ別のグループが設けられた。この３つ目のグループは，同時間内に，タスク・グループが行ったロールプレイ１と理想のメニュー作りのタスクを行った後，ロールプレイ２の代わりに，PPPグループが行った口頭での質疑応答エクササイズと単語の分類と書き方の練習を行った。つまり，第３のグループで

は，前述したタスクからエクササイズへの流れを踏襲した授業が行われた。

これら3つのグループの新出語彙の習得の度合いを調べるために，2つの事後テストが実施された。授業のすぐ後で行われた直後テストでは，生徒は与えられた絵に当てはまる単語を書くように求められた。その1週間後に行われた遅延テストでは，直後テストと同じ問題に加えて，各単語に冠詞と複数形も書くように求められた。さて，PPP，タスク，タスク＋エクササイズ・グループの間に，どのようなテスト結果の違いが生じたであろうか。

PPP vs. タスク中心授業の効果

結果は，図5に示す通りである。

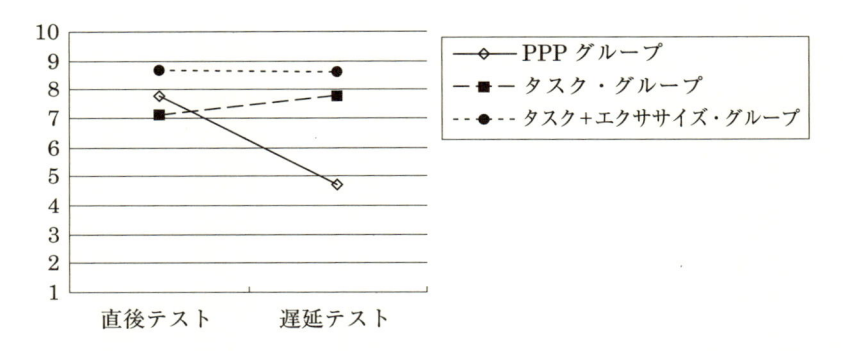

図5：直後テストと遅延テストの結果（平均得点表示：De la Fuente, 2006に基づく）

直後テストでは，3つのグループ間に有意な違いは見られなかった。どのグループも同程度に単語を学んでいたからである。しかし，遅延テストでは，タスクを取り入れた2つのグループがPPPグループよりも有意に高い点数を獲得していた。タスク・グループとタスク＋エクササイズ・グループが直後テストの点数を維持していたのに対して，PPPグループはその点数が有意に落ちてしまっていたのである。更に，遅延テストの冠詞形と複数形の回答では，タスク＋エクササイズ・グループが，他の2つの

グループと比べてより正確に細かな語彙規則を習得していたのである。エラー平均値で見ると，タスク・グループとPPPグループでは双方とも3.50と差が見られないが，タスク＋エクササイズ・グループのみが1.00と低い数値を示していたのである。

エクササイズ活動の再考を促す

　この結果から，何が読み取れるだろうか。まず，授業直後の結果だけを見ると，学習者はタスクを通してでも，エクササイズを通してでも，同程度に単語を学ぶことが可能なようである。つまり，短期的に見ると，両者には特段優越の差はないように思われる。しかし，1週間後に行われた遅延テストを見ると，タスクを取り入れた授業では直後テストの実力が維持されていたが，エクササイズ主体の授業（PPPグループ）では失われてしまっていた。わずか1週間しか間を置いていない遅延テストであるが，それでもこのような結果になったということは，エクササイズ主体の活動が，いかに記憶の保持に脆弱であるかを物語っていると言えよう。形式が優先されたエクササイズ活動では，言語処理のレベルがどうしても表層的になってしまい，学習者も受け身になりがちなので，その場だけの学習になってしまうからではないかと考えられる。それに対して，タスクを主体にした授業では，生徒の積極的な参加を促し，形式だけでなく意味処理を含んだより深い言語処理が促進される。それが記憶の保持に有利に働いたと考えられる。

　更に，冠詞と複数形の習得において，PPPグループがタスク・グループと同程度の点数しか得られなかったということは，PPPの授業が言語形式に焦点を当てているにも拘わらず，形式の習得でも必ずしも優れているわけではないことが示されている。PPP授業では，新出単語の意味だけでなく，冠詞や複数形といった細かな部分についても最初から一遍に教え込もうとするので，学習者に過度の負担をかけてしまうからではないかと考えられる。一方，タスク＋エクササイズ・グループがタスク・グループよりも高い点を獲得したという結果からは，タスク活動だけでは，意味の伝達に支障のない言語形式になかなか注意が向かないということが読み取れる。しかし，タスク後に言語分析的なエクササイズ活動を行うこと

で，その欠点を補うことができる。タスクからエクササイズへという流れの授業では，学習者はタスクで意味に慣れ親しんだ後，細かい言語規則に触れることになるので，余裕を持って意味と形式の関係を学べるのではないかと考えられる。

　このような De la Fuente の研究結果は，未だエクササイズ的な活動が主流になりがちな日本の英語授業に，大きな疑問を投げかけていると言えよう。日本では，コミュニケーション活動に入る前にまず言語形式の定着を図るためのエクササイズが不可欠だと考えられがちだが，本当にそうなのか，もう一度よく考えてみる必要があるだろう。特に，意味に注意を払わずにできてしまうエクササイズ活動は，一体どこまで，何の役に立っているのか検証が必要である。「定着のため」といった一見常識的なようだが，実は非常に漠然とした理由付けを再度吟味しなければならないだろう。[27]

　更に，活動の順序においても，説明➡エクササイズ➡コミュニケーション活動といった PPP の順序にこだわらずに，もっと柔軟に授業構成を考えていくべきである。日本の英語授業では，とかく教師主導で知識注入型になりやすく，生徒が間違いを犯すことを極力回避しようとするために，最初から多くの知識を詰め込もうとしがちである。それが生徒にどれほど無理な負担をかけ，言語習得にどのような影響を与えているのかを，もっと学習者の視点から考えていかなければならないだろう。最初から単語だ規則だと欲張らずに，どうやったら生徒が主体性と創造性をもってタスクに取り組んでいけるのか，そして，いかに無理なく形式面へも注意を向けていけるのかといったことを考えて，授業計画を立てていきたい。

---

[27] 日本の英語教育界では，「目標項目を定着させる」といったように，「定着」という言葉が頻繁に使われる。しかし，「定着」（英語に直訳すると，fixation）という概念が，どこまで「習得」（acquisition）に結び付いているのかが極めて曖昧である。「定着」を単に短期記憶に保存するというだけでなく，それを長期記憶に取り込み，他の既存知識と上手く融合させて知識のネットワークを作っていく過程と捉えると，従来行われているようなエクササイズ活動が一体どこまで，どのようにして習得に結び付いているかが不明瞭である。

4.3.4. ベルギーのタスク中心教育の大規模プロジェクトが示す課題

　これまで，タスクに関するSLA研究をいくつか見てきたが，興味深い研究が多くある反面，そのほとんどが比較的小規模のクラスルーム研究や実験研究に限られていた。そんな中で，世界に先駆けてタスク中心教授法を言語教育政策の中枢に取り入れて，実践してきた国がある。ベルギーである。ここでは，ベルギー・フランダース（フランドル）地域の言語事情と，その試みについて紹介したい。

　ベルギーは，北部のフランダース地域圏と，南部のワロニー地域圏，そして首都政府のあるブリュッセル首都地域の3つに分かれた連邦制国家である。北部ではオランダ語を，南部ではフランス語とドイツ語を，首都地域ではフランス語とオランダ語を併用して話す多言語国家でもある。ベルギーでは，他の欧州各国と同様，1960年代から移民や難民の人口が増え，特にフランダース地域では，これらの人々の教育が大きな社会問題となってきた。移民・難民の多くはオランダ語を母語としないので，彼らにどうやって効果的にオランダ語を学ばせていくのかが，大きな課題となってきたのである。そこで，教育関係者や政策立案者等が討論した結果，従来の教師主導型のオーディオリンガル・メソッド中心の教育から，タスク中心教育へと移行させることが決定されたのである。これは国の教育政策の一環として，1990年からフランダース地域圏で進められてきた動きであり，そのターゲットは，小学校から中学校，高校，そして大人の職業準備教育にまで及ぶ。現在では，オランダ語の第一言語教育と第二言語教育の両方に及ぶ教育政策として，実に約1200の教育機関で施行されている。

　このタスク中心教育の施行と，その研究の中心的な役割を果たしているのが，ルーベン・カトリック大学の言語教育研究所である。そこでは，学習者のニーズ分析から，タスク中心教育のシラバス作り，教員養成プログラムの開発，タスクを用いた言語テストの開発に至るまで，タスク中心教育の一部始終を担っている。これまで，その研究成果はオランダ語での出版がほとんどで，国外に知れ渡ることはあまりなかった。しかし，2005年にルーベン・カトリック大学で，タスク中心言語教授法の国際会議が開かれたのを皮切りに，2006年には，所長である Van den Branden が，それまでの研究成果を *Task-based language education: From theory to practice* と題

して英語で出版し，国外でも注目が集まってきた。

　Van den Brandenの編著の中では，SLAの理論や研究成果が大規模な教育政策として実行された際に，どのような問題が起こり，それに対してどのような対応がなされてきたのかといったことが，詳細に記されている。全体のプログラムはまだ形成過程にあるため，そこから得られる統計的データや分析などにはまだ限りがある。しかし，それでもこれまでの研究成果の中には，日本の英語教育改革を考える上で参考になる点が多い。以下では，教師の教育観という点に焦点を当てて，フランダースのプロジェクトが示す実践的な課題と解決方法について紹介する。

教師の教育観への挑戦

　タスク中心教授法は，教師主導型の伝統的教授法とは違い，あくまでも学習者が主体となり，教師はそれをサポートする役割を果たすこととなる。したがって，タスク中心授業を行う際は，教師はこれまでに慣れ親しんだ教師主導の授業運営とは全く違ったクラス・コントロール能力が要求されることになる。このことは，できるだけ統制したクラス運営を望む教師にとっては，大きなジレンマとなる。事実，フランダースでも，タスク中心教育を導入した当初，タスクとして用意されていた活動内容が，教師側の都合で大幅に変更されるといった事態が頻繁に起きてしまったのである。

　リーディングのタスクを例にとれば，未習の単語や文法が多く含まれていると思われた教材は，最初から全く使われなかったり，使われたとしても，全ての未習単語や文法事項が，タスク前に教師主導で教え込まれてしまっていたのである。また，ペア活動では，教師が極端に生徒の活動に介入してしまうため，学習者の自主性，創造性が十分に活かされなかったり，結局は教師主導の全体活動に化してしまったことも多かった。つまり，いくらシラバスや教科書でタスクが用意されていたとしても，実際の教室では，教師がタスクをエクササイズ化してしまっていたのである。

　このような現象の背後には，教師がこれまで培ってきた自らの学習体験や，それまでに慣れ親しんだ教え方からなかなか脱却できなかったことがある。教師の多くは，まず生徒に言語形式を教えてから次の段階に進まな

くてはならないという固定観念があり，どうしても生徒の学習能力を過小評価しがちであったようである。そのため，生徒が行うタスク活動に対して，必要以上に統制力を利かせようと躍起になってしまったのである。逆に，生徒のタスク達成に関して，過度の期待をかけてしまう場合も見られた。例えば，自己紹介や手紙を書くといったタスクでは，相手に知ってほしい内容を伝えるというのが本来の目的であるが，伝統的教授法で長く教えてきた教師は，言語的な正確さを過度に求めてしまう傾向が見られた。そのため，タスク達成というコミュニケーション自体の目的よりも，言葉の正確な使い方が最重要事項となってしまい，結果，生徒にとって過大な負担をかけてしまっていたのである。

　これら過小・過大評価いずれの場合も，結果的にタスクがエクササイズ化されてしまい，教師主導の教え込みの授業に戻ってしまっていたのである。このような例は，大規模なスケールで教育改革を行うことが，いかに難しいかを如実に表していると言えよう。教育改革は，教員の意識改革と教授力向上がなされない限り，どうしても表層的なものとなってしまう。それは，単なる教材の差し替えや付け足しで，一朝一夕に成し得るものではないことが分かろう。

教員研修プログラムの充実とその成果
　以上のような経験から，フランダースでは，より長期的な視野に立ってタスク中心教育に取り組むようになってきている。シラバスや教科書作りだけではなく，近年では，長期教員研修にも力を入れるようになってきた。研修では，教師のタスク中心教育の理論についての理解を深めるのと同時に，教室で実際に必要となるインタラクションの技術を磨き，学習者主体の教育が行えるような訓練がなされている。また，講師が定期的に各学校を訪れて，教員が抱える問題や課題に対して個別に対応するといった，コーチング制度も導入されている。

　このような教員研修プログラムの甲斐あって，多くの教師が従来の教師主導型の教え方から，生徒主体のタスク中心教育の考え方へと移行しつつある。これまでの教え方と新しい教え方の折り合いを自分なりに見つけるようになってきており，その結果，教師と生徒の双方が，より充実した言

語教育を体験できるようになってきている。このような試みは、まだ現在進行形であるが、現段階としては次のような成果が報告されている。

- 教師の教え方が、以前と比べて言語の機能を重視したコミュニカティブなものとなり、文法などの形式を別個に教えたり、集中的にドリルなどをやらせて無理に定着させようとすることが少なくなった。
- 教師が与えるインプットの質が向上した。以前よりもインプットの内容が豊かで自然なものとなり、生徒への質問も一方的なものではなくなってきた。また、生徒の考えや意見を尊重して、自由に返答できるように配慮されるようになってきた。
- 教師は、生徒の様々な学習ニーズにより効果的で柔軟に対応できるようになってきた。例えば、以前のようにオランダ語能力の低い生徒に特別補講を設けるといったことはせず、能力の高い生徒と積極的にグループ・ワークをさせることによって、生徒同士がお互いに学び合えるような環境を整えるようになってきた。
- 以前と比べて、生徒のモチベーションが高くなり、生徒が積極的に授業に参加するようになった。
- 初等教育においてタスク中心教育の導入前と後を比べると、導入後の方が、オランダ語の客観テストにおいて有意に高い結果を示している。
- 教員研修の充実度の違いにより、生徒の学習度に違いが見られた。教員研修がより手厚く行われた学校の方が、サポートが少なかった学校よりも、生徒のオランダ語の能力が高くなる傾向が見られた。

フランダースのタスク中心教育に関して、まだ結論的なことは多く言えないが、これまでに手応えは十分に感じられているようである。今後より一層の実践研究が進んで、更なる研究成果が公表されることが大いに期待される。ここで述べたことは、フランダースのタスク中心教育のプロジェクトのごく一端であるが、そこから分かることは、教育改革が関係者全ての人々にとって極めて大きな挑戦であるということであろう。それは、トップダウン方式に政府主導で達成すべきスローガンを掲げたり、シラバスや教科書を用意したりするだけでは、到底実現することはできない。そのような環境整備と共に、究極的には、現場で教える教師自身が従来の教

育観の殻を破り，それを広げ，深めていく必要がある。そして，それに呼応する新たな対応能力や，教育技術を身に付けていかなければならないのである。

フランダースの試みは，教育の問題は，やはり教育でしか解決することができないことを教えてくれている。教育の向上のためには，教師自身の自己研鑽に任せるだけでなく，より教師の立場に立った，長期的な教員研修などを実施していくことが必要である。このことは，国の行政から地域の教育委員会や学校レベルに至るまで，あらゆる面でのきめ細やかなサポート体制を作っていく必要性を表している。現場の教師がその能力を最大限に発揮して，教育実践の場で大いに活躍していけるよう，皆の力を結集していかなければならない。そういった教師へのサポートが，生徒の学習を有意義且つ効果的にしていくのである。[28]

4.4. タスク中心教授法の課題

前のセクションでは，ベルギーのタスク中心教育の実践が示す課題について，教師の教育観への挑戦という観点から，その一端を示した。それ以外にも，タスク中心教授法には様々な課題が存在する。以下では，それら他の課題について触れておきたい。

生徒の不安感と教師の不安感

タスク中心教授法のように，従来の教育方法に大きな変革を迫る教育法を導入する際には，教師の側だけでなく，生徒の側も学習態度を調整することが求められる。これまでの受け身の学習姿勢から脱して，より積極的に参加する学習姿勢へと転換していくことが必要となる。例えば，単語や文法を全て教師から教わるのを待っているのではなく，自ら推測したり，気付いたりして，それを積極的に発話の中でも試していくことが求められ

---

[28] ベルギー以外にも，香港やタイなどでも，タスク中心教授法を取り入れた教育改革が進行中である。そこからも，我々が学ぶべき多くの知見が垣間見られる。香港の教育改革の問題と挑戦については，Carless（1997, 2002, 2003, 2004）を参照。タイの大学でのタスク中心教授法の試みは，McDonough and Wanpen（2007）を参照。

る。加えて，活動の際には，発言内容も発言方法も自らが取捨選択していかなければならない。答えが1つしかないエクササイズとは違い，何通りものやり方があるタスク活動は，慣れていない生徒にとっては最初は苦痛にさえ感じられるかもしれない。手っ取り早く「答え」を教えてもらえないことに，不満感を抱く生徒も出てくるかもしれない。

　このような生徒側の問題も，もちろん存在するが，これまでの研究が示すところでは，生徒の側の問題は教師の側の問題に比べて，それほど解決が困難というわけではなく，比較的早く解消されていくようである。とりわけ，年齢が若く学習歴が浅い生徒は，柔軟にその学習姿勢を転換することができるようである。教師がタスクの重要性や必要性をしっかりと説明して，その学習のあり方を継続的に活動の中で教えていくことで，生徒の不安感や不満感は解消されていくことが多いようである。

　この点で，ブラジルの英語学校でのタスク中心教授法の実践例が参考になる。この学校では，それまでPPPを主な教授法として使ってきたが，学習効果に乏しく，生徒の満足度も低いことから，ある時を境にタスク中心教授法に全面的に移行することを決定したのである。Lopez (2004) は，そこでどのような問題が生じ，学校がそれにどのように対処していったかについて報告している。その問題の1つが，生徒（10代〜大人）の新しい教授法に対する不安感であった。これに対し，学校側は生徒にタスク中心教授法の趣旨を具体的に説明し，どのようなステップを踏んで授業が行われ，各ステップで何が重要になるのかについて明らかにするという対応を取った。例えば，意味重視のコミュニケーションと流暢さが重要視されるのはどの段階であり（前タスク段階とタスク実行段階），言語の正確さが強調されるのはどの段階であるのか（プランニングとレポート段階，及びタスク後の段階）を明確化することによって，生徒の不安感を取り除くことに成功している。

　これに対して，教師の側の不安感を取り除くには，より時間がかかったようである。特に問題となったのは，教師が生徒の自主性を十分に尊重できないことから，最初から丁寧に教え込もうとしたり，誤りを気にするがあまりに，生徒に自由な発話の機会を与えなかったりしたことである。タスク活動中には，生徒の誤りを直し過ぎるといったことも起きた。前述し

たベルギーの例と非常によく似ている。このような問題に対処するために，学校全体で授業観察のシステムを導入し，そのビデオ分析を通した研修を行うことによって，教師がタスク中心教授法に慣れるための訓練を行なった。このような努力は，時間の経過と共に確実に成果を上げていることが報告されている。

　また，生徒側の別の問題として，タスク中心授業には楽しく参加しているが，自分の英語力がどこまで伸びているかに不安感を持つ者が多くいた。こういった生徒の抱く不安感に対して，学校側は主に3つの方法で対応している。まず，生徒に以前取り組んだタスクと同じようなタスクに挑戦してもらい，前よりどれだけ上手にできるようになったかを体感してもらう。これはタスク・リサイクルの手法である。別の対応としては，定期的にネイティブ・スピーカーの教師を交えて，以前行ったタスクについてクラス全体でディスカッションをしてもらう。例えば，家族紹介のタスクを行った際は，後に家族についての自由ディスカッションを行った。こういった実践の場で，生徒は自分の英語力の伸びを確認することができ，教師はこれからの学習課題を発見する学習診断の場として活用することができた。これは，タスク・リサイクルとタスク・アセスメントを融合した手法と言えよう。

　更に，別の対応策として，文法規則をもっと学びたいという生徒のために，レベル別に2週間に1回3時間の「文法マラソン」のクラスが導入された。それまでタスク中心授業で触れてきた文法をより明示的な形で教えることによって，文法を気にする生徒に一定の安心感を与える努力がなされた。この方法は，以前のように教えてもらうのを待つ受け身の学習姿勢から，生徒自らが積極的に文法を学ぶ能動的な態度の育成にも貢献し，生徒のプログラムへの満足度向上にもつながっているという。

　要するに，大事なのは，教育者側が生徒の反応に一喜一憂するのではなく，それにどう対処していくかに知恵を絞っていくことであろう。生徒の態度や反応が教師の教え方に影響を与えることも多いが，逆に，教師の態度や反応が生徒の学習姿勢に多大な影響を与えるのも事実である。それゆえに，教師の確かな教育観に支えられた，教育向上へのたゆまぬ努力が重要になってくるのである。

意味と形式のバランスの問題

　タスク中心教授法は，意味重視の言語教育法であるので，内容中心教授法との類似点も多い。普通，タスクを行う際，学習者は意味内容とタスク達成のための機能面に大半の注意を注ぐこととなる。そのため，タスク遂行の上で重要となる単語（動詞や名詞などの内容語）やフレーズなどは，タスク内で比較的容易にクローズアップされやすく，習得も促進される。また，会話の効果的な進め方や，その中で起こるコミュニケーションの問題への対処法の習得といったことにも，タスクは優れた教育効果を発揮できる。しかし，インタラクション仮説が示すような意味交渉は，必ずしも全ての言語項目で起きるわけではなく，とりわけ冠詞，前置詞，完了形といった意味の伝達に特に重要とならないような言語項目は，意味交渉の対象にはなりにくい。しかも，たとえコミュニケーションに多少の支障があったとしても，それを無視して会話が進行する場合も少なくない。慣れていない者同士の会話では，お互いへの遠慮から，意味交渉は曖昧にされてしまうかもしれない。また，気の知れた仲間との会話では，馴れ合いから，あえて複雑な意味交渉をすることを避けてしまうこともある。そうすると，アウトプットの修正もなくなり，その結果，学習者は適切で正確な言語の習得という点で伸び悩むことになる。

　このようなタスク中心教授法の弱点を補うためには，先に述べたようなインタラクション・ストラテジーの訓練を始め，教師の指導とサポートが重要になってくる。教師は生徒同士のインタラクションの質を高めるために，そのやり方を指導，訓練すると共に，生徒がタスクに取り組む中で必要または有用となる言語形式に，上手く生徒の注意を向けさせていかなければならない。その際，生徒の自主性を損なわずに必要なサポートを与えなければならないので，その介入のタイミングや頻度，方法など，PPPでは特に気に止めなかったことに細心の注意を払わなくてはいけなくなる。

　学習者がタスク達成だけでなく，使用する言語形式にも自然と注意を払えるようにするためには，タスク・デザインを工夫する必要がある。例えば，先に紹介したMackey（1999）の研究例では，インタラクションの中で必然的に疑問文が多く使われるようにタスクが構成されており，フィー

ドバックも無理なく頻繁に与えることが可能となっていた。R. Ellis (1997, 1999, 2003) は，このような特定の言語形式に焦点を当てたタスクを「焦点化されたタスク」(focused task) と呼び，そうではないタスクを「焦点化されていないタスク」(unfocused task) と呼んで対比している。日本の英語教育では，これら両方のタスクに利用価値があると思われるが，それらをどう使い分けていくかは考慮の余地がある。前者だけしか使われないとすると，どうしても文法シラバスの域を出なくなってしまうし，後者だけだと，文法面での指導が手薄になってしまう。そのため，両者をバランス良く使っていかなければならないだろう。

　また，前述したように，タスク後にエクササイズのような言語分析の活動を行うことも，形式面への注意が薄くなりがちなタスクの弱点を補う1つの方法である。その活動の主な狙いは，タスク中に間違って使われた言語形式，もしくは使われるべきであった形式に対して，学習者の注意を引き，学習の促進を図ることである。次章で紹介する「意識高揚活動」(5.3.3. 参照) などは，特定の文法項目が何度も出てくるように作られた文章を与え，学習者がコンテクストの中で文法規則を見出せるよう工夫された帰納的な指導法である。このような言語分析活動を行った後は，再度，気付いた形式をタスクの中で使える機会を与えたり，リスニングやリーディングのインプット教材の中に出てくる形式に再度気付かせるといったフォローアップも大切になってこよう (Van den Branden, 2007; J. Willis, 1996; Willis & Willis, 2007)。

　タスク活動を，ただ次から次へと与えるだけにならないような工夫も必要である。活動全体に流れや目標を決めて，活動の節目節目で振り返りの時間を設けたりすることも大切であろう。そこでは，タスク達成度だけでなく，言語使用についても自己分析させるなどするとよいだろう。生徒に「学習ジャーナル」("action logs"—Dornyei & Murphey, 2003; Murphey, 1997) として，活動毎に自己分析させて達成度を確認させたり，コメントや質問，今後の課題などについて記録させるといったアイデアもある。それを定期的に生徒同士で交換させたり，教師が集めてコメントしてもいいだろう。このように，生徒に自らの学習を振り返って考えさせることは，生徒の学習への責任感を促す上でも，学習への動機付けを高める上でも役立つ

だろう。教師は，彼らの記すジャーナルから授業の問題点や今後の課題を明らかにすることができ，今後の授業計画に役立てていけよう。

ここで述べてきた課題に加えて，タスク型の言語テスト（task-based language testing）の開発や，適切なタスクを作るためのニーズ分析（needs analysis）といった課題も存在する。現在，これらの研究は盛んに行われている最中であるが，実際にタスクを使って教える教師だからこそ見えてくる課題や工夫といったものもあるであろう。そういったことをアクション・リサーチ（action research）などにつなげていき，それぞれの発見を分かち合い，皆の知恵を結集していくことで，英語教育改革をより一層前進させていくことができるであろう。[29]

4.5. まとめ

前章と本章では，コミュニカティブ言語教授法の強いバージョンである，内容中心教授法とタスク中心教授法について見てきた。両者に共通するのは，「言語は実際のコミュニケーションを通して最も効果的に習得することができる」という考え方である。内容中心教授法では，学習者に内容豊かなインプットを理解可能な形で多く提供することを重視しており，タスク中心教授法では，インプットの量や質も然ることながら，学習者のタスクへの積極的な関与と，教師と学習者また学習者同士の相互交流を重視している。

これら2つの教授法は，その歴史的，理論的背景から，ここでは別々に扱ってきたが，教育実践上は必ずしも分けて考える必要はない。例えば，弁護士やビジネス経営者の養成などで，実践的なタスクやプロジェクト活動が積極的に使われている事例からも分かるように，特定の内容を効果的に教える手段として，学習者主体のタスク活動を組み込んでいくことができる。例えば，環境問題をテーマにして，生徒に北極の氷が解けていく現象と，南米の森林伐採との関係を考えさせるようなタスクを課したり，グ

---

[29] タスク型の言語テスト開発では，Norris et al.（1998），ニーズ分析の研究では，Long（2005）などがある。アクション・リサーチの考え方と具体的な進め方については，佐野（2000, 2005）が参考になる。

ループでリサーチして、それを発表活動へとつなげることも可能だろう。実際、最近のイマージョンなどでは、タスクやプロジェクト活動を積極的に活用する動きが盛んである。また、タスク中心授業でも、学習者のニーズ分析に基づいて、一貫したテーマやトピックを設けて、それに関するタスク活動を提供する例もある。筆者が大学で教える第二言語習得研究や英語学といったクラスでも、一方的な講義ではなく、ペアやグループでデータを見て、生徒と一緒に考えられるようなタスクをなるべく多く取り入れるようにしている。そのようなクラスは、生徒の参加率だけでなく、学習の度合いも満足度も非常に高い。[30]

　伝統的教授法と比べると、内容中心教授法もタスク中心教授法も外国語教育の分野では新しいものであり、今後更に発展していくと思われる。これまでの研究成果を見ても、学習の初期段階から内容豊かなコミュニケーションに従事していくことで、実践的コミュニケーション能力が高められることは間違いない。しかし、理解可能なインプットや目標言語でのインタラクションのみでは、外国語の習得には不十分で非効率的であることも事実である。したがって、今後の課題は、いかに流暢さと正確さの両方を兼ね備えた総合的な言語運用能力を持った学習者を育てていけるかにある。それは、いかに意味と形式のバランスをとった授業ができるかにかかっている。近年注目が集まっているフォーカス・オン・フォームは、まさにそのことを狙いとした教授アプローチである。これまでも内容中心教授法やタスク中心教授法の改善点について語る際に触れてきたが、次章では、より詳しくフォーカス・オン・フォームの考え方と実践について紹介していきたい。

---

[30] このようなタスクは、「内容に基づいたタスク」（content-based task – Lyster, 2007）と呼ばれる。参考例としては、Bogaert et al.（2006）、Willis & Willis（2007）などを参照。

第5章 第3のアプローチ：
フォーカス・オン・フォーム

　外国語教育の世界的な流れは，伝統的教授法からコミュニカティブ教授法へと移行してきており，今現在は，そこから次に進むべき方向を模索しているところにある。このような大きな潮流の中で，近年の日本の英語教育を概観してみると，以前は圧倒的に主流であった伝統的教授法が，徐々にではあるが，コミュニカティブ教授法に変わりつつある。しかし，その移行がまだ初期段階であるにも拘わらず，最近ではコミュニカティブ教授法の行き過ぎを懸念する声も聞かれ，伝統的教授法へ回帰しようとする動きさえ見られる。伝統的教授法とコミュニカティブ教授法，どちらのアプローチを支持するにしても，一方のアプローチが問題を有することが，そのまま他方のアプローチを支持する理由とはならない。「昔の生徒は，現在の生徒がするような間違いをしなかった。だから，以前の教育の方が優れている」とか，「コミュニカティブ教授法では文法力が弱くなるので，伝統的教授法に戻るべきだ」といった主張は，全体を見据えた有益な議論とは言えない。このような教育の「振り子現象」をいつまで続けていても，根本的な解決に辿り着くことはできない。
　また，よく文法とコミュニケーションの間にはバランスが必要だと言われるが，一体どのようなバランスが必要なのか。伝統的教授法の文法指導に，コミュニカティブ教授法のコミュニケーション活動を取って付けたような授業を行ったところで，バランスのとれた外国語能力を育成することは難しい（第2章参照）。ここで言うバランスとは，ただ単に異なったアプローチの良いとこ取りをするだとか，2つのアプローチを足して2で割るといった，短絡的な方法で容易に得られるものではない。都合優先の折衷主義では，所詮行き当たりばったりの継ぎはぎだらけの実践としかならな

いだろう。それゆえに、それぞれのアプローチの根本原理をしっかりと理解した上で、量的のみならず、質的なバランスをも考えていかなければならない。

本章では、そのようなバランスのとれた言語教育の方法として、近年SLA研究で注目を浴びているフォーカス・オン・フォームについて紹介したい。以下では、まず言語習得のバランスの問題について再考することから始め、その後でフォーカス・オン・フォームの言語習得観、教育観について見ていく。そして、日本の英語教育でフォーカス・オン・フォームを取り入れる際、どのような課題があり、それをどう解決していったらよいかについても考えていきたい。

5.1. 言語習得の3要素とは？

言語習得には、それが母語習得、第二言語習得の違いに拘わらず、常に3つの要素が関わっている。「言語形式」(form)、「意味内容」(meaning)、「言語機能」(function) である（図6参照）。

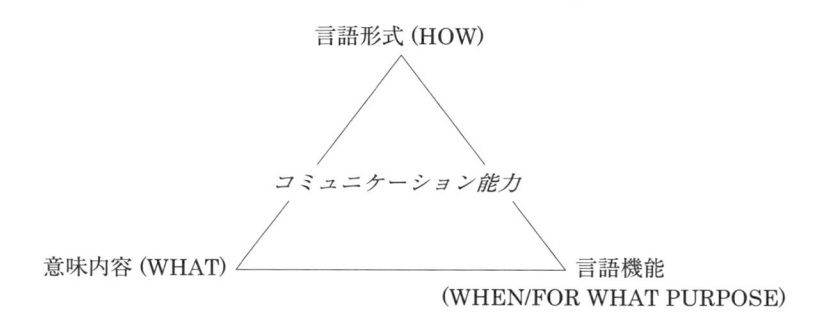

```
              言語形式 (HOW)
                  /\
                 /  \
                /    \
        コミュニケーション能力
              /        \
             /          \
意味内容 (WHAT)――――――言語機能
                      (WHEN/FOR WHAT PURPOSE)
```

図6：言語習得の3要素

言語形式とは、音声、語彙、文法、綴りなどのことを指し、どのような「形」を使うかということである。意味内容は、言語形式をもって「何を」伝えるかという伝達内容のことを指す。そして、言語機能は、いつ、どのような場面で、何のためにそれを使うかということである。これら3

要素は，言語使用において常に密接に関係しており，その1つでも欠けると，言葉として役に立たなくなってしまう。コミュニケーション能力とは，この3要素を効果的に結び付けていける能力であり，それゆえに，言語習得の鍵も，これら3要素の密接な結びつきを学んでいくことにあると捉えることができる。

　日本語で，例を挙げてみよう。「お疲れさま」という表現は日頃からよく使われるが，それは形式的には，6つのひらがな，または4つのひらがなと1つの漢字か，2つのひらがなと2つの漢字（「お疲れ様」）を使って表せられる。音声的には，母音と，母音と子音の組み合わせで作られ，6つのモーラによって発音される。伝える意味内容は，字面からすると「疲れた人・方」となるが，実際上は「疲れたでしょう」といった意味を表す。言語機能としては，ひと仕事終えた相手に対してその労をねぎらう場合に使われたり，職場などで別れの挨拶として使われたりする。

　では，英語の母語話者が日本語を学ぶ際，この言葉をどのように学んでいくのだろうか。「お疲れさま」を英語に直訳すれば，"(You are) Mr./Ms. Tired."のようになろうが，意訳すれば，"You must be tired. Thank you for your hard work."のようになるだろう。しかし，これだけでは，実際にどんな場面で，どのように使ったらいいのか，まだ分からない。特に英語では，よほど大変な仕事をしたような場合でないと，このような表現は使われないので，いきなり「お疲れさま」と言われても，「そんな大それた事をしただろうか」と首を傾げてしまうかもしれない（実際そういう話を日本在住のアメリカ人やイギリス人から聞いたことがある）。彼らがこのような表現の真意を理解して，自分でも使えるようになっていくためには，実際のコンテクストの中でその表現が使われている場面に遭遇しなければならない。仕事場，飲み会，メール等の場面で「お疲れさま」が自然に使われている状況に接して，そこで形式・意味・機能の結びつきに気付いていかなければならないのである。

　これは慣用表現の例だが，同様のことが文法を含めた言語全般において言える。そこで，次は中学校で教えられる英文法を例にとって考えてみよう。

5.1.1. 受動態の例

まず,受動態を例にとってみよう。伝統的教授法では,受動態は一般的に能動態と比較して説明され,その後で,文構造の定着を図ったエクササイズが行われたりする。以下は,その例である。

能動態の文では,動作主が主語で,動作を受ける人(物)が目的語となる。受動態では,動作主ではなく,動作を受ける人(物)が主語となる。2つの文の構造の違いは,次のように表される。

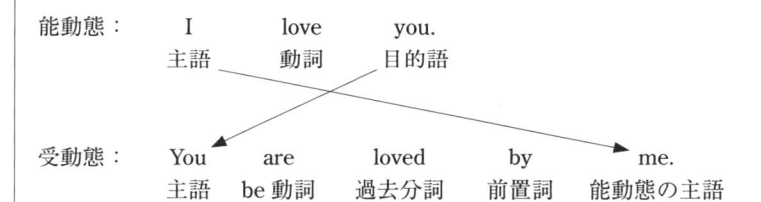

能動態:　　I　　　love　　　you.
　　　　　主語　　動詞　　　目的語

受動態:　　You　　are　　loved　　by　　me.
　　　　　主語　be動詞　過去分詞　前置詞　能動態の主語

このように,受動態文は「be 動詞 + 過去分詞 + by」で表され,動作主は by の後に置かれることに注意しよう。

それでは,次の能動態の文を受動態に書き換えてみよう。
1) He loves her.
2) I touch the dog.
3) Tom writes a letter.

このように始めていって,発展形として受動態の過去形,否定文,疑問形などが扱われたりもする。いずれの場合も,言語形式に焦点が当てられており,文の意味内容や,それが使われる状況や目的について触れられることは少ない。上の I love you. という文は,文型の説明のみに使われており,一体誰が誰を愛していて,なぜそれを受動態に変える必要があるのかといったことが疑問視されることはない。いつ能動態と受動態を使い分けるのかといったことも,ここでは形式の学習が優先されるため,問題視されない。しかし,ここでいくら言語形式の理解が深まったとしても,それだけでコミュニケーション能力は育っていかない。

そもそも能動態も受動態も伝える意味内容は大して変わらないのに,な

ぜこういった2つの文型が存在するのだろうか。両者の機能面の違いは何なのだろうか。そこで、少し考えていただきたい。次の文に続く文として、(a) と (b) のどちらの方が適切だと思われるだろうか（以下の例は、Larsen-Freeman, 2003に基づく）。

(1) Some of the Olympic athletes from the smaller countries, such as Korea and Romania, were truly remarkable. In fact, ...
  (a) the Romanians won three gold medals in gymnastics.
  (b) three gold medals in gymnastics were won by Romanians.

答えを確認する前に、次の例も考えていただきたい。(a) と (b) のどちらの方が、文の流れが自然になるだろうか。また、それはなぜだろうか。

(2) Many medals were awarded to athletes from smaller countries. In fact, ...
  (a) the Romanians won three gold medals in gymnastics.
  (b) three gold medals in gymnastics were won by Romanians.

　答えは、(1) では (a) の文が続く方がより自然な英語の流れとなり、(2) では (b) の方が自然な選択である。文脈によって、その選択が違ってくるのはなぜだろうか。その鍵は文の焦点にある。すなわち、(1) では前文からの流れで、焦点が Olympic athletes from the smaller countries に当てられているため、続く文も athletes from a smaller country に焦点が当たった（つまり文頭に置いた）方が読み手にとっても自然な流れとなり、文章理解の上で認知的負担が軽くなる。同様の理由が (2) にも当てはまる。そこでは、前文で Many medals に焦点が当てられているため、それに続く文は athletes よりも gold medals に焦点を当てた方が自然な文の流れとなり、認知的負荷も少なくなる。要するに、能動態も受動態も基本的な意味内容は同じだが、その使用方法には一定のルールが存在しており、どちらでも良いというわけにはいかないのである。
　Larsen-Freeman (2003) は、英語の受動態は文の焦点が「動作主」では

なく，動作の「受動者」または「過程」となる時に使われると説明している。具体的な使用状況としては，次のような例が挙げられている。

- 動作主が分からない場合（例えば，Spare toilet paper is stored here.）
- 動作主が隠される場合（例えば，The window was broken（by me!）.）
- 動作主が重要でない場合（例えば，The data were collected and analyzed.）
- 過程が主題となる場合（例えば，The bill was paid by the company.）
- 動作主が新しい情報の場合（例えば，上記（2）の例）
- 文に客観的な響きを持たせたい場合（例えば，It is reported that the plan is going to be implemented soon.）

英語のコーパスで，ネイティブ・スピーカーがどのように受動態を使っているかを調べてみると，動作主（by 以降のフレーズ）が省かれていることが圧倒的に多いことが分かる。これは Larsen-Freeman が言うように，受動態の焦点が動作主ではなく，受動者，あるいは動作の過程に当たっているからである。つまり，能動態と受動態の関係は，単に単語の位置を入れ替えるといった話ではなく，機能面でその性質を全く異にしているのである。

5.1.2. 存在の There 構文の例

別の例として，存在の There 構文について考えてみよう。伝統的教授法の典型的な教え方として，次ページ上のようなものが挙げられる。

これ以外にも，「There は仮主語なので，特に意味はなく，日本語には訳されない」や，「There is/are の後には世界に1つしかないといった特定のものは置けないので，"There is the earth" や "There is Japan" といった文章は作れない」といった補足説明が加えられることもある。いずれにしても，受動態の例と同様に，説明の焦点は言語形式にあり，There 構文が，いつどのような状況で使われるかについて触れられることは少ない。

There 構文を機能の面で理解するにあたって，Larsen-Freeman（2003）は次のような問いかけをしている。次の状況で，どちらの文がより自然で

> There 構文は，ある場所に何かが存在することを表す。基本的な文構造は，以下のようになる。
>
> | There | is | <u>a ball</u> | <u>on the desk</u>. |
> |---|---|---|---|
> | | | 存在する物（単数） | 場所 |
> | There | are | <u>balls</u> | <u>on the desk</u>. |
> | | | 存在する物（複数） | 場所 |
>
> 文の本当の主語は there ではなく，be 動詞の後の単語となるので，be 動詞はその後の単語と一致することに注意しよう。
>
> それでは，次の単語を使って There 構文を作ってみよう。
> 1) a girl / in the picture
> 2) two boys / in the park
> 3) cat / on the table

あるだろうか。また，もし他方の文を使った場合は，聞き手にはどのような印象を与えるだろうか。

> Situation: The guest in your house is on the phone with somebody, and she is looking for something to write a note with. So, you say:
> (a) There is a pen on the table.
> (b) A pen is on the table.

　答えは，(a) の方が自然な選択と考えられる。There 構文は，何かの存在を初めて相手に伝える時に使われる表現であり，ここでは聞き手に初めてテーブルの上の pen について知らせる状況となっているからである。それに対して，(b) の文では，初めて伝えるはずの pen が主語になっているため，不自然な文となってしまっている。冠詞を a から the に換えて The pen とすると，英文としてはより自然となるが，それは聞き手にとって失礼な響きとなってしまう可能性がある。なぜなら，文頭に The pen を使うということは，それが聞き手にとって新情報ではなく，既に分かっているはずの情報と捉えられるからである。日本語にすれば，「ペンは

テーブルの上にありますよ（見えないんですか？）」という響きとなってしまうのである。これに対して，There is a pen on the table は，「テーブルの上にペンがありますよ（使っていいですよ）」という感じになろう（当然，イントネーションによっても受け取られ方は変わり得る）。

　実は，受動態の場合も，There 構文の場合も，「given-new 原則」（given-new principle）と呼ばれる談話原則が働いている。英語の文では（日本語でもそうだが），既に話題となっている，または既に知っているという旧情報（given information）を文頭に置いて，新情報（new information）を文の後に置くという暗黙の決まりがある。There 構文の例では，A pen is on the table. という文は，a pen が新情報であるにも拘わらず，それが文頭に来ており，この原則を破ってしまっている。そのため，不自然な響きの文となっているのであり，「既に分かっているはず」といったニュアンスをかもし出して，失礼な響きとなってしまう。そこで，There という仮の主語を設けることによって，このような状況を避け，新情報を文の後に置くことができるようになっているのである。

　また，能動態と受動態の選択も，文脈の中で何が新情報で，何が旧情報であるかということと深く関係している。Athletes が話題となっていて，それが既に旧情報であれば，それを主語にした文が適切となり，gold medals が話題且つ旧情報であれば，それが主語となった文が作られることになる。このように，文法は無作為に選択されて使用されているのではなく，文脈や話者の思考過程といった要因に大きく影響を受けているのである。こういったことを考慮しないで，文法を単なる記号操作の学習として扱ってしまうことは，生きた言葉の使い方を無視することになってしまう。[31]

5.1.3. 3要素の教え方の注意

　上の例以外にも，筆者が聞いた話で，次のようなものがある。学生が著名な教授の講演を聞きに行って，講演後にサインをお願いしたことがあっ

---

[31] 英文法を形式，意味，機能の3要素から捉えて説明しようとする試みに，Celce-Marcia and Larsen-Freeman（1999）の *The grammar book: An ESL/EFL teacher's course* などがある。

た。その時，教授が書くものを探していたようなので，その生徒は咄嗟に Don't you have a pen? と言ったところ，何か気まずい雰囲気が漂ったというのである。ここでは，本当は Do you have a pen? と言えばよかったのだが，Don't you とわざわざ否定疑問文にしてしまったので，「(このような時にペン位)持っていないのですか」といったニュアンスが含まれてしまったらしいのである。この学生の発話は，日本語の丁寧表現である「持っていらっしゃいませんか」に影響を受けたためとも考えられるが，そこには教育的な理由もあるのではないかと思われる。つまり，否定疑問文を教わる際に，形式面の操作だけについて教わり，それが伝える意味や働きといったことについて学ぶ機会がなかったのではないだろうか。[32] 否定疑問文といった一見簡単そうな文でも，その機能面に注意しなければ，コミュニケーションが阻害されてしまいかねないことを表している事例である。

　以上示してきたように，形式・意味・機能の3要素の結びつきを学ぶことは，言語習得において欠かすことができないわけであるが，それでは，実際にこれを教室現場でどう教えていったらいいのか。教師主導の説明偏重の授業で手っ取り早く済ませることもできようが，それでは実践的なコミュニケーション能力を養っていくことはできない。頭で理屈を理解することと実践的な言語運用能力が同じではないことは，第2章でも見てきた通りである。また，これら3要素の1つ1つを順々に別個で学んだとしても，それで3要素の結びつきを実感することは難しい。コミュニケーション能力育成のためには，冷凍化された言葉を解剖して分析するというのではなく，いかに生きた言葉としてその使い方を学ばせていけるかが重要課題となる。これら3要素が意味あるコンテクストの中で生き生きと存在していることを考えると，自ずとその学習もできるだけそのような言語使用の中で行っていくことが大事であることが分かってくるだろう。更に，前にも述べた転移適切学習の原則に照らし合わせて考えてみても，インプッ

---

[32] 否定疑問文では，通常，presupposition（前提）と呼ばれる考えが含まれており，普通疑問文に見られるような中立性がなくなることが多い。例えば，Do you smoke? と Don't you smoke? を比べると，明らかに後者の方が，話し相手がタバコを吸うものだと最初から想定している意味合いが濃くなることが分かる。

ト，アウトプット，インタラクションが豊富にある学習環境の中で3要素の結びつきを学ぶことが，実践的な言語習得には欠かせない。そこで，次のセクションでは，このような考え方を教育実践で応用しようとする，フォーカス・オン・フォームについて詳しく見ていきたい。

5.2. フォーカス・オン・フォームの言語習得観と教育観

　フォーカス・オン・フォーム（Focus on Form—FonF）は，「言語形式の焦点化」とも呼ばれている。それは，形式重視の教授法（Focus on Forms）とも，意味重視の教授法（Focus on Meaning）とも区別され，単に両者を足して2で割ったようなアプローチでもない（Izumi, 2003c; Long, 1991; Long & Robinson, 1998; Doughty & Long, 2003; 和泉, 2007, 2009）。これまで試されてきた2つの教授法の利点と問題点を考慮した上で，両者のバランスを質的に達成しようとする試みが，FonFである。

　Long and Robinson（1998）は，FonFを次のように定義している。

> [D]uring an otherwise meaning-focused classroom lessons, focus on form often consists of an occasional shift of attention to linguistic code features – by the teacher and/or one or more students – triggered by perceived problems with comprehension or production.（p.23）

　つまり，意味に焦点を当てた授業の中で，生徒が遭遇する発話や内容理解の問題に対して，彼らの注意を言語形式に向けさせる試みのことをFonFと呼んでいる。それは言語形式をコミュニケーションと引き離した形で教えようとするのではなく，自然な言語使用の中で指導することを目指している。そうすることによって，言語形式，意味内容，言語機能の有機的な結びつき（form-meaning-function mapping）の習得を促そうとするのである。そのため，FonFは狭義には，コンテクストの中で学習者の注意を言語形式に向けさせることを指すが，広義には，それを可能にするための教え方全体，つまり意味中心でありつつも言語形式にも注意を払う言語教育のアプローチを意味するのである。更に，狭義の意味では，FonFは教師が用いるテクニックを指すこともあるが，より重要な意味は，学習

者が3要素の結びつきを自ら気付いていくことである。

　FonFは，最新のSLA研究の知見に基づいた言語教育アプローチである。第2章でも触れたように，これまでのSLA研究で得られた重要な知見の1つとして，言語習得は単なる断片知識の積み重ねや，機械的な反復練習で起こるのではないことが挙げられる。「教師が教えること」＝「生徒が学ぶこと」という単純な方程式が成り立たないのが，言語習得の現実である。学習者は，母語の知識や動機付け，学習意欲，コミュニケーションの必要性や心理言語的な学習制約要因など，様々な内的要因によって強い影響を受けている。それらに，インストラクションやインプットなどの環境的要因が複雑に絡み合って起きていくのが，高度に認知的な第二言語習得過程である。そこでは，言葉の正確さ，流暢さ，複雑さというのは，必ずしも直線的な発達を遂げるわけではなく，ジグザグな屈曲線やU字型の曲線を辿ったりする。また，その発達過程では，前進と後退を繰り返したり，言語項目によっては，普遍的な発達段階を辿ったりするのである（R. Ellis, 1994, 1997, 2008; Gass & Selinker, 2008; Lightbown & Spada, 2006; Long & Robinson, 1998; Ortega, 2009; 本書第2章参照）。FonFは，このような第二言語習得の複雑性を考慮した上で，効率的且つ効果的な言語教育を進めようとするものである。

　その目的を達成しようとする上で，その前提としてFonFが重要視するのが，意味ある理解可能なインプットであり，アウトプット，インタラクションである。言葉を学ぶためには，どんな状況下であれ，大量の目標言語のインプットが必要になってくる。更に，意味あるアウトプットをインタラクションの中で産出していくことによって，フィードバックやサポートを受けることも重要になる。しかし，大人の言語習得の場合，いくらインプット，アウトプット，インタラクションだけを充実させても，必ずしもそれだけで言語能力が伸びていかないことも事実である。これは「化石化／固定化現象」（fossilization / stabilization）と呼ばれている問題である（Ellis, 1994, 2008; Han & Selinker, 2005; Long, 2003; Schmidt, 1983など）。そこで，インストラクションは自然に起こる普遍的な習得段階などを大幅に変えることはできないかもしれないが，上手く使っていくことによって，学習速度を速めたり，インストラクションなしでは得難い言語項目の習得を

可能にし，高度な言語能力の育成に貢献できると考えられる（R. Ellis, 1994, 1997, 2008; Lightbown & Spada, 2006; Norris & Ortega, 2000）。

　特に，最近のSLA研究では，意味ある言語使用の中で起こる学習者の「気付き」（noticing—Schmidt, 1990, 1995, 2001; Schmidt & Frota, 1986）に注目している。ここで言う気付きとは，教師が授業中に何を説明したとか，強調したかということではなく，学習者自身の中で起こる心的変化のことを指している。教えたから「分かりましたね」ではなく，生徒自らが「そうか，こういう時にはこんな言い方をするんだな」と気付くことが重要と考えられる。ここで学習者が気付かなければならないのは，単なる言語形式ではなく，それが何を意味していて，どういう場面で使われているかということであり，そのような気付きを積極的に支援する手段としてFonFがある。その意味で，FonFは，学習者が本来持つ能力を最大限に活かしつつ，気付きという働きを通してその学習を支援し，効果的な言語習得に導いていこうとするものである。

　ここで，FonFの特徴を，伝統的教授法とコミュニカティブ教授法と対比して述べておきたい。伝統的教授法が「教育」を強調し，コミュニカティブ教授法が「自然力」を重視しているのに対して，FonFは「自然力を養育するアプローチ」（nurture-the-nature approach—Gurian, 2007）として捉えることができる。それは，「とにかくよく聴いて，よく読む」ことに全てを託すコミュニカティブ教授法とは異なり，大人の第二言語習得では何らかの外的支援が必要であることを認めている。しかし，いくら教師の助けがあっても，言語の正確さはある程度の時間をかけないと達成できないので，伝統的教授法のように「最初からきちんと押さえていく」のではなく，「最終的に身に付けていく」（Get it right in the end）との姿勢で捉えている（Lightbown & Spada, 2006）。

　FonFで使われるシラバスのタイプは，意味内容のある言語使用のコンテクストを大切にするため，意味重視の教授法と同様に，トピック／テーマ・シラバスやタスク・シラバスを基調とする。また，その言語習得観は，意味重視の教授法と同様，分析的教授法の立場をとる。それは，言語形式を分解して学習者に順番に提示しようとする統合的教授法とは違い，学習者自らが言語使用の中で必要となるものを取捨選択して学ぶことを基

本とするからである。更に，学習者のコミュニケーション・ニーズや心理言語的レディネスといった内的シラバスを重んずることから，FonF は学習者主導の教授法と言えよう。図7に，これらの特徴をまとめて提示しておこう。

形式重視のアプローチ	フォーカス・オン・フォーム	意味重視のアプローチ
• 統合的教授法	• 分析的教授法	• 分析的教授法
• 最初から正確にきちんと押さえていくやり方	• 最終的に身に付けていくやり方	• とにかくよく聴いて，よく読むやり方 • 一石二鳥のやり方
• 文法訳読式教授法 • オーディオリンガル・メソッド	• 内容中心アプローチ＋適時の教育的介入 • タスク中心教授法＋適時の教育的介入	• 内容中心教授法 • タスク中心教授法
• 文法シラバス • 概念／機能シラバス	• トピック／テーマ・シラバス • タスク・シラバス	• トピック／テーマ・シラバス • タスク・シラバス
• 教師主導 • 外的シラバス重視 • 養育重視	• 学習者主導 • 内的シラバス重視 • 自然力の養育を重視	• 学習者主導 • 内的シラバス重視 • 自然力重視

図7：第二言語教育への3つのアプローチ（Izumi, 2003c に基づく）

5.3. フォーカス・オン・フォームの課題

　世界の第二言語教育の現状を概観してみると，程度の差や具体的な方法論の違いこそあれ，ほとんどの場所で何らかの形で FonF を目指そうとしていることが分かる。日本の場合は，文法シラバスや統合的教授法の路線はとりあえず大きくは崩さずも，それに状況／トピック・シラバスや，コミュニカティブ教授法の考え方を少しずつでも取り入れようとしてきている。それに対して，北米などの ESL やフランス語イマージョンなどでは，内容中心教育やタスク中心教育といった意味重視の言語教育を実施す

る中で、いかに形式の指導を取り入れるべきかを模索している。つまり、図8に描かれるように、日本は左から、北米は右の方向からFonFを目指していると考えられる。このように、両者ともFonFを指向していることに変わりはないが、両者は全く逆の始点からそこに向かっているため、その抱える問題には相違点も少なくない。以下では、これらの課題の代表的なものを取り上げ、1つ1つ考えていきたい。

```
形式重視の          フォーカス・オン・        意味重視の
アプローチ            フォーム              アプローチ
◀─────────────────────────────────────▶
         ──────▶              ◀──────
〈日本のアプローチ〉            〈カナダ・アメリカ的アプローチ〉
基本は文法シラバスのままで、    意味重視のシラバスの中で、形
それに意味重視の活動を増やし    式重視の活動を増やしていく
ていく
```

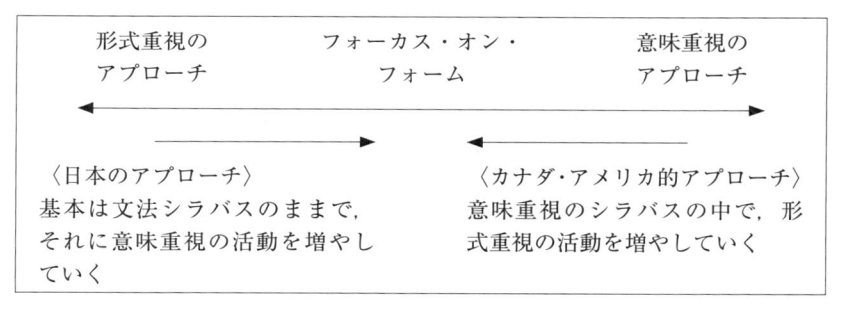

図8：世界の第二言語教育の現状

5.3.1. どの言語形式をターゲットとするか？

　母語習得の場合、何ら教育的補助がなくとも、インプットさえ十分に与えていれば自然に言語が獲得されてゆく。第二言語習得においては、それと全く同じことは言えないが、インプットが十分に与えられていれば、かなりの言語形式（例えば、基本的な語順や、多くの内容語彙など）は、何ら特別な指導がなくとも獲得され得ることが分かっている。そのため、全ての言語形式について教師が1つ1つ丁寧に教えていく必要はない。そこで、限られた授業時間を使って、どの言語形式にFonFの焦点を当てていくべきかを考えていく必要がある。

　この点で、意味重視のアプローチを既に何年も導入してきているところ（カナダのイマージョン教育など）では、目標形式選定の上で参考になるデータが豊富に蓄積されてきており、その選定作業は比較的容易である。しかし、日本のように、意味重視のアプローチがまだ本格的に取り入れられていないところでは、参考となるデータが圧倒的に不足している。その

ため、まず学習者が実際のコミュニケーションで何をどこまで使えるのかといった、日本人学習者の英語使用実態をしっかりと把握する必要がある。そこで、インプット、アウトプット、インタラクションの中で自然と無理なく学べていく言語形式と、そうでない形式を見極めていかなければならない。当然、そのようなデータは、エクササイズのような形式中心の授業活動やテストでは得られないので、まず本格的に意味重視のアプローチを取り入れていく中で、学習者の学びの実態を把握していく必要がある。

　このような努力は、大規模なデータ収集や厳密な分析を待たなくとも、教師自らが教える授業の中で始めていくことができる。例えば、内容中心授業を行う中で、どこまで学習者がインプットを理解していくことができるのか、そして何が理解の妨げとなるのかを、実験的にでも探ってみるといいだろう。また、学習者が自由度の高いタスク活動に取り組む中で、どのようなアウトプットを産出していくのか、何が表現できて、何が言えないのか、そして何が障害となっているのかを、授業運営の中で見極めていくことが大切となるであろう。その際、教師はタスク前に文法説明やエクササイズなどを行うことは最小限に止め、生徒の言語使用状況をタスクの中で見ていく姿勢が求められる。形式の指導から始めなければいけないといった固定観念を捨てて、自由なコミュニケーション主体の授業を創造的に行なっていく中で、形式指導の必要性を考えていくことが肝心である。そこで、特に大勢の生徒にとって問題となる言語形式が分かれば、それをFonFの対象としていけよう。

　また、先にも述べたが、いくら説明や練習などの教育的補助を与えたとしても、外的な力によって変えることができない普遍的発達段階なども存在するので、それも考慮に入れてFonFの指導を考えていかなければならない。教えたからといって、すぐにできるようにならないのが言語習得の実際である。そのため、どのようなアプローチを取るにしても、教師は忍耐力を持って、ゆったりとした態度で授業に臨むことが必要となる。普遍的発達段階といった言語習得の事実は、教えられたことを暗記して、それをそのままテストされるといった教育法では明らかになってこない。そのためやはり、より実践に即した意味重視の言語教育の中で、生徒の言語習

得についての教師の感性を研ぎ澄ましていくことが大事になってこよう。

5.3.2. フォーカス・オン・フォームを行うためには，教師はどのような準備が必要か？

　2つ目の課題は，教室でFonFを可能にするためには，教師はどのような準備が必要かということである。そのやり方として，大きく2つのアプローチが提唱されている。1つは「先取り型のFonF」(proactive FonF)，もう1つは「反応型のFonF」(reactive FonF) である (Doughty & Williams, 1998)。先取り型のFonFは，特定の言語形式が必然的に使われるようなコミュニケーション活動を前もって用意することによって，そこでFonFを行うことになる。例えば，過去形を教える際は，過去形が自然と使われるようなタスクを準備しておき，そのコンテクストの中で，学習者が犯す過去形の間違いに対してフィードバックを与えていくことができる。

　先取り型FonFのタスクを作る際は，3種類のタスク形態が考えられる (Loschky and Bley-Vroman, 1993)。1つは，ある特定の言語項目がタスク遂行に必須となる場合 (task-essentialness)，2つ目は，それが必須とならずとも役立つ場合 (task-usefulness)，そして3つ目は，その使用が自然となる場合 (task-naturalness) である。もちろんこの中で，目標項目がタスク遂行に必須となることが一番理想とされるが，そのようなタスクを作ることは容易ではない。過去形といった比較的簡単な形式でも，yesterdayなどの過去を表す副詞やコンテクストに頼ってしまえば，必ずしも-edのような形態素はタスク達成に必須ではなくなってしまうからである。そのため，それが必須でなくとも，有用か自然になるようなタスクを作成していくことがより現実的となるだろう。ここで大事なのは，特定の言語項目が必須，有用，自然となるのは，タスクの構成からそうなるべきであり，「この文型を使いなさい」といった教師の指示によってなされるものではない。タスク・デザインは教師が操作するが，言語使用はあくまでも学習者の主体性を尊重することが大事となる。[33]

　先取り型のFonFに対して，反応型のFonFでは，前もってターゲットとする言語項目を特に設けずに，コミュニケーションの中で生じる問題に

応じて何に焦点を当てるかを柔軟に決めていく。つまり，内容中心やタスク中心授業の中で，生徒がインプット理解やアウトプット産出で困難を示す言語形式に対して，その場その場で対応していくことになる。そのため，教師は生徒が何の言語形式につまずき，どのような間違いを犯すかに，常に注意を注いでいなくてはならない。これは，教師に柔軟性ある優れた対応力と技量を強く求めることとなる。これに対して，先取り型のFonFは，目標となる言語項目があらかじめ分かっているため，その分，授業中の教師の負担は軽減されるが，タスク作りに慎重を期さなければならないので，準備段階での負担が大きくなる。

　先取り型，反応型，どちらのFonFを選ぶかは，時間的制約や教師の技量はもちろんのこと，クラスの目的も考慮して考えていかなければならない。例えば，内容理解やコミュニケーションに重きを置く授業であるならば，先取り型よりも反応型FonFの方がより適切となるだろう。逆に，生徒の言語面での問題点がすでに分かっている場合や，教えるべき言語項目があらかじめ決められている場合には，先取り型FonFが自然な選択となろう。更に，カリキュラム全体を考えると，最初は先取り型FonFで始めて，後で反応型FonFを取り入れていくといったことも考えられる。逆に，最初は反応型FonFで様子を見て，クラス全体の課題を確認した上で，先取り型FonFを導入していくことも可能である。これまでの研究では，先取り型，反応型のどちらがより効果的かといったことは実証されていない。おそらく教育現場の状況によって，異なった結果が予想されるだろう。したがって，それぞれの教育現場の実状に合わせて，その組み合わせを考えていき，効果を見極めていかなければならないだろう。[34]

---

[33]　Ellis（1997）が述べるように，特定の言語項目をタスクで必須とすることは，産出タスクでは難しいが，インプット理解を目的としたタスクでは比較的やり易い。次のセクションで紹介するインプット処理指導は，まさにそれを可能にしようとしたタスクである。本章末に示す例では，関係代名詞の正確な理解なしでは，選択肢から正しい絵を選べないようなタスクとなっている。

[34]　これまでのSLAのFonF研究では，先取り型FonFの研究が多いため，本書第6章では，このタイプのFonFの研究事例を中心に紹介する。反応型FonFの研究例としては，Ellis et al. （2001）などがある。

5.3.3. どのようなテクニックを使って，学習者の注意を言語形式に向けるか？

先取り型，反応型，どちらのタイプを使うにしても，教師は多種多様なテクニックを駆使して，コンテクストの中で生徒の注意を言語形式に向けさせていかなければならない。SLA研究では，様々なFonFのテクニックを，「明示的な注意の引き方」（explicit attention-directing techniques）と「暗示的な注意の引き方」（implicit attention-attracting techniques）の2つに大きく分類している（Doughty & Williams, 1998; Williams, 2005; 村野井, 2006）。以下に挙げるテクニックは，これまでの研究で何らかの効果が確認されてきているものである。それぞれの手法の具体例は，本文で紹介するもの以外は，章末に参考資料として掲載するので，参考にしていただきたい。

明示的な注意の引き方

明示的な注意の引き方に分類されるものとして，「意識高揚タスク」（consciousness-raising task），簡潔な文法説明の挿入，「ディクトグロス」（dictogloss），「インプット処理指導」（processing instruction）などがある。意識高揚タスクは，特定の文法項目が数多く出現する文章を学習者に与え，その規則やパターンを探し出させるタスクである。そういった帰納的な学習経過を経ることによって，学習者の言語形式に対する意識を高めることを狙いとしている（章末資料参照；Ellis, 1997; Fotos & Ellis, 1991; Fotos, 1993）。簡潔な文法説明は，学習者が与えられたインプットを理解しようとする時や，タスクを達成しようとする時に行うことができる。ただ，活動が意味の伝達といったコミュニケーション本来の目的から逸れてしまわないように，説明は簡潔でなければならず，しかもコンテクストに沿ったものである必要がある（第6章6.1.2., 6.2.1. 参照；Samuda, 2001; Williams & Evans, 1998; 中嶋, 2002a）。

ディクトグロスは，文章を学習者に読み聞かせ，メモを取ってもらい，その後でパートナーとメモを持ち寄って，聞いた文章を再生する活動である（章末資料参照；Kowal & Swain, 1997; Swain, 1998, 2001; Swain & Lapkin, 1995, 1998, 2001; Wajnryb, 1990）。ディクトグロスの応用として，リーディ

ング教材で行う「テキスト再生タスク」(text reconstruction task – Izumi, 2000, 2002) や，英語で読み聞きした内容をガイドラインに沿ってまとめる，「誘導要約法」(guided summarizing – 村野井, 2006) などもある。インプット処理指導は，特定の文法項目をしっかりと聞いていないと正しく理解できないようなリスニング・タスクを使って，学習者のインプット処理能力を鍛えることを狙いとしている（章末資料参照；VanPatten, 1996, 2004; VanPatten & Cadierno, 1993)。前述したタスク必須の概念を，聞き取りタスクとして取り入れた指導法である。

暗示的な注意の引き方

暗示的な注意の引き方には，「インプット洪水」(input flood)，「インプット強化」(input enhancement)，「リキャスト」(recast)，「アウトプット強化」(output enhancement) や，「インタラクション強化」(interaction enhancement) などがある。インプット洪水は，特定の言語形式を頻繁にインプットの中で使うことによって，学習者の気付きを誘発しようとするものである（章末資料参照；Doughty, 1991; Trahey & White, 1993; J. White, 1998; Williams & Evans, 1998)。インプット強化は，リーディングで使う場合は，太字，下線，矢印といった視覚的目印を使って，学習者の注意を特定の言語項目に引こうとするものである（章末資料参照；Alanen, 1995; Doughty, 1991; Izumi, 2002)。口頭で行う際は，注意を引きたい言語項目を強調して発音したり，イントネーションやポーズの取り方を工夫して学習者の注意を惹き付けようとする。

リキャストは，学習者の間違いを教師が正しく言い直してあげる方法である。正しい言い方と間違った言い方の違いに気付きやすくさせるために，教師が生徒の間違った言い方をまず上昇調のイントネーションで繰り返してから，正しい言い方を示すといったやり方もある（第6章6.1.1. 参照；Doughty & Varela, 1998; Long et al., 1998; Mackey & Philp, 1998)。アウトプット強化は，学習者の間違いを教師が言い直すのではなく，明確化要求（例えば，What did you just say?）などを投げかけて，生徒自らが自己訂正することを要求する（章末資料参照；Lyster, 2004, 2007; Nobuyoshi & Ellis, 1993)。インタラクション強化は，インタラクションの中で意味交渉を意

識的に行って，学習者の注意を形式面に向けさせようとする手法であり，アウトプット強化とリキャストが組み合わさったものである（第6章 6.2.2. 参照；Muranoi, 2000; 村野井, 2006）。これらのうち，リキャスト，アウトプット強化，インタラクション強化などは，学習者の間違いに対して教師がフィードバックを返す方法なので，「フィードバック手法」（feedback options）とも呼ばれている（R. Ellis, 1997）。

明示的手法と暗示的手法の選択と組み合わせ

　これらの中で，先取り型，反応型 FonF のどちらとしても使えるテクニックもあれば，どちらか一方に適しているものもある。例えばリキャストは，課題となる言語形式が決まっていようがいまいが使えるテクニックなので，先取り型，反応型 FonF のどちらにも適している。一方，意識高揚タスクやインプット強化は，事前に目標言語項目を決めることが前提となるため，先取り型 FonF 向きである。文法説明の挿入やインタラクション強化などは，先取り型，反応型の双方で使用できるが，実際上，先取り型としての方が取り入れやすいだろう。

　これらのテクニックを駆使して FonF の授業を行っていくわけだが，その授業の目指すところは，言語の3要素（形式，内容，機能）の密接な結びつきを生徒に感じ取ってもらうことにある。一般的に，明示的手法を使うと，学習者の注意を言語形式に向けることは容易になるが，意味内容や言語機能を置き去りにしてしまう危険性がある。他方，暗示的手法は，コミュニケーションを妨げずに形式への注意を促そうとするので，3要素の結びつきは大切にされるが，ともすると学習者の注意を十分に形式の方に引けない場合が出てくる。このように，双方の手法とも一長一短があり，一概に明示的，暗示的のどちらがいいかということは言えない。それは対象となる言語形式（例えば，さりげなく強調しただけで気付いてもらえる形式 vs. 複雑な構造なので何らかの説明を要する形式）や，学習者のレベル（例えば，初級者 vs. 上級者），タイプ（例えば，自主的にどんどん気付いていける生徒 vs. はっきりと注意を引かないと気付かない生徒）といったことを考慮に入れて，柔軟に使い分けていく必要があるだろう。

　実際上，明示的手法と暗示的手法は，はっきりと2つに分けられるもの

ではないことも理解しておきたい。両者の違いは，白黒の差というよりも，より明示的またはより暗示的といった程度の差と捉える方が無難である。一例として，学習者の間違いに対して，教師が What did you say? と返した場合は，比較的暗示的なアウトプット強化と言えようが，それに Pay attention to the past tense. と付け加えると，かなり明示的なやり方に変わる。このように，必要に応じて暗示的から明示的，もしくは明示的から暗示的へと注意の引き方を調整していくことも，スムーズな授業運びには欠かせない。

　ここまで述べてきたものは，全て教師が主導する FonF の例である。このような FonF を「他者主導の FonF」(other-initiated FonF) と呼ぶが，この他にも，「自己主導の FonF」(self-generated FonF – Williams, 2005) というのもある。これは，学習者が言語理解や産出につまずいた時に，自らの意思で一時的に注意を言語形式にシフトさせる時に起こるものである。例えば，英語を読んでいる時に，繰り返して出てくる表現の意味や発音，使い方などを自分で調べたり，英作文を書いている時に，文法の使い方を参考書で確かめたり，教師に尋ねたりといったような時に起こる。このような自己主導の FonF は，意味中心の言語活動を行っている時に，必要に応じて自発的に行なわれるものであり，その意味で，エクササイズ活動などで形式の操作に終始しているものとは区別される。自己主導の FonF は，自律した学習者を育てていく上で非常に重要となってくる。そのため，教師は他者主導の FonF だけでなく，自己主導の FonF も推進していくべきであろう。タスク前の準備活動や，発表前のリハーサル，学習の振り返りの時間など，様々な機会を利用して，自己主導の FonF を奨励していきたい。

5.3.4. どのようなタイミング／授業構成で学習者の注意を言語形式に向けるか？

　教師は多種多様なテクニックを使って，先取り型，あるいは反応型の FonF を生徒に提供するわけだが，どのようなタイミングで生徒の意識を特定の言語形式に向けさせればよいのだろうか。ここで，FonF の授業構成として，2つの方法を紹介しよう。1つは，最初に言語形式の説明を与

え，その後でコミュニケーション活動を導入して，そこで形式に関するフィードバックを与えていく方法である。これは「連続的 FonF」(sequential FonF) と呼ばれている。それに対して，2つ目は，最初からコミュニケーション活動を開始して，その中で言語形式に注意を向けるやり方である。これは形式の導入とコミュニケーション活動を同時に行うため，「統合的 FonF」(integrated FonF) と呼ばれている (Doughty, 2001; Doughty & Williams, 1998; Spada & Lightbown, 2008)。

　連続的 FonF の利点として，事前に言語形式の指導を行なうため，後のコミュニケーション活動で学習者の注意を形式に向けさせやすくなるということがある。必要な説明は最初に与えられているので，コミュニケーション活動中の教師の介入は最小限で済む。例えば，教師のちょっとしたジェスチャーでも生徒に間違い訂正を促す有効なフィードバックとなり得よう (Lightbown, 1998)。しかし，この方法は一歩間違えると，PPP のようにコミュニケーション活動が真の対話ではなくなり，形式を学ぶためだけのエクササイズのようになりかねない。そのため，文法説明を与える際は，できるだけ文脈の中で簡潔に行ない，コミュニケーション活動は，意味中心で目標言語項目が自然と使われるタスクを考えなければならない。

　一方，統合的 FonF では，最初からコミュニケーションの中で言語形式に焦点が置かれるわけだが，それゆえに，コミュニケーションが FonF によって中断されてしまったり，またその中断の回数が多過ぎたり，時間が長過ぎたりすると，内容理解やタスク達成に混乱を来してしまうこともある。更に，複数の形式をターゲットにしてしまうと，それぞれの形式の習得が中途半端となってしまいかねないので，注意が必要である。

文法説明の効果はタイミングによって変わる

　教えるタイミングは，学習者の発達段階によっても大きく左右される。特に，目標言語項目が学習者にとって既知のものか否かは，FonF のテクニックを選択する上で重要な点となる。SLA 研究では，Williams and Evans (1998) が，同じ FonF のテクニックでも，学習者の発達段階によって違った効果を及ぼすという研究結果を出している。この研究では，中級レベルの ESL 学習者が分詞形容詞（例：The game was exciting. / I am excited.) と受動態を習得する際，インプット洪水と文法説明のどちらが効果的であるかを調べた。結果は，分詞形容詞の場合は文法説明がより効果的であり，受動態ではインプット洪水の方が効果的であった。分詞形容詞は，学習者が間違えながらも既に使い始めていた形式であったため，形式に気付かせるだけのインプット洪水では不十分であり，より詳細な文法説明が効果的となった。一方，受動態の場合は，その形式が学習者にとって未知であったため，気付きを促すインプット洪水が有効に働いたようである。しかし，この時点で学習者は細かい文法説明を受け入れるまでの余裕はなかったため，文法説明の効果は現れなかった。

　こういった結果から分かるのは，文法説明はいつも最初に与えるのがいいとは限らず，むしろ学習者がある程度形式に慣れてきてから与える方が，効果的となることがあるということである。それに対してインプット洪水は，学習者にとって未知の形式を教える際に有効な手段となる。要するに，どのテクニックをどのタイミングで使っていくかは，学習者の言語発達段階によって変わってくると言えよう。

　前述した連続的FonFでは，まず文法説明をしてからコミュニケーションへ移行するということであったが，Williams and Evans の研究結果に照らし合わせて考えてみると，教えたい言語形式が学習者にとって未知であるならば，まずは学習者がコミュニケーションの中でその形式に気付くことを促すことが先決となる場合もあろう。そして，学習者がその形式に気付き，それを未完成な形ででも使い始めたら，文法説明を使って今度は「違いの気付き」（noticing of the gap – Schmidt & Frota, 1986）に導いていってあげることが考えられる。ここで言う「違い」とは，学習者がこれまで内在化してきた言語知識と，インプットに見られる目標形式の違い（the gap between the interlanguage use and the target-like use）を意味する。その違いに気付くということは，単なる形式の気付きよりも高次元での認知活動である。そのため，自然な順序は，気付きから違いの気付きへと進むと考えられる。[35]

---

[35] このような考え方は，第4章のタスク中心教授法で見たように，細かい文法構造や規則に着目した分析活動は，タスク前ではなく，学習者が意味と機能をタスクの実践の中で理解した後，つまり，タスク後に行う方がよいという考え方とも一致している。

上で述べてきたことをまとめると，FonF の授業構成には，少なくとも連続的 FonF と統合的 FonF の 2 種類が考えられる。その内，連続的 FonF には，文法説明からコミュニケーション活動へという流れと，逆にコミュニケーション活動から文法説明へという流れの 2 通りの方法が考えられる。どの形態を選択するかは，目標言語項目の複雑性と共に，学習者がそれをどこまで習得しているかといったことを考慮して判断していく必要があるだろう。これまでの説明から明らかなように，FonF の英語授業と言っても，それは目標項目の設定から，活動のコンテクスト作り，FonF のテクニックの選択，そして，その導入のタイミングに至るまで，様々な事柄を考え合わせて選択していかなければならない。したがって，FonF を行うには，何通りもの授業スタイルが存在することを知っておきたい（FonF のタイミングの問題については，第 6 章 6.2.1. で，具体例を交えて更に検討していくこととする）。

5.3.5. 日本の英語教育におけるシラバスをどうするか？

ここまでは，国やコンテクストに拘わらず，FonF を導入するにあたって考慮しなければならない点について述べてきた。次の 2 点は，特に形式重視の指導法から FonF に移行しようとする日本の英語教育に当てはまる課題である。

近年の日本の英語教育は，コミュニカティブな要素を取り入れてきてはいるが，まだまだ文法シラバスの要素が強く残っている。しかし，第 2 章でも見たように，文法シラバスは言語習得の実際と矛盾する面が数多くあり，コミュニケーション能力を育成する上での限界は，SLA 研究の結果を待たずとも，多くの学習者と教師の経験からあまりにも明らかである。Long and Robinson（1998, p.17）が言うように，言語習得は文法シラバスが想定しているように，「教えたことが，教えた時に，教えたように学習されていく」といった単純なものではないのである（"None of this [SLA research findings on interlanguage development] sits well with simplistic notions of "what you teach, when you teach it, is what they learn."）。

それでは，文法シラバスの問題を解決するためには，どうしたらよいのか。1 つの方法は，それとは全く違ったシラバス，例えばトピック／テー

マ・シラバスやタスク・シラバスを採用するということが考えられる。カナダのフランス語イマージョンや，アメリカのシェルター教育，ベルギーのタスク中心教育などが，その良い例である。しかし，こういった教育改革を日本でも実現しようとすると，その道のりは平坦ではなく，一足飛びにというわけにはいかないだろう。そこで，日本の英語教育の目的をしっかりと見据えた上で，できるところから漸進的な教育改革を行っていくしかない。

言語意識を高めるための文法シラバスの使い方

　日本の英語教育の当面の課題として，文法シラバスを廃止せずとも，その考え方を見直して，使い方を変えていく必要がある。文法シラバスは，文法理解と形式操作の練習が，そのまま運用可能な言語知識となることを想定している。そのため，文法の正しい理解とその定着（暗記）が，授業の主眼となりがちであった。このような考え方から，文法シラバスを生徒の言葉に対する意識（language awareness）を高める目的で使用するよう，発想の転換をしていくべきである。高められた言語意識は，生徒がコミュニケーションの中で言語分析をするのに役立ち，言語形式がどのように使われ，自らもそれをどのように使っていけばいいのかといった，自主的な気付きを促していけるであろう。つまり，文法シラバスの目的を文法説明，即正確な言語理解と言語使用と捉えるのではなく，意味内容の理解，もしくはタスク達成のための１つの補助として捉え直すということである。

　このように文法シラバスの捉え方と強調点を改めると，授業を教師主導から，より生徒主体へと変えていくことが可能となってくる。教え込む文法指導から，ハッとした気付きを促す文法指導へと変えていくのである。そうすると，当然，文法解説や形式練習に費やす授業の時間配分も，それらを取り入れるタイミングも，これまで以上にもっと柔軟性のあるものになっていかなければならない。従来は，生徒が文法説明を理解できなければ，何度も同じ説明を繰り返したり，文法事項の定着が悪ければ，もっと練習問題をやらせるといった対応が多かった。しかし，新しい発想の基では，詳しい文法構造の理解やその定着にそれほどこだわる必要はなく，よ

第5章　第3のアプローチ：フォーカス・オン・フォーム　161

り大事なのは，どのような言語形式が，何の意味を伝えるために，どこで使われているかといったことへの気付きを促進することになってくる。そのような気付きを触発するためには，多くの意味ある言語使用の機会（インプット，アウトプット，インタラクション）が欠かせないので，これまで訳読や練習問題といった活動に費やしてきた時間の多くを，内容のあるコミュニケーション活動に使っていくようにしなければならない。このような文法シラバスの捉え方の方向転換は，新指導要領に表される「文法については，コミュニケーションを支えるものであることを踏まえ，言語活動と効果的に関連づけて指導すること」（文部科学省，2008a）という文科省の考え方と一致するものでもある。

　このような考え方を，第3章で触れた明示的知識と暗示的知識の考え方に当てはめて言うならば，「強いインターフェースの立場」から「弱いインターフェースの立場」への転換を意味していると言えよう。それは，これまでのSLA研究で示された，第二言語習得の現実により沿ったものになると考えられる（R. Ellis, 1993, 1997, 2003, 2008）。第二言語習得の過程を大まかに捉えると，図9に示されるような流れとなる。言語習得には，まずインプットが必要であり，そこから学習者が必要な言語材料を取捨選択して取り込み，インテイク（intake）していく。それを更に，他の既習知識と統合・整理させ強固に脳内に内在化させることによって，学習者の中間言語システム（interlanguage system）が構築されていく。それを使って，アウトプットをしていくのである。

　図9では，インプットからアウトプットになるに従って，しだいに描かれているボックスが小さくなっている。これは通常，インプットを全てインテイクすることは不可能なので，インテイクはインプットよりも少なくなり，同様に，中間言語に内在化されるものは，それよりも少なくなることを表している。また，知っていることを全てアウトプットするということは普通あり得ないので，アウトプットの量は，持っている中間言語の知識量よりも少なくなる。教育現場で時々見られる間違いは，インプットとアウトプットの量を同様に扱って，分かったことは言えなければならないと想定してしまっていることである。そうすると，大抵の場合，インプット量がアウトプットに合わせて極端に制限されてしまうこととなる。しか

し，実際はインプットの量が少なければ，アウトプットの量はそれよりもはるかに少なくなるのが普通である。

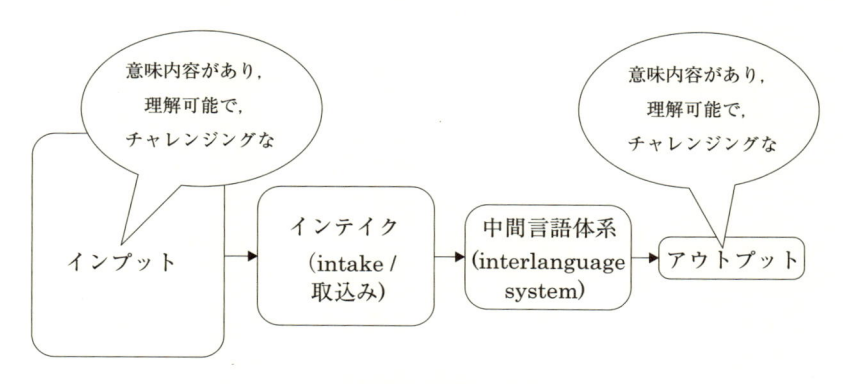

図9：第二言語習得の過程

　弱いインターフェースの立場では，文法指導は直接的に言語習得を引き起こすのではなく，間接的に助けていくと捉えられている。そこでの文法指導の役割は，明示的知識の構築を助け，学習者の言語意識を高めることにある。それがインプット，アウトプット，インタラクションといった機会を通して，気付き，違いの気付き，モニターリング（自らの発話の事前・事後チェック）などの認知プロセスを補助的にサポートするのである。そして，そういった認知プロセスが，第二言語習得につながっていくと考えられる。このような考え方は，図10のように表せられる。
　参考に，これまでの文法シラバスに則った英語教育を図9に示される第二言語習得過程に当てはめてみると，図11のようになるだろう。そこでは，文法理解が最優先されるため，インプットよりも説明の方が多くなり，少ないインプットの扱いは，内容もコンテクストも乏しいものとなる。文法を例示するためだけの英文を日本語で解説し，機械的な練習問題を与え，目標言語項目を使わせることだけを目的とした疑似アウトプット活動が行われたりする。つまり，第二言語習得で重要とされるインプット，インテイク，気付き，アウトプットなどの過程が，実質的に全て無視されてしまうこととなる。これでは，いくら「定着」のスローガンの下に

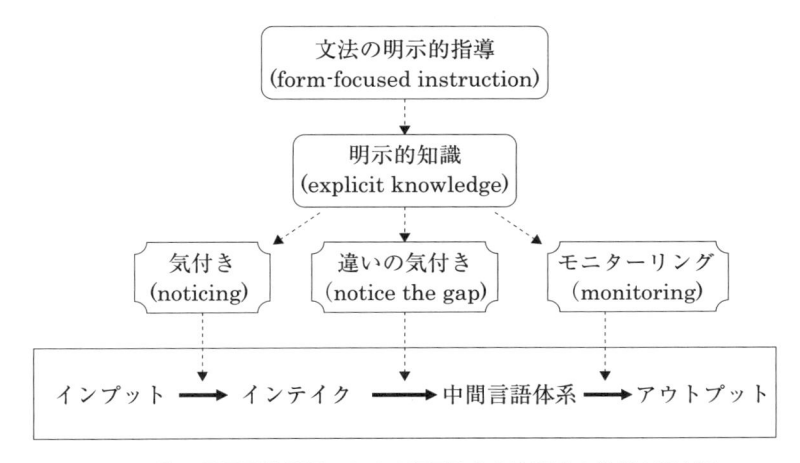

第5章　第3のアプローチ：フォーカス・オン・フォーム　163

```
        ┌──────────────────────┐
        │   文法の明示的指導    │
        │(form-focused instruction)│
        └──────────┬───────────┘
                   ┆
        ┌──────────▼───────────┐
        │     明示的知識       │
        │ (explicit knowledge) │
        └──┬────────┬────────┬─┘
           ┆        ┆        ┆
    ┌──────▼──┐ ┌───▼────┐ ┌─▼────────┐
    │ 気付き  │ │違いの気付き│ │モニタリング│
    │(noticing)│ │(notice the gap)│ │(monitoring)│
    └────┬────┘ └───┬────┘ └────┬─────┘
         ┆          ┆           ┆
  ┌──────▼──────────▼───────────▼──────┐
  │インプット→インテイク→中間言語体系→アウトプット│
  └────────────────────────────────────┘
```

図10：第二言語習得過程における明示的な文法学習の役割の概念図
(R. Ellis, 1993, 1997, 2003, 2008に基づく)

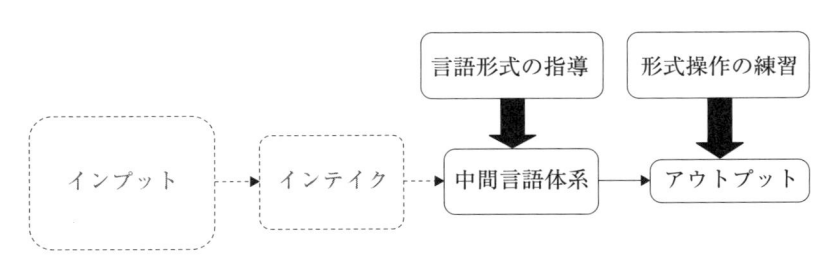

```
                    ┌──────────┐  ┌──────────┐
                    │言語形式の指導│  │形式操作の練習│
                    └─────┬────┘  └─────┬────┘
                          ▼              ▼
  ┌─────┐   ┌──────┐   ┌──────────┐   ┌──────────┐
  │インプット│┄→│インテイク│┄→│中間言語体系│→│アウトプット│
  └─────┘   └──────┘   └──────────┘   └──────────┘
```

図11：インプット，インテイクを無視した教え込みの指導

形式指導に多大な時間を割いたとしても，使える英語力が一向に身に付かないのは無理からぬことである。

　FonFを取り入れた英語教育を可能にしていくためには，言語習得の概念と文法指導の役割を，図11のようなものから図10へと転換していくことが必要である。そこから，従来の文法中心の英語教育を打破し，新たな英語教育への突破口を切り開いていくことができるだろう。

5.3.6. 日本の英語授業をいかに意味内容豊かなものにするか？

　日本の英語教育の中でFonFを導入していく際，シラバスと同様に避け

て通れない課題が，いかに意味内容が豊かな英語教育を実現していけるかということである。図9にも示されるように，第二言語習得過程はインプットを始点としており，それを無視したり軽視したりしても，言語教育は始まらない。また，これまでも見てきたように，言語習得で必要なインプットやアウトプットは，実質的な意味内容がなければならず，言語的にもチャレンジングなものでなければならない。では，どのようにして内容豊かな $i+1$ のインプットと，意味ある $o+1$ のアウトプットの機会を英語授業で増やしていけるのか。以下に，有力な選択肢をいくつか紹介しよう。

1つ目の選択肢は，教科それ自体を英語で教えるというイマージョンのやり方を，部分的にでも採用していくことである。例えば，英語でのインプット理解が比較的簡単な科目（例：音楽，体育，生活，数学など）を，全部，もしくは部分的にでも英語で教えるということが考えられる。そういった授業では，視覚的な教材を多く使うことによって，耳からだけでなく目からも情報が入るように工夫して，生徒のインプット理解を助けることができる。その中で，教科学習に必要な表現（content-obligatory language）と共に，必ずしも必須ではないが関連した形式（content-compatible language）を効果的に教えていくことができよう（Snow et al., 1989）。

例えば，数学の授業であれば，測定に使われる表現（inches, feet, meters, miles, pounds, ounces, kilograms, gallons, liters など）や，理科や物理のクラスで重力について扱う場合は，'to rise,' 'to pull,' 'force' のような表現を，教科に必要な言語形式として教えることができるだろう。これに加えて，比較級や最上級などの関連した言語形式も，教科学習の流れの中で導入していくことができる。更に，第3章（3.3.5.参照）でも触れたプロジェクト活動や内容に基づいたタスク活動などを行えば，有意義な生徒のアウトプットの機会を作っていけよう。しかし，実際にこういった英語授業をカリキュラムの一貫として行っていくためには，教材開発を始め，教員研修・養成，教員間の協力関係の確立といった，多くの条件整備が必要となってくる。そのため，現在の教育現場ですぐに実行というのは，なかなか難しいかもしれない。

他教科の既習内容を英語で発展させる

そこで別の選択肢として，他教科の既習内容を借りてきて，それを発展させて英語で教えるということが考えられる。既に日本語で学んだ内容なので，学習者の負担も軽減され，その分ディスカッションや目標言語項目の習得に時間を割くことができる。これはイマージョンのように内容に基・・・づいた言語教育（content-based language education）と言わずとも，他教科と連携した，内容豊かな言語教育（content-enriched language educa-・・・tion）と言えよう。

既習教科を英語で教える一例として，世界史の授業で学ぶ15〜17世紀の大航海時代とコロンブスのアメリカ大陸発見について取り上げてみよう。英語の授業では，世界史で学んだ内容を仮定法過去完了の指導と結びつけて，次のような質問を生徒に投げかけることができる：If Columbus had *not* discovered America, what do you think would have happened to the world? この質問に対する答えとして，The American Indians might have continued to live peacefully. や The United States would not have come into existence. などの例文を提示し，生徒それぞれの答えを考えてもらう。各自の意見をグループで交換し合った後，今度はクラス全体で発表し合うといった活動が考えられる。また，与えられた例文を参考にして，生徒に独自の質問を作ってもらい，お互いに聞き合ってもらっても面白いだろう。

こういった授業は，どんな教科でも可能であり，世界史が日本史に変われば，If Ishida Mitsunari (and not Tokugawa Ieyasu) had won the battle in Sekigahara in 1600, what do you think would have happened to Japan? と生徒に問いかけるシーンが想像できる。英語の仮定法を学習していると思いきや，実は生徒の歴史観や創造性をも育んでいるのである。こういった授業を準備する段階では，事前に関係教科の教員と教科内容について話し合ったり，まず教師自身が創造性豊かな自らの意見を考えていく必要があるだろう。

また，何も他の教科を取り上げなくても，社会にある一般的なトピックを扱っても構わない。例えば，中嶋（2002b; 三浦，他, 2002）は，男女差別の問題と比較級の指導を結びつけて，中学2年生にアンケート形式で意見を問うている。回答されたアンケートは集計され，次の授業で生徒達に報

告されている。その際，ALTとのスキットを交えて，生徒に考えてもらいたい点を強調するといった工夫もされている。以下に，アンケートと生徒の回答結果の一部を記載しよう。

1) Men are stronger than women.
　　Boys: Yes, I think so.（47％）　　　Girls: I can't say.（42％）
2) Women are smarter than men.
　　Boys: Yes, I think so.（70％）　　　Girls: Yes, I think so.（70％）
3) Men are more active than women.
　　Boys: Yes, I think so.（62％）　　　Girls: No, I don't think so.（78％）
4) Women should stay at home.
　　Boys: Yes, I think so.（55％）　　　Girls: No, I don't think so.（90％）
5) Men should make more money than women.
　　Boys: Yes, I think so.（47％）　　　Girls: Yes, I think so.（58％）

　これだけを見ても，男女の意見の相違がはっきり出ていて，生徒に色々なことを考えさせる内容となっていることが分かる。アンケート結果の発表後は，「男のくせに」「女の子らしく」という考え方について，男女別々のグループに分かれて，まず日本語で話し合わせている。その後，男女混合のグループになって，今度は英語での話し合いを行っている。授業後の生徒の感想としては，次のようなものが寄せられている（三浦, 他, 2002. p.82）。

　　女子は男子に比べてずいぶん窮屈なことを言われていると分かった。僕たちも言っていると思う。この授業で，僕が今までそういうことを言ってきた人に謝らなければならないと思った。

　　私は，よく父母から「女なんだから，おしとやかにしなさい」「家事をしなさい」「礼儀よくしなさい」こんなことばかり言われます。でも，私は木登りが大好き。料理よりも木工の方が得意だし，好きな色は黒と青，嫌いな色はピンク。逆に弟は，読書が好きで掃除，洗濯が得意。色は赤色が大好き。男だから，女だからなんて，絶対に関係な

い。能力だって変わらないから，女の人もどんどん活躍するべきだと思います。先進国が性差別なんて聞いてあきれますよね。もっと互いに理解し合うべきだと思います。

　性差別をすると，世の中から物事を色々な見方をする人が減っていき，逆に頭が固い人が増えると思います。

　英語の授業が比較級の学習にとどまらず，道徳教育にまで発展していることがうかがわれる。内容豊かな授業の中で生徒が見せる感性の豊かさに，ただただ感心させられてしまう。

英語教科書の内容を深めていく

　現在使われている教科書を使っても，工夫次第で意味内容を何倍も豊かにすることができる。例えば，ガンジーの非暴力運動についてのユニット (*New Horizon English Course II*, 伊藤, 他, 2002) を，ただ単に読解して練習問題をこなすだけで終わらせずに，人権問題を語り合う授業に変えてみてはどうだろうか。教科書で紹介されている文章では物足りない場合は，身の回りで起こっている出来事を参考にしていくといいだろう。例えば，9.11に起こったニューヨークの世界貿易センタービル破壊に始まるテロ活動の蔓延や，差別を含む様々な社会暴力，また，同級生に対するいじめ，家庭内暴力等，話し合うべき問題は尽きない。ガンジーの非暴力主義の話題は，決してどこか遠くの国で起こった過去の話ではなく，今現在の我々個人の問題として捉えられなければならない。教科書の題材を生徒の身近な問題と関連づけて，真剣に考えていくことによって，生徒の問題意識を触発し，心を揺さぶるような内容の濃い授業が展開できるのではないだろうか。教科書に出てくる話題の多くは，教師の捉え方次第で，英語教育のみならず，人間教育のための豊かなインプット源とすることができる。

　教科書の内容を膨らます別の方法として，教科書の題材と関連させたアンケートなど（例えば，将来の進路の事，恋愛観，英語の勉強法，ストレス発散法）をグループごとに作成して，それを実施してデータを集め，クラスで発表活動を行うこともできる。教科書に出てくる読み物を取っ掛か

りとして，そこから更なる活動を生み出していくのである。教師が独自のタスクを作成するにしても，市販のものを選んで使うにしても，「生徒にとって最も面白いのは，教科書に出てくる架空の登場人物（ニューヨークのスージーやロンドンのビリーなど）ではなく，自分自身に関係の深い人物や事柄である」(Dornyei and Murphey; 2003, p.20) ということを覚えておきたい。そのような生徒に関連深く内容の濃い授業を展開するためには，教師の事前の教材研究が大事となることは言うまでもない。教材研究の際は，言語面だけに目を奪われるのではなく，しっかりと内容面にも目を向けていくことを忘れてはならない。

参考として，中高の検定教科書に基づいた，FonF の考え方を取り入れた英語授業案を巻末に掲載しておく。本書の中で言及した様々な FonF テクニックや活動と共に，参考にしていただきたい。授業の始め方から，発展の仕方，形式指導の導入方法といった点で，何かしら応用していただければと思う。

5.4. まとめ

本章では，FonF の考え方と，それを日本の英語教育に応用していく際の課題について述べてきた。FonF は，学習者の注意を意味あるコンテクストの中で言語形式に向けさせていくことによって，形式・意味・機能の3要素の結びつきの習得を促進しようとするものである。これを英語授業の中で実現させるためには，それを可能にするコンテクスト作り，意味内容豊かなインプットの提供，達成目標があるタスクの活用，意味あるアウトプットの機会の提供，そして相互のインタラクションの促進といったことが必要となってくる。このような総合的な観点から言語教育を捉えていくのが，アプローチとしての FonF の考え方である。

FonF の授業を行う上で取り組んでいかなければならない課題として，（1）どの言語形式をターゲットとするか，（2）どのような準備が必要か，（3）どのようなテクニックを使って学習者の注意を言語形式に向けていくか，（4）どのタイミングで言語形式の焦点化を行うべきか，といったことが挙げられた。これに加えて，特に日本での FonF の実践に際

しては，(5) 文法シラバスをどうするか，(6) 英語授業をいかに意味内容豊かなものにするかという問題も存在する。これら様々な課題に対して正面から取り組んで，知恵をしぼっていくことによって，FonF を教育現場で最大限に活かしていくことができるだろう。次章では，FonF の研究と実践を具体例を通して見ていきながら，FonF に対する理解を更に深めていきたい。

========== 参考資料:フォーカス・オン・フォームの手法の具体例 ==========

◆ 意識高揚タスク (consciousness-raising task)

次のタスクは,時制の使用例からその使われ方を考えていくことによって,学習者の言語意識を高めることを狙いとしている。Task 1, Task 2 の両方とも,個人作業 ➡ ペアまたはグループ・ワーク ➡ 全体確認の手順で行う。

⟨Task 1⟩ Your American friend, Tom, keeps complaining about his day. In his complaint, he uses different tenses depending on what time it is. Examine the following data and decide when it is appropriate to use the present perfect (*haven't eaten*) and when it is appropriate to use the simple past (*didn't eat*) in English.

Time	What Tom says
9 a.m.	I haven't eaten breakfast this morning.
11 a.m.	I haven't eaten breakfast this morning.
1 p.m.	I didn't eat breakfast this morning.
2 p.m.	I didn't eat breakfast this morning.
3 p.m.	I haven't eaten lunch yet.
4 p.m.	I haven't eaten lunch yet.
6 p.m.	I didn't eat lunch today.
8 p.m.	I didn't eat lunch today.
9 p.m.	I haven't eaten dinner yet.
11 p.m.	I haven't eaten dinner yet.
12 a.m.	Wow, I missed all my meals yesterday!

⟨Task 2⟩ Your American friend, George, has an important exam to take. Whenever you meet him, he talks about how much he is studying for the exam. He uses different tenses depending on what time it is. Examine the following data and decide when he uses the present progressive (*am studying*), present perfect progressive (*have been studying*), present perfect (*have studied*), and the simple past (*studied*).

Time		What Tom says
July 1		I am studying hard for the exam.
July 2		I am studying hard for the exam.
July 3		I have been studying hard for the exam.
July 4		I have been studying hard for the exam.
July 5	Morning	I have studied hard for the exam.
	Afternoon	[Tom is taking the exam.]
July 6		I studied hard for the exam.
July 7		I studied hard for the exam.
July 8		I studied hard for the exam.
July 9		I passed the test!! OR I have passed the test!!

[You can use either of these two sentences. What is the difference in meaning between the two?]

◆　ディクトグロス（dictogloss）

一般的手順は，以下の通りである。

（1）教師が短い英語の文章を普通の速度で2回読む（またはCDで流す）。1回目は，生徒にノートを取らせず，要旨を把握するように指示する。2回目は，重要と思われる言葉をノートに書き取るように指示する。

（2）生徒は書き取ったノートを参考にしながら，パートナーと協力して，もとのテキストの内容を再生する。

（3）代表の生徒の再生文をクラス全体でチェックする。もとの文章と再生文の違いを，内容面と形式面に注意を払いながら比較する。

以下は，Izumi et al.（1999），Izumi & Bigelow（2000）で使われた，仮定法過去完了をターゲットにした参考例である。

> Some years ago, Christopher Reeve, a handsome actor, fell off his horse and became paralyzed. If the horse had jumped over the hurdle, Reeve would not have fallen. If his hands had been free, he would have landed safely. If he had stayed healthy, he would have continued riding horses. But if he had not had this accident, he wouldn't have inspired so many people.

◆ インプット処理指導（processing instruction）

　この手法は，文法に焦点を当てたインプット理解の練習方法であり，もともと VanPatten（1996, 2004）とその同僚の研究者達が，外国語としてのスペイン語を指導するにあたって用いたものである。ここでは，Izumi（2000, 2002, 2003b; Izumi & Izumi, 2004）が使用した英語の例を紹介する。以下の活動は，関係代名詞の含まれた文を正しく理解する練習である。使われている文は，一般常識では推測できないように，わざと不自然な意味となっている。指導手順は，以下の通りである。

（1）例文を使って簡潔に文法説明を与える。その際，いかに主要語が関係代名詞で修飾されていて，それが正しい意味理解の鍵となるかを教える。

（2）各文を聞かせ（聞き取りだけでは難しい場合は，同時に読ませ），それに合った絵を選んでもらう。必要に応じて，文を何度か繰り返して聞かせる。

（3）最初の数問は，感覚をつかませるために，すぐに答え合わせをしてフィードバックを与える。慣れてきたら，一度に何問か行った後で，まとめて答え合わせをする。

第5章 第3のアプローチ：フォーカス・オン・フォーム　*173*

Choose the best picture that matches the sentence you hear.
1. The bear smells the tiger which the rabbit scratches.

2. The thief kicks the policeman who punches the girl.

3. The tiger which the sheep pushes watches the lion.

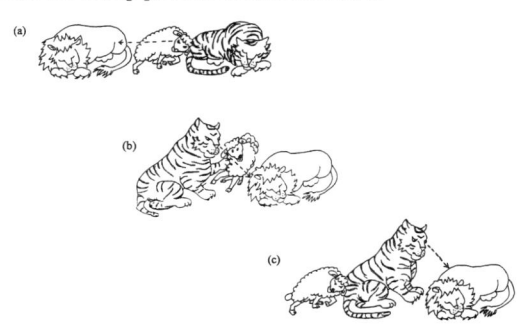

◆ インプット洪水（input flood）＋視覚的インプット強化（visual input enhancement）

　以下はリーディング教材の一部であり，前置詞の目的語にあたる関係代名詞（object-of-preposition relative clauses）の理解が目標とされている（Izumi, 2000に基づく）。ここでは目標項目にすでに下線が引かれて学習者の注意を喚起するようになっているが，生徒のレベルによっては，下線を取り除いて，繰り返し出てくる目標項目を探すところから始めてもいいだろう。活動の主目的はリーディングの内容理解であるが，その過程で関係代名詞が習得されることが期待されている。

> 　Mary is 26 years old now. She works as a secretary in a law firm. She is now looking for her life-time partner. Mary is hoping to find her Mr. Right from three men who she is going out with now.
> 　The man who she went out with last Friday is very handsome. He looks like Tom Cruise, a famous movie actor. He is a man who any woman would enjoy looking at. He arrived one hour late for the date last Friday. He said that the business meeting which he participated in lasted a long time. Furthermore, the paper which he was working on at the office took him a long time to finish. This man always uses the same excuses. Mary understands the busy schedule which he has to work around. But the same excuses which he relies on every time are not convincing any more. Although he is often late, Mary is still attracted to him. The thing which she is most attracted to is his good looks. And the part which she is upset with is his inability to be on time.
> 　Another man who Mary had dinner with yesterday is not very good-looking. He does not have the handsome appearance which Mary dreams of. ...

◆ アウトプット強化（output enhancement）

　以下は，Lyster（2004, 2007）が提唱するアウトプット強化の例であり，プロムト（prompt,「促し」）とも呼ばれている。元々はフランス語授業で使われた例だが，ここでは英語に訳して提示する。どの言葉で行うにせよ，狙いはコミュニケーション活動の中でフィードバックを与えることによって，生徒の自己訂正を促すことにある。

- 明確化要求（clarification request）
  生徒： Yesterday I go to the mall.
  教師： Excuse me?
  生徒： I went to the mall yesterday.

- 繰り返し（repetition）
  生徒： He speak English very fast.
  教師： He speak?［speak を強調して］
  生徒： He speaks English very fast.

- メタ言語による合図（metalinguistic clues）
  生徒： Because she is look for a card.
  教師： Not "is look," but ... pay attention to the progressive!
  生徒： Because she is looking for a card.

- 導き出し（elicitation）
  生徒： He suggested me to study harder.
  教師： He suggested that ...
  生徒： He suggested that I study harder.

第6章　フォーカス・オン・フォームの実際

　前章では，FonF の基本概念を中心に紹介した。本章では，FonF についての SLA 研究と授業実践例を見ていき，そこから得られる教育的示唆について考えていきたい。まず始めに，内容中心授業の中での FonF の実践例と研究を紹介し，その次に，タスク中心授業の中での FonF の研究例を紹介する。

6.1. 内容中心教授法とフォーカス・オン・フォーム

6.1.1. 科学の授業の中で，過去形と過去条件文を教える：リキャストの効果

　最初の研究例は，アメリカの中学校での ESL の科学の授業を舞台にした FonF である。これは，研究者である Doughty と教師の Varela が共同で行ったクラスルーム研究であり（Doughty & Varela, 1998），次の2つを主な研究課題とした：（1）内容中心授業の中で，内容学習を損なわずに FonF を行うことができるか；（2）リキャストを FonF として使った時，それは生徒の言語使用の正確さを伸ばすのに役立つか。

　科学の授業では実験が頻繁に行われるが，その実験結果を予測したり，実験後に口頭やレポートで結果を報告したりする際に，過去形と過去条件節が頻繁に必要となる。本研究に先立って行われた事前調査では，生徒は通常の授業内容は問題なく理解できているが，これらの言語形式が正確に使えないという問題があることがわかった。そのため，この研究では，過去形と過去条件節が FonF のターゲットとされた。以下は，その例である。

（1）実験内容の報告で（過去形）：
  I took a cup with three, six and nine pennies and I blew from fifteen centimeters away from my chin and then I measured and got the average.

（2）実験前の予想の報告で（過去条件節）：
  I thought the cup with three pennies would go the farthest.

　研究の手順は，次の通りである。研究対象となった2つのクラスは，実験群と統制群に無作為に分けられた。実験群のクラスでは，内容中心授業を行う中で，生徒が目標言語形式を間違って使った際，リキャストが集中的に与えられた。リキャストは，学習者の発話内容を維持したまま，形式的な間違いを訂正して言い直す手法であり，もともとは第一言語習得研究で注目されてきたものである。母語習得において，子どもは大人のリキャストに対して敏感であり，リキャストが多く与えられた子どもは，そうでない子どもより言語習得が早く進むことが発見されている（Baker & Nelson, 1984; Bohannon & Stanowicz, 1988; Farrar, 1990, 1992; Nelson, 1987; Saxton, 1997）。Doughty and Varela の研究は，このような第一言語習得の知見を第二言語教育に応用しようとしたものである。
　この研究では，間違った発話と正しい言い方の違いを際立たせ，生徒に違いを気付きやすくさせるために，教師がまず生徒の間違った発話を質問調イントネーションで繰り返し，その後にリキャストを与えるという手順がとられた。次のような具合にである。

生徒：　I think that the worm will go under the soil.
教師：　I *think* that the worm *will* go under the soil?
生徒：　（no response）
教師：　I *thought* that the worm *would* go under the soil.
生徒：　I thought that the worm would go under the soil.

　このような口頭のリキャストに加えて，生徒が提出した実験レポートでも，生徒の犯した過去形と過去条件節の間違いに丸印がされ，その隣に正しい表現が書き添えられた。なお，口頭発表，ライティングどちらの場合

も，文法説明は一切与えられなかった。一方，統制群のクラスでは，通常の内容中心授業が行われ，リキャストは与えられなかった。

　研究スケジュールは，表7に示される通りである。授業内容は科学実験が多く含まれた内容中心のシラバスで構成されており，この流れに沿って，FonFの指導だけでなく，事前，事後，遅延テストも行われた。これらのパフォーマンス・テストでは，必要な意味内容を伝える上で言語形式が正しく使われているかどうかが，口頭発表とレポートの両面から調べられた。

表7：研究スケジュール（Doughty & Varela, 1998に基づく）

事前テスト （1週目）	**WonderScience construction challenge** What is the effect of folding on the strength of a paper bridge? *Predict which of three types of paper bridges (flat, arched, and accordion) would be the strongest.*
実験授業1 （2－3週目）	**How will the earthworm respond?** What is the effect of light, vinegar, and touch on an earthworm? *Predict how the earthworm would react to each of these.*
実験授業2 （3－4週目）	**The ball bounce** What is the effect of the type of ball on the distance it will bounce? *Predict which ball (basketball, soccer ball, and rubber ball) would bounce the highest.*
実験授業3 （4－5週目）	**Paper airplanes** What is the effect of different types of paper on the distance a paper airplane will fly? *Predict which plane—one made of construction paper, one of folder paper, and one of typing paper—would fly the farthest.*
事後テスト （6週目）	**Huff, puff, and slide** What is the effect of weight on the distance a cup can be blown across a desk? *Predict which would go farthest across a desk when blown: a plastic cup with three pennies, one with six pennies, one with nine pennies, or one with twelve pennies.*
遅延テスト （2か月後）	**Head or tails** What is the effect of surface contours on volume? *Predict which side of a penny—heads or tails—holds more drops of water.*

リキャストの効果

　さて，どのような結果になっただろうか。図12と13に，実験群と統制群のテスト結果を示そう。まず口頭テストの結果を見てみると，FonFを取り入れた授業を受けた実験群では，事前テストから事後テストにかけて有意な伸びを示しており，2か月後の遅延テストでもその成果を維持していることが読み取れる。それに対して，FonFなしの授業を受けた統制群は，言語使用の正確さに何ら大きな変化が見られなかった（得点の変化に有意差なし）。生徒が書いたレポートでは，実験群が事前テストから事後テストにかけて有意な伸びを示しているが，遅延テストでは点数がやや下がってしまっている。しかし，多少の間違いも考慮して採点する中間言語採点法（interlanguage scoring）を用いて調べてみると，実験群は，遅延テストでも事前テストよりも有意に高い得点を維持していることが確認された。[36] 一方，統制群では，レポートでも事前テストから事後テストにかけての伸びは見られなかった。

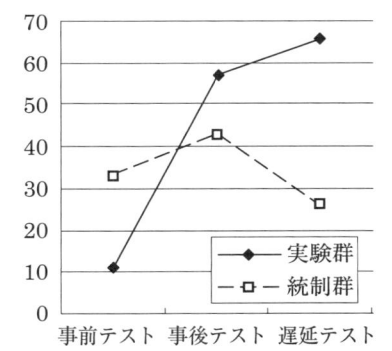

図12：口頭での言語使用で見た結果
（平均得点表示：Doughty & Varela, 1998に基づく）

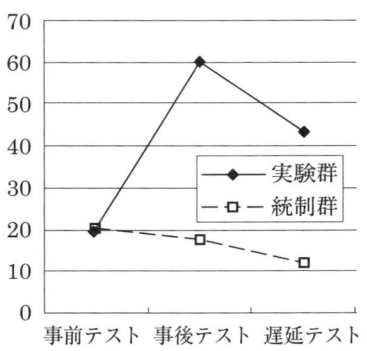

図13：レポートの書き方で見た結果
（平均得点表示：Doughty & Varela, 1998に基づく）

---

[36] 中間言語採点では，厳密な形式の正確さではなく，多少の間違いがあっても目標形式をどうにか使って意味を表現しようとしているかが採点基準となる。例えば，不規則動詞であるbreakを，breakedといった規則動詞のように使ってしまったとしても，中間言語採点ではよしとされた。このような採点方法は，必ずしも直ちに完璧な正確さを身に付けることがまれである中間言語の発達過程を考える時，特に大事な方法と考えられる。

以上の結果と実験中の授業観察に基づいて，Doughty and Varela は，次のような結論を導き出している。

（1）リキャストは，内容中心授業の中で，コミュニケーションの流れを阻害することなく行える便利な FonF の手法である。
（2）リキャストは，意味あるコンテクストの中でリアルタイムに与えることが重要であり，そうしてこそ，言語形式の使い方を効果的に教えることができる。生徒はそこから形式・意味・機能のつながりを学び，それが実践的な言語運用能力を向上させていく。
（3）リキャストを使う際は，生徒の羞恥心や自尊心といった面も考慮しなければならない。全体活動よりもグループ・ワークの時などに使ったり，あまりしつこく訂正し過ぎないといった配慮が必要である。
（4）教師は生徒の発話の言語面だけにとらわれるのではなく，内容面にも十分に配慮して応えていかなければならない。

　ここで紹介した Doughty and Varela の研究以外にも，これまで数多くのリキャストの研究が行われてきているが，その多くがリキャストの優れた効果を示している（Mackey, 2007; Nicholas et al., 2001; Long, 2007など参照）。Long（2007）は，これまでのリキャスト研究を振り返り，リキャストの利点として主に次のことを挙げている：（1）リキャストは，コミュニケーションの中で学習者に必要な言語情報をタイムリーな形で（つまり，発話直後に）提供することができる。（2）リキャストは学習者自らの発話に関することなので，学習者の注意力も自然と増し，学ぶ動機付けも高まりやすい。（3）更に，その内容も学習者自らの発言内容なので，当然，学習者の理解度も高く，その分余裕を持って言語形式に注意を向けることができる。（4）その結果，学習者は自らの間違った言い方とリキャストで与えられた正しい言い方を容易に比べられ，違いの気付きが促進される。要するに，リキャストは学習者がコミュニケーションのために必要としている言語情報を，その時に，その場で，しかも無理なく提供できるため，実践的英語力を伸ばしていく上で非常に効果的な手法と言えるだろう。

このような数々の利点を持つリキャストだが，必ずしも全ての状況で効果があるわけではないことも，付け加えておかなければならない。Lyster and Ranta（1997）や Lyster（1998）の研究では，カナダのフランス語イマージョン教育で，リキャストが必ずしも上手く機能していないことを示している。そこでは，教師が頻繁にリキャストを用いているが，生徒は意味に注意をそそぐあまり，自分達の間違いにはなかなか気付かず，それを訂正するまでに至らないようである。ただこの場合，Doughty and Varela の研究のように，言語形式を絞ってリキャストが与えられているわけではなく，しかも生徒の不正確な発話に対して，まず質問調のイントネーションで生徒の注意を喚起するといった工夫も特にされていない。そういったことが，違いの気付きを難しくさせてしまっているのかもしれない。

　その後の研究（Lyster, 2004）では，カナダのイマージョン教育の環境では，リキャストよりもプロンプト（prompt—第5章末，参考資料参照）の方が効果的であるとの報告がなされている。また，Lyster and Mori（2006）は，リキャストとプロンプトの効果を違った教育環境で比較して研究している。そこでは，カナダのフランス語イマージョンではプロンプトの方が有効であり，アメリカの日本語イマージョンではリキャストの方が生徒の自己訂正を促すのにより効果的であったことが分かっている。[37] 要するに，リキャストもプロンプトも，両方とも有用なFonFの手法となり得るが，その効果は教育環境や生徒の言語能力レベルなどの要因によって変わってくる可能性がある。実践の場で，これらの手法を色々と試していく中で，その効果を見極めていくことが大事になるであろう。

---

[37] Lyster and Mori（2006; Lyster, 2007）は，カナダとアメリカのイマージョン研究の結果の違いを，「釣合い仮説」（Counterbalance Hypothesis）として説明している。すなわち，カナダのフランス語イマージョンでは，普段の学習が意味重視なので，プロンプトのような明示的なフィードバックが有効となる。しかし，アメリカの日本語イマージョンでは，普段の教育が比較的明示的で形式を重視したものであったため，暗示的なリキャストが役立ったとしている。つまり，普段とは違った形でインストラクションを組み入れることが，効果的とする考え方である。このような説明以外にも，研究対象となった学習者の言語レベルの違いも，結果に影響を与えているのではないかと思われる。すなわち，カナダのイマージョン児童のフランス語能力は，アメリカの日本語イマージョン児童の日本語能力よりも高かったと推測され，そのため，前者には学習者への要求度が高い（自己訂正させる）プロンプトが有効となり，後者には必要なインプットが与えられるリキャストが役立った可能性が考えられる。

6.1.2. 環境問題について考える授業の中で，不定詞を教える：簡潔な文法説明をタイミング良く導入する

次に紹介するのは，日本の中学校の教育現場からの例である。これは，「割りばしとカナダの新聞日曜版から環境問題を考えよう」と題して，中嶋（2002a）が，ALTとティーム・ティーチングで行った公開授業に基づいたものである。特に研究目的で行われた授業ではないため，テストによる統計的データなどは存在しないが，ケース・スタディーとして分析するには，非常に興味深く，示唆に富んだ事例である。

全体の授業構成は，図14に示す通りである。授業のほとんどが英語で行われているが，特に帰国子女を対象にしたものではなく，富山県の公立中学2年生の生徒を対象にした英語授業である。

Student activity	Teacher guidance
Pre-class: Desks moved into assigned pairs; practice reading aloud from the textbook.	Encourage Ss to read louder and faster; play rap music to encourage rhythmic speaking and higher volume.
INTRODUCTION: Greeting and small talk. Time: 2-3 min.	In small talk, model how to expand conversation.
Textbook reading in pairs and three-second translation. Pairs do jyanken. Winners in partner pairs read aloud the text in English, & losers translate it into Japanese. Winners in pair-leader pairs translate English to Japanese, and losers say it in English. Alternate roles for each page. Time: 4 min.	Put Ss into partner pairs and pair-leader pairs and give instructions and time limit for the activity. After that, Japanese teacher reads sentences in Japanese and has class translate them into English. ALT provides feedback.
Small talk in pairs: Topics: 1) My favorite country, 2) My favorite singer, 3) My favorite shop. Do jyanken. Winners choose a topic. Losers ask questions and map responses. Then, switch roles. Time: 2 min. per topic	Provide topics tied to today's discussion. Give instructions briefly and check for understanding. Then circulate and check Ss' progress while keeping them aware of the time limit.

Class reporting: Do jyanken. Winners become reporters. Mumbling for rehearsal. A few Ss, then, report to class. Time: 2-3 min.	Choose a few Ss to report on their conversations to the class. Ask extra questions to help expand their report. Ask class questions for confirmation.
TODAY'S DISCUSSION TOPIC: Listening to teachers' talk and mapping information. Time: 10 min.	Introduce today's topic, building on the small talk. Draw Ss into conversation with running questions. Briefly explain grammar, and continue teachers' talk. Model critical thinking.
Forming opinions. Pairs check each other's mapping boards. Ss number the points, then discuss in pairs in Japanese. Time: 6-8 min.	Tell Ss to check and discuss. Write on the board: "I want to say…" "We need to discuss…" "We should find ways to save the environment…"
Walk around to see summary posters from past classes' issues. Discuss their relationships. Time: 3-4 min.	Show summary posters by posting them around the classroom. Invite Ss to walk around to examine them.
Individualizing response. Reflect on today's topic and other environmental issues, form and express opinions. Time: 6 min.	Hand out report worksheets and ask Ss to write their opinions on: 1) How did you feel? 2) What did you learn? 3) What will you do? Circulate and help Ss.
Class reporting. A few Ss share their opinions. Other Ss shadow & map info.	Ask Ss to share comments. Avoid any value judgment on Ss' opinions.
Homework: Write their own opinions. Time: 2-3 min.	Ask Ss to write responses on their sheet for homework.

図14：中嶋の授業構成：「割りばしとカナダの新聞日曜版から環境問題を考えよう」
　　　（中嶋，2002a，小冊子 pp.15-20に基づく；Ss は生徒を指す）

中嶋の授業展開の様子：スモールトークから本題へ

　まず生徒がペアになり，教科書の既習ユニットの音読と，同時通訳の練習を行う。その後，与えられた3つのトピックから1つずつ選び，ペアでスモールトークを行う。約20分間にわたる基礎練習とウォームアップ活動の後，いよいよ本題へと入っていく。日本人教師（JTE）とALTが，スモールトークで取り上げられたトピックを使って話し始め，その日のメイ

ン・トピックへとつなげていく。以下は，2人の掛け合いのトークを記したものである。その場のクラスの雰囲気をよりよく知ってもらうために，少し長くなるが，全体のダイアログを紹介したい。（以下では，ティーチャー・トークの特徴を示すために，単語やフレーズの繰り返しは下線で，言い換えには波線，実物やジェスチャーは括弧付けで記す。）

ALT： Nakashima-sensei, what is your favorite country?
JTE： My favorite country... well, I visited some countries, but my favorite is Canada, your country.
ALT： Really? Oh wow, cool. Why?
JTE： Because it has good nature. The animals are cute, and people are very nice and kind. But when I visited Canada two years ago, I was very very surprised.
ALT： Surprised? Why?
JTE： Because I found a Sunday newspaper.
ALT： A Sunday newspaper?
JTE： Sunday newspaper. I brought it here. Sunday newspaper. 102 pages! （カナダの日曜版の新聞の実物を見せて）
生徒： ええー！！
ALT： Isn't that normal?
JTE： In Japan, we have only 30 pages. （日本の新聞の実物を見せる）
ALT： On a Sunday paper? 30 pages? It must be boring.
JTE： In Canada, 102 pages. That's a lot.
ALT： （日本の新聞を掲げて）This must be boring. No information.
JTE： No, no, no. Simple is the best! （笑い）（カナダの新聞をペラペラめくりながら）They have many many commercials, car commercials, food commercials, many many commercials. They are garbage.
ALT： Not always...
JTE： You don't read it.
ALT： I do, sometimes.
JTE： You read every page? 102 pages! It takes a whole day or two days.

ALT： Maybe not, but on Sundays, we relax, so we read the newspaper all day.
JTE： Really? But it's strange.

　何気ない会話に聞こえるが，今日の本題に移るための大事な話題作りをしている。会話の内容も，実際のカナダと日本の新聞を使いながら，生徒の興味を掻き立て，両国の文化の違いに目を向けさせようとしている。教師達の真実味溢れる会話によって，生徒をどんどん話に巻き込んでいくのである。次は，ALT にとって奇妙に思える日本の習慣について，会話が発展していく。

JTL： …it's strange.
ALT： Strange? You think that's strange? I'll show something strange. I think it's really strange. These!（割り箸を取り出して見せる）
JTE： （クラスに向かって）What's this?
生徒： わりばし
JTE： In English?
生徒： Chopstick
JTE： Wooden chopsticks. OK everyone, wooden chopsticks.
生徒： Wooden chopsticks.
ALT： These are strange.
JTE： Why? Why are you surprised?
ALT： In Japan, everyone uses it, all the time! Every restaurant I go to, there are so many wooden chopsticks. Wooden chopsticks, wooden chopsticks…（ジェスチャーであちこちに割り箸があることを示しながら）And they use them once, eat with them, and throw them away.（持っている箸を実際にごみ箱に捨てる）You do it every day. Japanese people do it every day. Just like that.
JTE： But wooden chopsticks are useful. Like when we eat *ramen*, noodles, *udon* or *somen*, it's very good.
ALT： And it's better than your hands, right? You don't want to use your

hands.（手で食べるまねをする）（笑い）
JTE： What's the problem?
ALT： You throw them away. Why don't you wash them, or …
JTE： We wash them and use them again!?
ALT： Why not?
JTE： （クラスに向かって）Can you?
生徒： No way!!
JTE： （ALTに向かって）Japanese people like clean things, not Canadian people.（笑い）
ALT： But Japanese people are always throwing things away. Always!
JTE： No, no, no. We sometimes use them, like we cut here and here and here and we make some houses and …（実際に割り箸を折って, おもちゃの家を造るまねをする）
ALT： Really? And then you throw them away.（折られた箸をまたごみ箱に捨てる）You say "Oh beautiful house" and then throw it away. You always throw it away.

　JTEとALTの立場を活かし，テンポ良く会話が進んでいく。一見, JTEとALTの間だけでの白熱した会話にも聞こえるが，実際は生徒の注意をしっかりと引きつけ，彼らにも質問を投げかけて考えるチャンスを与えている。この割り箸を巡る論争が，前に話していた分厚いカナダの新聞と深い関係があることも，生徒達は徐々に気付いていく。

新聞と割り箸の話から環境問題へ
　そこで，ALTが興味深い事実と統計を出してくる。

ALT： Let me tell you a story. I want to tell you a story.
JTE： What story?
ALT： I was at Yotchan's.
JTE： Your favorite restaurant, an *okonomiyaki* restaurant.
ALT： You know I love Yotchan's. And I was talking to Yotchan's master.

	He and I are friends. <u>I like Yotchan very much</u>. I asked him, "How many chopsticks do you use in one day?"
JTE：	（クラスに向かって）<u>In one day</u>. <u>How many chopsticks?</u> <u>How many wooden chopsticks do they use in one day</u>?
生徒：	30? 50?
ALT：	Uh-uh. You know, 100, <u>in one day</u>.
生徒：	No way!
ALT：	So, Yotchan's is open for 25 days a month. So, in one month,（"100×25＝2,500" と板書する）2,500 chopsticks <u>in one month</u>.
JTE：	Here, <u>here, here</u>.（JTEが100本の割り箸の束を見せる）100 chopsticks. <u>Every day, people use these chopsticks</u>.
ALT：	<u>In one month</u>, one, two, three, four, five....
JTE：	2,500.
ALT：	In one year,（"2,500×12＝" を板書しながら）help me. I have bad math. 2,500 times 12 is 30,000, right?（"30,000" と板書する）Just at Yotchan's!
JTE：	<u>Only at Yotchan's, they use 30,000 wooden chopsticks in a year</u>.
ALT：	How many restaurants are there in Tonami?
JTE：	（クラスに向かって）Do you know that? <u>How many restaurants are there in Tonami</u>?
生徒：	About, about... hmmm Yoshinoya, あと Sushi bar, Gusto...
JTE：	I checked it in a Townpage. And there are sixty. <u>Sixty</u>. And also there are convenience stores. They give you a lot of wooden chopsticks for free. Here, <u>here</u>, <u>here</u>.（配る動作をしながら）
ALT：	So, just in restaurants, just in Tonami, 30,000 in one year times 60 restaurants.（"30,000×60＝1,800,000" と板書する）That many chopsticks. 1,800,000, <u>almost 2 million chopsticks</u> <u>in one year</u>, <u>only in Tonami</u>.
JTE：	（クラスに向かって，1,800,000を指しながら）In Japanese?
生徒：	180万本
JTE：	Right. 180万本, <u>in one year</u>, <u>only in Tonami</u>, <u>not in Japan</u>.

ALT： In Japan, you know, I checked the internet because I wondered how many chopsticks are used in Japan. In one day, how many chopsticks do you think are used in Japan? In one day.
生徒： One million?
ALT： I was very very surprised. In all of Japan, 130,000,000（数を板書しながら）. There are this many people in Japan. There are 130,000,000 people in Japan.
JTE： In Japanese?（板書された数を指しながら）
生徒： １億３千万
JTE： It's the same size of Japanese people.
ALT： There are this many people in Japan, and there are this many chopsticks used every day in Japan! It's like every single person, everyone uses one pair every day! That's crazy!!

　この会話から見て取れるように，一度に全国の割り箸消費量といった結論を出すのではなく，身近なところから話を始めていき，徐々にスケールを大きくしていっている。そして，途中途中で生徒に数を予想させたりしながら，より一層の内容理解と問題意識を促している。このようなちょっとした工夫で，日頃は気にも止めないような日常の事柄が，社会問題へとつながっていることを認識させることができる。

割り箸問題から to 不定詞の導入へ

　では，これらの割り箸は，一体どこから来ているのか。話は更に深まっていく。

JTE： And where do these wooden chopsticks come from?
ALT： This is what makes me angry. This is why I'm angry. These chopsticks, do you know where they come from?
生徒： Australia, Malaysia, China...
ALT： Uh-huh. And they come from Canada too.
JTE： So, you have wooden chopstick factories?

ALT：	In my town, <u>where I lived</u>, we have a <u>chopstick factory</u>. <u>A factory where they make these chopsticks</u>.
JTE：	What is '<u>factory</u>' in Japanese?
生徒：	工場
JTE：	Right. <u>Wooden chopstick factory</u> in Canada.
ALT：	So, they cut down trees. Last year（地球儀でカナダを指して）, this is my province. It's very very big. In this <u>province</u>, they <u>cut down enough trees to cover all of Honshu in one year</u>. So, here is Honshu, right? <u>That much space they cut down all the trees</u>.
JTE：	Do you understand? <u>In Canada, they have wooden chopstick factories. They cut down many trees to make chopsticks, to cover Honshu, in one year</u>.
ALT：	So, <u>where I lived</u>, there are many mountains, and they used to be very beautiful, covered with many trees, <u>many trees</u>. Now all you can see is（切り株の絵を黒板に書きながら）stumps.
JTE：	What is '<u>stump</u>' in Japanese? You cut down a tree, then you see a <u>stump</u>.
生徒：	切り株？
JTE：	Right, 切り株. <u>Stumps</u>.
ALT：	That's all you can see. <u>No trees</u>. <u>It makes me very very angry</u>. You know I love mountains. I love forests. And in Canada, they are disappearing. <u>They are cutting them all down</u>.
JTE：	（"We cut down a lot of trees to make wooden chopsticks." の文を板書する。"to make" の部分は事前に用意したカードを使用） OK, please read everyone!
生徒：	We cut down a lot of trees to make wooden chopsticks.
JTE：	Right. <u>We cut down a lot of trees to make wooden chopsticks</u>. OK, let's think in Japanese. "We cut down" in Japanese?
生徒：	私たちは切り倒す
JTE：	切り倒す, right, "a lot of trees"?
生徒：	沢山の木を

JTE： "to make wooden chopsticks"
生徒： 割り箸を作るのに
JTE： Right. Good, good.（toの下に「ために」と書き加える）So, I ask you one question. Where do you cut the sentence with a slash?
生徒： to
JTE： Great, great.（toの前にスラッシュを入れる）"We cut down a lot of trees" in Japanese?
生徒： 私たちは沢山の木を切ります
JTE： Why? "to make wooden chopsticks"
生徒： 割り箸を作るために
JTE： Right. If you find 'to' plus 動詞, please cut here, then you will understand, OK?

　ティーチャー・トークの話が煮詰まったところで，目標言語項目のto不定詞を導入している。文法説明の際は，例文にスラッシュを入れて考えるように指示し，不定詞の3用法といったメタ言語は一切使われていない。文法説明をここまで簡潔にすることで，意味内容から脱線することを最小限に止めている。文法説明の後は，ティーチャー・トークに戻って，更に別のto不定詞の例文を紹介している。

JTE： But Koreen, I have a question. I heard, I heard that these wooden chopsticks are made, are made, 作られる, are made from only 4% of whole wood.（"4％"と板書する）Only 4%. Sometimes, we make wooden chopsticks from rotten trees, rotten trees, 腐った, rotten trees. But most of the trees are cut down to make papers.
ALT： Hmm, that's true.
JTE： So, in Canada, on Sundays, they have 100 pages. Every Sunday, they have 100 pages, 100 pages,... in a year, how many? Huge!
ALT： But with our newspapers, with any of our papers, all of our papers, we recycle.
JTE： You recycle.

ALT：	We take the paper to the recycling and they break it down and they make more paper. So, we don't keep using the same tree. But these（割り箸を掲げながら）you just throw them away. You don't recycle them. They are just garbage. You burn them.
JTE：	But sometimes, we use too much paper.
ALT：	That's true. That's true.
JTE：	Sometimes we write on the paper and throw it away. We are wasting, 浪費する, wasting too much paper. We don't use both sides. We write only on one side and throw it away.
ALT：	That's true.
JTE：	That's a big problem. So, we need, we need to think ...
ALT：	We need to think more about the environment.
JTE：	（ALTの言った文を板書する。"to think"の部分は事前に用意したカードを使用）OK, environment!
生徒：	Environment.
JTE：	What's environment?
生徒：	地球
JTE：	Environment（手を広げて回りをさすジェスチャーを示して）
生徒：	環境？
JTE：	Right, 環境, environment.
生徒：	Environment.
JTE：	Environment.
生徒：	Environment.
JTE：	OK, please read from the top. One two three.
生徒：	We need to think more about the environment.
JTE：	So, we cut here again.（toの前にスラッシュを入れる）"We need" in Japanese?
生徒：	私たちは必要
JTE：	必要である, "to think more about the environment"（"about"の前にスラッシュを入れる）"about the environment" in Japanese?
生徒：	環境について

JTE：	"to think more"
生徒：	もっと考える
JTE：	OK together, "We need to think more about the environment" in Japanese?
生徒：	私たちは環境についてもっと考える必要がある（JTEが板書した英文を後ろから指差して，訳す箇所を示しつつ）
JTE：	考える必要がある。So, we can say 考えることを必要としている（JTEがtoの下に「ことを」と書き加える）So, we talked about papers and wooden chopsticks. How did you feel? What did you think?（少し間を置いて）You can talk and discuss in pairs in Japanese. Please start.（生徒はペアで熱心に話し合いを始める）

　ここで教師は，話し合いがどういった方向に発展していってほしいかということはあえて言わず，生徒達の様々な意見を容認する姿勢を示している。こうした教師の配慮が，生徒に多角的な観点から問題を考える機会を与えている。

クラス・ディスカッションでまとめる
　この後，生徒たちはペアになり，まず聞いた話の内容を日本語でお互いに確認し合う。そして，これまでの授業で扱われてきた環境問題をまとめたポスターを観察した後で，今度はグループで意見交換が行なわれる。グループ・デスカッションをするにあたって，生徒には次の3つの質問が投げかけられた：How did you feel? What did you learn? And what will you do?
　グループ・ディスカッション後は全体発表が行なわれたが，そこでは次のような意見が生徒から出された："I think we should use own chopsticks." "I feel shock." "I learn I should recycle." "I don't think we cut trees because tree cut is ... we lose rain forest." "I will not use wooden chopsticks. We need to think the earth."（ここでいかに不完全ながらも生徒が英語を駆使して，どうにか自己表現をしようとしているかに注目していただきたい。）そして，授業の最後には，与えられた3つの質問に対して自分の意

見を書いてくることが宿題として出された。ここで，生徒達が書いた意見のいくつかを紹介しよう（三浦，他，2002, pp.74-75に基づく）。

> I think Japan is very strange because Japanese people always say "We should preserve our earth." But people don't think about their environment. They make carbon dioxide, they cut down many many trees. Do you preserve the earth? Do you think about the environment? DO YOU? I love the earth. And I love animals, forest, blue sky and blue sea. I want to preserve the earth. I want to live with nature.

> We have a lot of things to do. We should start recycling. We should stop cutting too many trees. I'll buy and use recycling paper. I'll reduce using many resources. I used to buy many mechanical pencils and I didn't use many but I'll use one thing for a long time.

　上の文章からも，生徒たちが授業のメッセージを真摯に受け止め，問題意識を持って自分なりに考え始めていることがよく分かる。教師が問題提起するところから始まった授業であるが，生徒達の様々な反応や感受性豊かな意見によって，教師自身も生徒から大切なことを教われるような授業になっている。

中嶋の授業から学ぶ：インプットとインタラクションの質と量
　中嶋の授業について，明記しておきたい点は数多くあるが，ここでは本書の主旨に特に深く関係する点について，いくつか述べておきたい。まず，中嶋の授業では，理解可能な $i+1$ のインプットが非常に豊富に与えられている。生徒が僅か2年程度しか英語に触れていないからといって，英語も内容も，決して幼稚なものにはなっていない。ALTの話す英語は自然体であり，かなり早いスピードで話されているにも拘わらず，生徒達は長時間注意力を持続し，内容もしっかりと把握している様子である。それは，生徒の授業態度，グループ・ワークの様子，個々人の発表する意見などから一目瞭然である。
　生徒がこれだけの量と質の英語を消化できるのには，少なくとも次のこ

とが関係していると思われる。1つは、JTEもALTも、様々な手法を用いて生徒のインプット理解を促進しているということである。インプットの単純化、詳細化については第4章でも取り上げたが、生徒の理解を促し、且つ言語習得に役立たせるためには、インプットをただ簡単にする単純化では不十分である。インタラクションの中で補足説明を加えながら分かりやすくしてあげること、つまり詳細化がより重要となる。中嶋の授業では、インプットが単純化された形ではなく、詳細化された形で豊富に与えられている。上の授業会話の中でも、単語やフレーズの繰り返し（下線部）、言い換え（波線部）、実物やジェスチャー（括弧付け）といったものが、ふんだんに使われていることが分かる。

更に、JTEとALTの双方が協力しながら、お互いの話すことをサポートし合っている。ALTが早口でまくしたてたなら、JTEがそれを補足したり、生徒に理解の確認をしたりしている。逆に、JTEが言ったことは、ALTが繰り返したり、言い換えたりしている。会話が一貫したテーマに沿って進んでいるということも、話のコンテクストをはっきりとさせ、生徒の背景知識を活性化するのに役立っている。また、生徒によって理解度に差があることを考慮して、生徒同士で内容を確認し合う時間を設けていることも重要な点である。そうすることで、個々の生徒が責任を持って授業に臨み、全員の生徒が最低限のインプット理解を達成することを保証している。

このような工夫の他にも、中嶋はその著書（中嶋, 1999, 2000; 三浦, 他, 2002; 三浦, 他, 2006）の中で、日頃から行う基礎トレーニングの重要性について述べている。特に学習の初期段階で重要となる、聞いた言葉をすぐに繰り返すシャドーイングや、意味をしっかりと理解した後で行う音読練習が、教師の英語での授業運営を容易にしているようである（音読とシャドーイングについては、第7章7.1.7.参照）。他にも、リアルタイムで英語が理解できるように、チャンクによる同時通訳練習なども取り入れられており、その一部はこの授業の最初にも導入されている（図14参照）。このような取り組みを継続的に行っていくことで、生徒が自然な英語のスピードについていけるように訓練しているのである。こうした訓練と共に、トップダウン（ジェスチャー、実物の利用など）とボトムアップ（繰り返し、

言い換え，例示など）の両方で与えられる情報によって，中学２年生レベルでも，これだけ内容豊かな授業を英語で理解することができるのである。

中嶋の授業で特筆すべきもう１つの点は，そのインタラクションの多さと，バラエティーである。上記の授業例では，教師間のインタラクションから始まり，生徒への問いかけを通して教師と生徒のインタラクションに発展し，そして，それが生徒同士のインタラクションへとつながっていっている。インタラクションの形態は，全体，ペア，小グループと，その時々で形を変え，必要に応じて生徒個人個人で考える時間も与えられている。もちろん，生徒が英語表現で困っている時は，生徒の意思を尊重しつつ必要な補助（scaffolding）も与えられている。そして，生徒同士でも，内容面，言語面の両方でサポートし合う様子が随所にうかがえる。この授業はティーム・ティーチングで行われているが，教師の問いかけや活動形態に工夫を凝らすことによって，通常のソロ・ティーチングであっても同様に活発なインタラクションが創出できるだろう。

簡潔な文法説明を FonF として行う

目標言語項目である to 不定詞の導入と説明の仕方も，重要な点である。中嶋は，文法説明を決して唐突に「今日は不定詞を勉強します」と始めるのではなく，環境問題について話す中で，We cut down a lot of trees / to make wooden chopsticks. We need / to think more / about the environment. という不定詞の例文を紹介するところから始めている。このように，重要な意味内容を伝える手段として目標言語項目を導入することで，それを学ぶ必然性が増し，形式・意味・機能の３要素の結びつきを自然な形で示すことができている。例文を板書する際は，to make と to think の部分をカードで示し，スラッシュで区切ることによって，生徒に文構造を無理なく理解させている。

文法を教えるために，スキットなどを使う授業をよく見るが，残念ながら，例文を紹介した後ですぐに形式偏重の授業になってしまうケースが多い。すると，せっかくの意味重視のスキットも，結局，文法学習のためだけの「おまけ」のようになってしまう。中嶋の授業がそうならないのは，

to 不定詞の習得が授業の主目的ではなく，それをあくまでも話題を深めていくための道具として使っているからである。そして導入後は，生徒から I want / need to ～を使った表現を，テーマに沿って無理なく引き出している。このように中嶋の授業は，インプット，アウトプット，インタラクションをバランス良く取り入れて，言語3要素である形式・意味・機能を統合した見事な FonF の実践例と言えるだろう。

英語授業での日本語の有効な使い方

　もう1つ中嶋の授業で参考にしたいのは，英語授業の中での日本語の使い方である。「授業中は英語のみ」とすると，生徒の理解に無理が生じかねないし，非効率的となる場合もある。そうかといって，日本語を乱用してしまっては，効果的な言語習得にはつながらない。その点で，中嶋の授業はほとんどが英語で行われているが，所々で日本語が上手く用いられている。例えば，factory や environment などの重要単語の意味を確認するために，"In Japanese?" と生徒に問いかけたりしている。他にも，"these wooden chopsticks are made, are made, 作られる, are made from only 4% of whole wood." や，"we make wooden chopsticks from rotten trees, rotten trees, 腐った, rotten trees." というように，英語の表現を繰り返し強調しながらも，的確に日本語を付け加えている。

　生徒がペアで内容確認をしたり，ディスカッションをする時も，日本語の使用が許されている。中級かそれ以上のレベルの学習者を対象にする場合は，生徒の発話も含めて全て英語で行うことに挑戦すべきだろうが，中学2年生の生徒達が，環境問題などのテーマについて英語で自由に意見交換することは難しい。そのため，中嶋のクラスでは，生徒達の話し合いこそ日本語で行われるが，それぞれの意見を発表する段階では，英語を使わなければならないとされている。したがって，生徒達は日本語で話し合っていても，英語でどう表現するかを考えなくてはいけなくなる。あくまでも，話し合いの内容を深めるために日本語を使うのであって，生徒達が後に英語で活発に意見交換できるようにするための配慮となっている。[38]

---

[38] 英語授業での効果的な日本語の使い方のアイデアとして，吉田，柳瀬（2003）が参考になる。

"Limited English ability" イコール "Limited thinking ability" ではない

中嶋は，日本の典型的な英語授業に対して，次のような指摘をしている。

> 新出単語を説明し，文法を板書で説明してから教科書を1 section 1 period（1時間に1ページ終わらせる）でおさえるという教え方では，いつまでたっても生徒は受け身である。そこではメッセージを共有し合おうという姿勢は生まれない。内容が生徒にとって価値の低いもの，魅力的ではないものでは，知りたい，伝えたいという気持ちにはなれない。また，必要以上に slow learner のことを心配し，日本語を多用する，単語量を規制するという指導では，本来持っている学び取る力，自分で気づく力，自立しようという力はいつまでたっても発揮されない。つまり，教師主導型の一斉指導ばかりでは，生徒同士が関わりやつながりをもてないということだ。もっと振り子のように学習活動と言語活動のバランスをとることが必要だろう。（三浦，他，2002, pp.71-72）

中嶋の見解通り，生徒が積極的に学べるか否かは，インプットにしろアウトプットにしろ，内容がどれだけ濃く，彼らの興味をそそるものなのかにかかっている。英語授業の全体構想（class design）を考える上で，どのような言語知識・スキルを身に付けていってほしいかという「言語目標」（language objectives）も大切だが，どのような内容について学び感じてほしいのかという「内容目標」（content objectives）も忘れてはならない（Crandall & Kaufman, 2002; Snow et al., 1989; Snow & Brinton, 1997）。更に，コミュニケーションは人と人をつなぐものであることを考えると，コミュニケーションを教える英語授業も，その目的に十分に適ったものでなければならないだろう。

ALT として中嶋の授業に参加した Koreen Reece も，以下のようにコメントしている。

> Consistently providing material that matters to the students and to the world they live in, using English as a medium of expression rather than

an end in itself (or a 'dead' language), encourages an unbelievable level of motivation and skill.... Also, providing an interesting context seems to allow the students to learn grammar or vocabulary much more quickly and accurately than if those devices are separated from their contexts. I have come to realize that the fact that the students have limited English skills does not mean that they have limited thinking abilities; and when their intellects are challenged, their communicative abilities soar in ways I would never have expected. (中嶋, 2002a, 折込み小冊子 p.14)

　Koreenは，中嶋とチーム・ティーチングする中で，意味と形式を密接に結びつけて指導するFonFの授業に手応えを感じているようである。英語の授業は，形式をきっちり教えたからといって，それだけで成り立つものではない。そこに興味ある内容があるからこそ，意思伝達に必要な言葉をよりよく学ぶことができる。逆にそういった内容がなければ，学んだ形式は，文字通り意味をなさない。また，生徒の英語力が未熟だからといって，彼らの知的好奇心や思考力を過小評価してはいけない。中嶋とKoreenの授業は，生徒の力と可能性を決して見くびってはいけないことを教えてくれている。
　中嶋の授業を教員研修会などで紹介すると，生徒の聞き取り能力と発話能力の差を問題視する教師がいる。確かに生徒は，複雑な内容でも適切なサポートがあれば，かなりの部分を理解することができる。しかし，発話となると間違いも多くなり，たどたどしくなってしまう。だが，こういった能力の差は，言語習得では至って自然なことであり，特別問題視することではない。特に，生徒が丸暗記を越えて自由に自分の意見を述べようとする際には，流暢さに欠けたり，間違いが多くなったりするのは当たり前である。より重要なのは，生徒の伝えたい，理解したいという気持ちを教師が大切に育んでいってあげることである。発話力は，単なる語学力によるものではなく，伝えたい意欲と伝えたい内容の形成が大きく関わっている。[39] 中嶋の授業は，まさにこのことを大前提に構成されている。だから，言語形式を定着させるためだけの一方的な授業は行わないで，生徒の

学習ニーズやコミュニケーション・ニーズを十分に考慮した授業構成となっている。言語の正確さは最初から得られるものではなく，与えられる課題の必要性に応じて，後からついてくるということを再確認すべきである（Ortega, 2007）。

中嶋の授業例は，日本のEFL環境で英語学習歴が非常に短い中学校2年生を対象にでも，ここまで量と質を充実させたインプット，アウトプット，インタラクションの授業が展開できることを示している。様々な環境的制約があっても，教師の確固たる教育観，ビジョン，そして努力が備わるところには，大きな可能性を秘めた英語教育が存在する証である。

今後，このような授業が全国に広まり，アクション・リサーチといった形で実践研究がなされていくことを期待しよう。その際，従来のようにペーパーテストで機械的に言語形式の定着度を測るのでなく，もっと多角的な面から英語力を見ていくことが望まれる。例えば，生徒の英語に対する意識・意欲の変化，コミュニケーションに臨む上での態度の変化，異文化に対する興味，一般的な問題意識の変化，外国語学習に伴う曖昧さに対する許容度（tolerance of ambiguity），言語不安（language anxiety），リスク・テイキング（risk-taking—Ellis, 1994; Gass & Selinker, 2008; Lightbown & Spada, 2006）の変化などを見ていくといいだろう。また，言語面では，正確さ（accuracy）だけでなく，流暢さ（fluency），複雑さ（complexity），機能性（functionability），タスク達成の度合い（degree of task accomplishment）なども含めて（Skehan, 1998），様々な観点からデータを集めて，生徒の英語の総合力を測っていくべきだろう。そうやって，生徒の全人格育成をも視野に入れた英語教育へと広げていきたい。

中嶋の授業例を単なる達人教師の一例として終わらせるのではなく，これからの英語教育の発展へと是非ともつなげていきたい。そのために，中

---

39 よく生徒の自由な発話を要求するアウトプット活動を行うと，生徒があまり話さないので困る（だからエクササイズ活動に逆戻りする）といった話を聞く。しかし，そういった授業では，教師が生徒の伝えたい内容と意欲を，そこに行き着くまでの授業の流れの中で十分に刺激していないことが多い。そのような「下準備」なしでは，生徒は急に「英語で意見を述べなさい」と言われても，困惑するだけだろう。それは，まるで英語のできる人が，周りの人間に興味本位で「何か英語で話してよ」と急かされても，言うことも必要性もないので，何も言えなくなってしまう状況と似ているのではないだろうか。それは，英語力の問題以前の問題である。

嶋が授業の最後で生徒に問いかけた質問を，今度は教師の方々にも問いかけてみたい：How did you feel? What did you learn? And what WILL YOU do?

6.2. タスク中心教授法とフォーカス・オン・フォーム

次に，タスク中心授業で行なわれる FonF の実践例を，ESL と EFL のクラスルーム研究から紹介しよう。

6.2.1. 落とし物の持ち主を当てるタスクの中で，法助動詞を教える：簡潔な文法説明の効果

Samuda（2001; Samuda & Bygate, 2008）は，アメリカの大学入学準備クラスの初級から中級レベルのESL学習者を対象に，いかにタスクを使って未習の文法項目を教えられるかについて調べている。この研究を紹介するにあたって，まず，文法指導のタイミングの問題について触れておこう。コミュニケーション能力の育成を目指した授業の中で未習の文法を教えようとする際，図15に見られるような3つの大きな流れが考えられる。

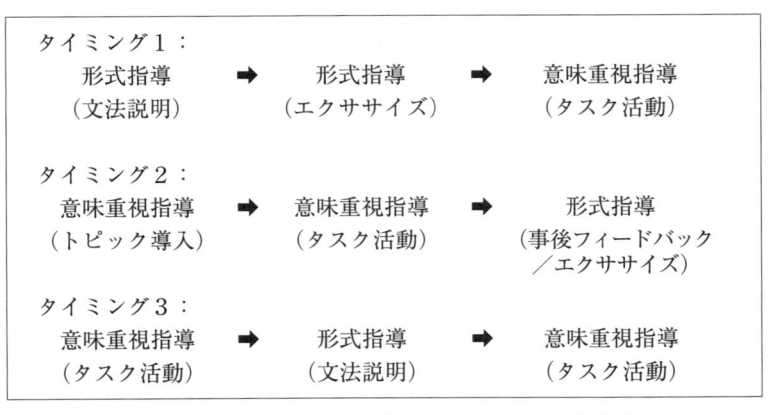

```
タイミング1：
  形式指導      ➡  形式指導        ➡  意味重視指導
  （文法説明）      （エクササイズ）      （タスク活動）

タイミング2：
  意味重視指導  ➡  意味重視指導    ➡  形式指導
  （トピック導入）  （タスク活動）        （事後フィードバック
                                        ／エクササイズ）

タイミング3：
  意味重視指導  ➡  形式指導        ➡  意味重視指導
  （タスク活動）    （文法説明）          （タスク活動）
```

図15：形式指導のタイミング（Samuda, 2001に基づく）

タイミング1は，文法の説明をした後に，それを定着させるためのエク

ササイズを行い，最後にタスク活動を行うという流れである。これは，第2章で見たPPPの流れと同じものである。タイミング2は，意味重視の活動を十分に行った後で，フィードバックやエクササイズといった形で，形式の指導をする手法である。これは，第4章で触れたタスク中心授業の1つのやり方である。タイミング3は，意味重視のタスク活動で始まるが，学習者がタスクに慣れてきた時点で文法説明を加え，その後，再びタスクに戻るという方法である。

　これら3つのやり方は，三者三様の課題と問題を抱えている。まず，タイミング1は，日本の英語教育でよく用いられる，便利且つ効率的な（効果的とは区別される）やり方である。しかし，形式指導が先行するために，せっかくのタスク活動も，形式練習のための疑似コミュニケーション活動となりやすい（第2章参照）。タイミング2は，形式よりも意味内容が優先されるため，自然で自由なコミュニケーションが期待できるが，その反面，形式指導が最後までなされないので，言語面で不確かなままタスク活動を続けなければいけなかったり，間違った表現が見過ごされがちとなってしまう。しかも，形式指導が終わった後でタスク活動が続かないので，学んだ形式を使ってみるチャンスが得られなくなってしまう。タイミング1，2いずれの場合も，便宜上言語の意味と形式を切り離して教えることになるので，両者の間に隔たりができてしまい，両者のつながりを学ぶことが難しくなりやすい。

　タイミング3は，授業の始めに必要に応じて語句や表現の説明は行うが，文法説明はタスクの中で行うことになる。こういったやり方だと，意味内容に沿った形で言語形式を紹介することができるため，意味と形式のつながりをはっきりさせることができる。更に，形式指導後にもタスク活動が続くため，生徒はそこで教わったことを，すぐに実践の場で試すことができる。この方法の問題点と言えば，形式指導が意味重視の活動の途中に入ってくるため，コミュニケーションが中断されてしまう可能性があるということ。また，意味から形式，形式から意味への流れがスムーズに行なわれないと，学習者を混乱させかねない。こういった問題を回避するには，いかにタスクの流れに沿って形式指導を導入していけるかが鍵となってくる。Samudaの研究では，その導入の仕方を，ESLの授業分析を通し

て明らかにしようとしている。

　この研究で焦点となった言語項目は，法助動詞（must, could, might など）である。これらは，He might be single. He must be single. He is single. といったように，話し手の確信度によって使い分けられ，どの助動詞が使われるかで，伝えられる意味が微妙に変わってくる。法助動詞の難しさは，形式それ自体よりも，どの形式を，いつ，どういったニュアンスで使うかを判断することである。Samudaの研究では，タスクを使って，（1）生徒が意味と形式の結びつきを学ぶ過程を，教師がどのように補助してやれるのか，（2）意味 ➡ 形式 ➡ 意味の授業の流れの中で，生徒はどこまで法助動詞を学ぶことができるのか，が問われた。

　この研究で使用されたタスクは，落とし物の持ち主を当てるタスクであった。タスクを始めるにあたって，生徒には落とし物の品々とタスク用チャート（表8）が与えられた。これらを基に，生徒達は小グループで，落とし物の持ち主がどんな人物なのかを話し合い，その推測の確信度を決めて，クラスの前で発表するよう言い渡された。

表8：タスク用チャート（Samuda & Bygate, 2008に基づく）

	HOW CERTAIN ARE YOU?		
	Less than 50% certain (It's possible)	90% certain (It's probable)	100% certain (It's certain)
Name			
Sex			
Age			
Marital status			
Occupation			
Likes & interests			
Recent activities			
Any other ideas			

「意味 ➡ 形式 ➡ 意味」の授業の様子

　授業の展開を最初から見てみよう。教師はまず忘れ物のコートを生徒達に見せて，誰の落とし物だろうかと問いかけるところから授業を始める。

コートのポケットの中から次々と品物（iPod，黄色のブラシ，走り書きしたメモなど）を取り出してみせ，同じ様に落とし主を推測させる。問いかけの際，持ち主の性別，年齢，職業などできるだけ細かく質問し，次に続くタスク活動の概要と，関連するインプットを与えておく。この時点では，形式指導は最小限に抑えられている。この後，小グループに分かれて，忘れ物の持ち主を推測するタスク活動が始まる。以下に，それ以降の授業の様子を，形式指導の流れに沿って分析・解説していこう。

　形式指導前のグループ活動では，生徒達は合計で124回の確信度を表す表現を使って会話していたが，そのいずれも法助動詞ではなかった。以下は，タスク中のグループの会話例である（太字は既知表現，下線は渡されたチャート内の表現を真似たものである）。

生徒A： Is this hobby or job? **Maybe** it's hobby, but ...
生徒B： **Maybe**.
生徒A： **Maybe** it's job.
生徒C： Both.
生徒A： Both?
生徒C： It's <u>possible</u>.
生徒B： <u>Possible</u> or <u>90%</u>?
生徒D： <u>90%</u> I think.

　この会話例から，生徒が maybe といった既存の言語知識と共に，チャートに出てくる表現を使って，巧みにタスクを行う様子がうかがえる。教師は，ここでは何ら積極的な介入はせずに，観察者として見回るだけである。そして，会話がある程度進んできた時点で，生徒達に経過報告をするように指示する。ここで初めて教師による形式指導が導入されるわけだが，それは次のように始められる（矢印は目標項目の導入箇所を示す）。

生徒A： Well, first he smokes.
生徒B： But we think <u>50%</u>, we think just <u>50%</u>.
生徒C： Yes, just maybe. We're not sure.
教師： Oh yeah? Only <u>50%</u>? Why is that?

生徒D： Yeah, give proof!（笑い）
生徒C： Because here.（マッチボックスを見せながら）A matchbox.
教師： Hmmm, but you're <u>not certain</u> if he smokes, huh?
生徒D： Look（open matchbox）. Many matches so maybe he just keep for friend, not for him（笑い）
教師：➡ Hmmm, I guess it's possible he *might* smoke. It's hard to tell just from this…

　上の例から分かるように，生徒同様，教師もチャートの中の確信度の表現を使って，生徒との円滑なコミュニケーションを図っている。そこで，教師は生徒の注意を徐々に確信度の表現に引こうとするが，まずは教師自身が目標形式をさりげなく会話の中で使っていくことから始められている。Samuda は，こうした教師の指導法を "leading from behind"（後ろから後押しするやり方）と表現しており，このような目標形式の導入をリキャストと対比して，「プレキャスト」（precast）と呼んでいる。そのような準備段階を経て，教師は次のように明示的な指導へと移っていっている（下線はチャート内の表現，矢印は目標項目の導入箇所を示す）。

教師： So, lots of interesting ideas here… Why don't we look at how the language works here? Just for a minute.（落とし物の品々を見ながら）Did you have anything here you thought was <u>probable</u>? Like <u>90%</u>?
生徒A： Businessman.
教師： Businessman? <u>90%</u>? OK. So you're <u>90% certain</u> he's a businessman, right? Here's another way to say this. You think it's <u>90% certain</u>, so
➡ you think he *must* be a businessman. He *must* be a businessman.（文を板書する）So this（板書された *must be* の箇所を指しながら）is showing how <u>certain</u>, how sure you are. Not <u>100%</u>, but almost <u>100%</u>. <u>90%</u>.
生徒B： So <u>100%</u> is 'be' or 'must'?
教師： <u>100%</u>? Then you can say he IS a businessman.（文を板書する）When you're NOT <u>100% certain</u>, you can use *must*. OK? Not he is a

➡ businessman, but he *must* be a businessman. So 'be' here（*be* を指しながら）is from this verb.（*is* を指して）Let's see what other things you have for probably?
生徒C： Travel a lot.
教師：➡ OK so if it's 90%, you can say he *must* travel a lot（板書する）so we use *must* with the verb.（板書された文を指して）
生徒D： No 's'?
教師： Right, no 's'.
生徒A： Simple verb.
教師： Yeah, you use the simple verb here... So anything else for probable?

　教師はタスクの意味内容に沿いつつも，タスク活動は一時休止する形で目標形式の紹介を行っている。ここで重要なのは，それまでに行われてきたタスク活動が，形式を学ぶことの必要性を作り出しているという点である。Samuda は，このことを「意味空間」（semantic/learning space）の創出と表現している。タスクの中で「～かも知れない」「ひょっとすると～」「多分～」といったことを的確に表現する必要性が高まってきているところで，それに当たる形式がタイミング良く無理なく入り込む形となっている。また上の例では，生徒からの自発的な質問が出てきているが，それは形式が介入できるだけの意味空間が，それまでの時点で十分に作り出されているからであろう。そのため，細かい文法説明も，決して教師の一方的な講義にはなっていない。

　上記の会話の直後には，習った形式を生徒が自発的に使って会話する様子がうかがえる。そこで発せられた生徒の発話に対して，教師は次のようなフィードバックを返している。

生徒B： She *must has* many many boyfriends.
教師： She *must has*?
生徒B： Must, yes *must have*
生徒C： Have
教師： Yeah, she *must have* lots of boyfriends－look at all these phone

numbers.（笑い）

生徒D： We think just 50% so we think she *must* live in California.
教師： Mmm hang on a minute. How certain are you?
生徒D： 50（タスク用チャートを見て）yes 50.
教師： 50%? So you're not very certain, but you think it's possible?
生徒D： Not very not very just 50 ahhh she might...
教師： Yeah she *might* live in California. With *must*, the grammar is good, but the meaning changes.
生徒D： Ahh, she *might* live in California, yes.

　このような形式指導を経て，生徒は再びグループ活動に戻り，最終発表のための話合いを煮詰めていく。教師はその間再び観察者となり，机間巡視を行う。

形式指導前と指導後の変化

　形式指導の前後で，確信度を表す表現の使用頻度は，どうなったであろうか。その変化を表9に示してみよう。

　指導前は，かなりの割合で既知表現のMaybeが使われていたが，指導後には，明らかにその頻度が下がっている。タスク用チャートから引用してきた言葉に関しては，表現によって増減がまちまちで，指導後にその使用頻度が減少したとは言い切れない。目標形式である法助動詞は，指導前は皆無であったが，指導後は全ての項目で使用が確認されている。この授業の10日後に行われた法助動詞に関する抜き打ちの事後テストでは，26点満点中，平均19点となっており，事前テストと比べて15点以上の伸びが確認された。

「学ぶ必要感」を重視した教え方

　この研究では，学習結果を示すデータは上記以外にないが，文法主体の解説やエクササイズではなく，タスクを使って未習得の文法を教えた例として，その意味するところは大きい。法助動詞をタスク達成のための有益

表9：FonF 前と後の確信度の表現の使用割合（％）

	指導前	指導後
既知表現		
Maybe	53.2	36.5
I'm sure	11.3	0
I'm not sure	8.9	0
チャートから取った言葉		
It's possible	10.5	7.3
It's probable	5.6	9.7
Certain	4.8	7.3
90%	4.0	0
50%	1.6	0
目標言語項目		
Must	0	17.0
May	0	12.1
Might	0	7.3
Could	0	2.4

なサポートとして捉え，それを意味重視の活動の中で付随的に教える。しかも，タスク遂行の上で，生徒の言語使用に何ら制限を設けず，自然な言語使用と習得過程を大切にしている。その結果，生徒達がコミュニケーションの中で自発的に法助動詞を使い始めたということは，この方法が効果的であることを示唆している。生徒は，これまで使っていた表現を全て捨てて，教師の指示に従って法助動詞を使い始めたわけではなく，既知表現を残しつつも，法助動詞を取り入れ始めている。これは至って自然な言語習得の姿である。この事例研究から，Samuda は次のような結論を出している。

（1）生徒に言葉の意味と形式の結びつきを教える上で，タスクと教師のバランス良い相互関与が重要になってくる。タスク中心授業では，タスクだけをやらせっぱなしでもいけないし，教師が介入し過ぎて生徒の自主性を損なってもいけない。両者がうまい具合に補足し合ってこそ，タスク活動が生きてくるのである。

（2）タスクの重要な役割の1つは，授業中に「意味空間」を作り出すこ

とである。タスクは，意味を理解し，何かを伝える必要性を生み出す。タスクに取り組む中で，生徒は知識不足（話の内容を理解したいがよく分からない／話したいが上手く言えない／もっとよく知りたいという気持ち）を感じ，学ぶ意欲を高める。[40]
（3）教師の役割は，タスクによって作られた意味空間の中で，生徒に必要な形式を必要な時に提示し，新たな意味と形式の関係を教え導いてあげることである。生徒がタスク達成のために形式を必要としている時こそ，その形式を教える最も良いタイミングである。
（4）意味 ➡ 形式 ➡ 意味の授業の流れは，生徒に意味と形式のつながりを示す上で，特に有効な方法である。この流れに沿って教えられた形式は，単なる受け身の知識ではなく，コミュニケーションに役立つ能動的な知識として生徒の中に取り入れられるだろう。

「後ろから後押しする」教え方

日本の英語教育でも，形式を優先させたタイミング1（形式 ➡ 形式 ➡ 意味）や，形式を後回しにしたタイミング2（意味 ➡ 意味 ➡ 形式）だけでなく，意味と形式を融合させたタイミング3（意味 ➡ 形式 ➡ 意味）の流れをどんどん取り入れていくべきであろう。一般的に最も普及している方法は，教師が先頭に立って生徒を誘導するやり方だが，生徒が学習の必要性を感じていなければ，いくら教師が生徒を先へ引っ張ろうとしても，その労力は報われない。本来タスクは，意味あるコンテクストを作り出して，生徒の伝えたい，学びたいという気持ちを引き出すために用いられるものであって，単に教えたことを使わせるためだけの場ではない。このようなタスクの特性を十分に生かして，生徒が言語形式の必要性を感じたところで，教師が適切な形式を教える。これが，Samudaの言う「後ろから後押しする」教え方である。この場合，教師は「後方支援者」としての役割を担うことになる。

前のセクションで見た中嶋の授業例は，このようなタイミング3の流れ

---

[40] SLA研究では，学習者が言語を使用する中で，自身の知識の不足と更なる学習の必要性に気付くことを，中間言語の「穴の気付き」（noticing of the hole）と呼んでいる（Swain, 1998）。

を内容中心授業の中で実践した例であった。中嶋の授業では，環境問題について話し合う中で to 不定詞が導入され，文法指導後には再度内容中心授業に戻って，生徒が to 不定詞を使えるよう機会が設けられていた。この場合，to 不定詞は単に教科書に出てくるから教えられたのではなく，授業の中で生徒自らが必要性を感じて学び取った言語形式である。中嶋の授業例と Samuda の研究例は，内容中心，タスク中心のどちらの授業でも，意味内容が充実した活動をする中で，言語形式を効果的に教えていけることを示している。

　You can lead a horse to water, but you cannot make him drink. ということわざがあるが，これは英語教育にも当てはまることである。生徒が言葉という栄養をたっぷりと吸収していくには，教師がそれを無理矢理に押し付けるのでなく，いかに生徒の学ぶ意欲を高められるような授業構成を考え，教えるタイミングを見極めていくかにかかっていると言えるだろう。

6.2.2. 問題解決型タスクの中で，冠詞の使い方を教える：インタラクション強化の効果

　Samuda の研究は，生徒にタスクを与えながら，同時に新しい言語項目を教えていく授業例であった。教えたい言語項目が新しいものではないが，未だなかなか使いこなせないものである場合には，タスクの中で教師が何らかのフィードバックを与えてやることが有効と考えられる。本章初めに紹介したリキャストはその1つの方法であるが，もう1つの方法として，次に紹介するインタラクション強化がある。

　Muranoi (2000) は，英語中級レベルの日本人大学生を対象に，インタラクション強化の効果について調べている。目標とされた言語項目は，冠詞の使い方であった。英語の冠詞は，日本人の英語学習者にとって習得困難な言語項目である。文法説明やエクササイズ活動などといった方法では，思うように身に付かないことは周知の通りである。これまでの研究では，日本人の英語学習者は必要なところで冠詞を省いてしまったり，不必要なところで使ってしまったりすることが分かっている。その際，使われるのは定冠詞の the である場合が多く，不定冠詞の a が必要な場合でも，the が過剰に使われてしまう。そこで Muranoi の研究では，不定冠詞の使

い方に焦点を当てることによって，同時に定冠詞の使い方も学んでもらうことを狙いとした。[41]

　Muranoiは，「方略的インタラクション」(strategic interaction – Di Pietro, 1987) と呼ばれる問題解決タスクを使って，学習者が自然と冠詞を必要とするコンテクストを作り出し，そこでインタラクション強化を行った（これはtask-naturalnessの概念に基づいたものである；5.3.2.参照）。方略的インタラクションとは，生徒達に利害の対立するシナリオを与え，お互い交渉することによって，打開策を見つけさせるというものである。最初の設定だけは決められているが，あとは相手の出方次第で交渉の内容が変わってくるので，かなり現実的なタスクと言える。Muranoiの研究では，具体的に次のようなシナリオと，図16に示される絵が使われた。

　方略的インタラクションは通常小グループ間で行われ，次の3つの段階から成る。

（1）準備段階（rehearsal phase）：グループごとに違う役割が与えられ，どのように役割を果たすかをグループ内で事前に話し合う。何通りかの相手の出方を予想して，複数の交渉プランを思案しておく。実際の交渉はグループの代表者によって行われるため，その代表者をあらかじめ選出しておく。
（2）交渉段階（performance phase）：交渉は，2つのグループの代表者によって行われる。代表者が途中で行き詰まったり，何らかの援助が必要な場合は，グループの仲間に助言を求めることができる。またグループのメンバーも，途中で代表者に指示や助言を与えることができる。交渉の場で重視されるのは，お互いの意向を十分に伝え，双方が納得のいく結論に達するということである。
（3）振り返り段階（debriefing phase）：最後に，教師を交えてクラス全

---

[41] このように，1つの言語形式に焦点を当てて，他の関係する言語形式も同時に教えようとする考え方は，「有標性」（markedness）と呼ばれる言語学の理論に基づいている。より難しい有標の（more marked）形式を習得することで，よりやさしい無標の（un-/less marked）形式の習得を促進しようとするものである。このような学習効果は「投射現象」（projection phenomenon）と呼ばれ，関係代名詞などの指導にも応用されている（Chaudron & Parker, 1990; Doughty, 1991; Eckman et al., 1988; Izumi, 2002, 2003b; Zobl, 1983など）。

▶ Role A (employee at a trading company):
Your boss tells you that your department has ¥1,000,000 which can be spent for any purpose for your department. You think that there are many things that must be replaced immediately in your office. Tell your boss what you think your department needs the most.

▶ Role B (department-chief of a trading company):
Your company has ¥1,000,000 which can be spent for any purpose for your department. You think providing the employees with a recreation trip to a hot spring might be a good way to spend the money (There are 20 employees in your department). Ask someone in your department what he/she thinks and decide together how to spend the money.

図16：方略的インタラクションで使われた絵（Muranoi, 2000に基づく）

体で，交渉の仕方や表現方法，語彙や文法の使い方などについてディスカッションする。

Muranoi の研究では，上記の（2）の交渉段階で，グループの代表者同士ではなく，グループ代表対教師の間で交渉が行われた。そこで，生徒が不定冠詞の間違いを犯した際に，明確化要求とリキャストを使った形でインタラクション強化が与えられた。次の例は，アパートに住む下宿生が不動産屋に抗議するという会話の設定の中で，インタラクション強化が与えられている場面である。生徒が下宿生役で，教師が不動産屋役として交渉を行っている。

教師：	And any other problem?	
生徒：	... I saw rat.	← 間違い
教師：	You saw what?	← 明確化要求
生徒：	A rat.	← アウトプット調整
教師：	Uh huh, you saw a rat in your room.	← リキャスト
	That's terrible.	← 会話継続
生徒：	The room is, the room, the ceiling is broken. Ceiling have hole.	← 間違い
教師：	Could you say it again?	← 明確化要求
生徒：	...	
教師：	The ceiling has what?	← 明確化要求
生徒：	The ceiling has hole.	← 間違い
教師：	Hole, you mean the ceiling has a hole, right?	← リキャスト
生徒：	Yes, it has a hole.	← アウトプット調整

更に，Muranoi の研究では，上記（3）の振り返り段階を2種類に分けて行なった。1つは，交渉のやり方や内容について振り返り（meaning-focused debriefing），もう1つは，冠詞に関する形式についての振り返り（form-focused debriefing）を行った。この研究では，これら2種類の振り返りの効果についても調べられた。

実験では，約30人×3クラスがクラス単位で無作為に次のグループに振り分けられた：（1）実験群1：インタラクション強化＋意味重視の振り

返りを行ったグループ，（2）実験群2：インタラクション強化＋形式重視の振り返りを行ったグループ，（3）統制群：実験群1，2と同じタスクを行ったが，インタラクション強化なしで意味重視の振り返りを行ったグループ。実験最初の週には，冠詞の事前テストとして口語と筆記テストが行われた。2週目からは，各約30分間の方略的インタラクションの活動が週1回のペースで3週間にわたって行われた。そして，3回目の活動後に直後テストが行われ，更に5週間後に遅延テストが行われた。

インタラクション強化の効果

各グループのテスト結果は，図17と18に示す通りである。

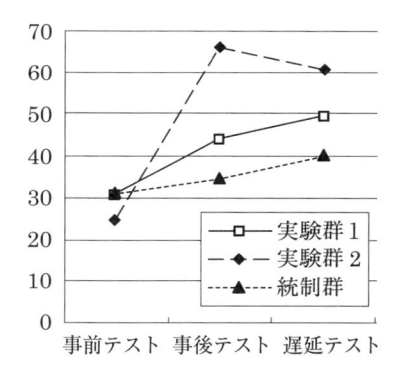

図17：不定冠詞（"a"）の結果
（平均得点表示：Muranoi, 2000に基づく）

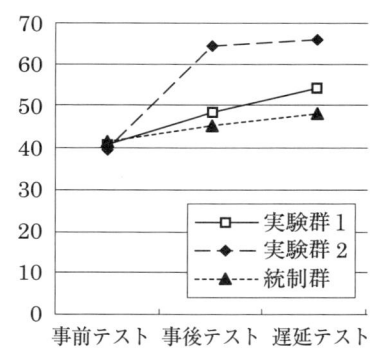

図18：定冠詞（"the"）の結果
（平均得点表示：Muranoi, 2000に基づく）

事前テストにおいては，どのグループも大差のない点数を取っているので，この時点では皆同等のレベルと言える。図17には不定冠詞の結果が表わされているが，インタラクション強化を受けた実験群1，2は，インタラクション強化なしの統制群と比べて，事後テストの点数を有意に伸ばしていることが分かる。更に，実験群1と2を比べると，実験群2の方が，実験群1よりも高い伸びを示している。これは，形式重視の振り返りが，意味重視の振り返りよりも，日本人英語学習者の冠詞の習得に効果があることを示していると言えよう。更に，遅延テストの結果からは，インタラ

クション強化の効果は5週間後も維持されていることが分かる。図18には定冠詞に関する結果が表されているが，全体として不定冠詞とほぼ同様の結果が得られている。インタラクション強化で焦点が当てられた不定冠詞だけではなく，定冠詞においてもその効果が現れている。そしてこの場合も，意味重視ではなく，形式重視の振り返りと合わさった時に最も顕著な伸びとなっている。

以上に加えて，Muranoi は，直接教師とインタラクションした生徒と，それを観察していただけの生徒のテスト結果を比べている。結果は，両者とも有意に点数を伸ばしており，両者の間に大差は見られなかった。つまり，インタラクションに直接参加するかどうかは，冠詞の伸びにさほど影響を与えなかったようである。これは，全ての生徒にいつも平等な発話の機会を与えることができない大人数のクラスの現状を考えると，心強い結果であろう。

積極的な心的な関わりの重要性

ここで今一度振り返っておきたいのが，第4章で紹介した Mackey (1999) のインタラクション効果に関する研究である。そこで見た研究結果は，インタラクションを観察しただけのオブザーバー・グループが，実際にインタラクションを行ったグループと比べて，疑問文を使いこなす能力がそれほど伸びていなかったというものである。この結果は，Muranoi の研究結果と相反する。このような違いは，おそらく対象となった学習者や，目標とされた言語項目，また活動形態などの違いによってもたらされたものと思われる。ここで確かなこととして言えるのは，会話に参加したからといって，それですぐに言語が身に付くというわけではなく，また見ていただけだからといって，言語習得に何の役にも立たないというわけではないということである。

授業中の生徒の発話行動と学習の度合いの関係を調べた研究では，積極的に発話していた生徒が，そうでない生徒よりも必ずしもめざましい言語習得を達成しているわけではないことが示されている（Allwright, 1980; Ellis et al., 1994; Lightbown & Spada, 2006; Wong-Filmore, 1979）。このような研究結果から言えるのは，インタラクションに直接参加しているかどうかとい

第6章　フォーカス・オン・フォームの実際　215

うことよりも、そこでどこまで学習者の「心的関わり」（mental engagement）があるかということが重要ということであろう。もちろん、インタラクションに参加することは、そのような学習への積極的な関わりを促すだろうが、Muranoi の研究のように、リハーサル段階のグループ活動などを通して生徒全員が活動に参加できるような配慮があれば、オブザーバーにも参加者と同様の学習効果が期待できると考えられる。

　なお、Muranoi の研究では、中級から上級者向きの問題解決型タスクとして方略的インタラクションが使われたが、三浦、中嶋、池岡（2006）は、初級者への応用も提案している。そこでは、初級から上級者向きの方略的インタラクションが紹介され、その具体例、指導手順、指導上の注意点の詳細なども記されているので、是非参考にしていただきたい。

　方略的インタラクションを使うにあたっては、その活動手順も様々な形が考えられる。方略的インタラクションの生みの親である Di Pietro（1987）は、各グループの代表者同士で交渉を行わせることを提案しているが、Muranoi の場合は教師と代表生徒との間で交渉がなされた。このように教師が入ると、特定の言語形式へのフィードバックが与えやすくなるといった利点がある。しかし、そういったフィードバックにこだわらないのであれば、準備段階が終わった後、それぞれの生徒が他のグループの生徒とペアになって交渉を行うことも可能である（村野井, 2006）。その場合、各交渉を5分程度と短くしたり、役割交替などをすると、パートナーを変えて1人複数回タスクを行うことができる。そして、ペア活動後には、代表ペアの交渉を見ながら、交渉の内容やその運び方、また言葉の使い方などを皆で検討することで、有意義な振り返りの時間を持つことができるであろう。

　その他、交渉場面をビデオに撮って利用したり、ALT を交えて交渉するといったアイデアもある。どのような形で行うにせよ、途中で何らかの教師の介入が必要な場合は、ペア交代時などのタイミングを見計らって、クラス全体に簡潔なアドバイスやコメントを投げかけると良いであろう。アドバイスやコメントは、何も悪い部分を指摘するためだけにあるのでなく、生徒の良い表現などを紹介するためにも使われるべきである。[42] こういった交渉活動からの一時的なタイムアウトは、それが生徒の学びのタイ

ミングと上手く合致すれば，前に見た「意味 ➡ 形式 ➡ 意味」(Samuda, 2001) の効果的な流れを作ることができよう。

6.3. まとめ

　本章では，内容中心授業やタスク中心授業の中で FonF が実際にどのように取り入れられるかを，SLA 研究と日本の革新的な授業例を参考に探求してきた。どのケースも，言葉の伝える意味内容や機能を重視しつつも，いかにコンテクストの中で学習者の注意を言語形式に向けるかということに心を砕いている。用意される意味重視のコンテクストは様々であり，専門教科に関するものであったり，英語教科書の内容を発展させたものであったり，また特定の言語形式が使われるようにデザインされたタスクであったりした。

　FonF を実行するための具体的な手法は，状況によって様々である。学習者が目標言語項目を既に学び始めているならば，リキャストやインタラクション強化といった手法を用いて，その使い方に注目させることが有効である。逆に，学習者が目標項目にまだ馴染みがないのであれば，タイミングを見計らって，簡潔な文法説明をしてもいいであろう。学習者の習得段階や言語項目によっては，説明やフィードバックではなく，まずインプット強化などを使って気付きを促すことが先決となることもある。いずれの場合も，形式の指導それ自体を授業の主目的とするのではなく，あくまでも意味内容の理解や伝達，またタスクの達成が主だった目的とならなければならない。したがって，FonF を行った後は，必ず学習者の注意を意味内容に戻してやるということが大切である。

　上記の例以外にも，FonF の研究は数多くある。とは言っても，FonF の理論や研究基盤はその歴史が浅く，まだまだこれからの研究に期待され

---

[42] このように，生徒同士のモデリングで学び合いを高める手法は，Dornyei and Murphey (2003) が，Near peer role modeling と呼んでいるものである。良いと思われる生徒の言動は，教室内で紹介するだけでなく，教科通信などで紹介することも考えられる。更に，モデル・パフォーマンスや生徒とのインタビューをビデオに収めて，現在の生徒だけでなく，将来の生徒にも見せることによって，タスクの紹介や動機付けに役立てることができるだろう。

るところが大きい。本書で紹介した例などを参考にして FonF を授業に取り入れても，すぐに期待通りにはいかないこともあるかもしれない。それは，コンテクストや手法，あるいは言語形式の違いといったことから生じる場合もあるだろうが，そもそも第二言語習得自体が複雑なものであるため，どんな授業シラバスやカリキュラムをもってしても，そう思い通りにはいかないことも十分に心得ておくべきである。このテクニックこそがどんな第二言語習得にも有効であるといった，万能テクニック（one-size-fits-all）は存在し得ないのである。

　そういった事を踏まえた上で，FonF は，第二言語教育に欠かせない指導原理（methodological principles）を表している（Doughty & Long, 2003）。その具体的な教育手法（pedagogic procedures）は，実際の教育現場の状況に合わせて，指導形態，手順，テクニックを柔軟に変えていく必要がある。実践してすぐに結果を期待するのではなく，「行動－反応－適応」（active-reactive-adaptive; Patton, 1997）の姿勢で粘り強く臨んでいただきたい。可能であればアクション・リサーチなどを行って，現場に根付いた方法を模索していくと良いであろう。次の最終章では，これまで述べてきた知見をまとめ，日本の英語教育改革への提言をしていきたい。

第7章 これからの英語教育の挑戦

7.1. 日本の英語教育への提言

　これまで様々な観点から言語習得と言語教育について述べてきた。この最終章では，これらの考えをまとめ，これからの日本の英語教育の向上のために7つの提言をしたい。

日本の英語教育の向上のための7つの提言：

---
① 理解可能な *i*+1のインプットを豊富に与える。
② 言葉の伝える意味内容に注目する。
③ インタラクションを持つ。
④ タスクを活用する。
⑤ フォーカス・オン・フォームの指導をする。
⑥ 言語意識を高め，気付きを促す。
⑦ 言語能力の基礎指導を行う。

　これらの提言は，筆者が考えるアプローチとしてのFonFの考え方を反映したものである。⑥と⑦のような提言は，一見伝統的教授法に基づいたものに聞こえるが，日本のEFLの英語教育を考えた時に，筆者はこれらも重要な役割があると考えている。それらを独り歩きさせ，必要以上に強調するのではなく，他の①から⑤までの提言と共に，バランス良く実践していっていただきたい。

　これらの提言は，教師，学習者のどちらにも向けたものである。学習者

の立場からは，例えば，自分は日頃からどこまで理解可能な $i+1$ のインプットに接する努力をしているだろうかと，自問自答していただきたい。教師の立場であれば，生徒にそのようなインプットをどれだけ与えているかという問いかけになる。教師は，とかく「教えられたように教える」という傾向があるが，そのことを認識した上で，自分自身の受けてきた英語教育を客観的に振り返り，足りないところや改善していくところを見極めていく必要があるだろう。そのような学習者と教師両方の視点から，これらの提言を捉えていただければと思う。以下に，それぞれの提言について，もう少し詳しく述べておきたい。

7.1.1. 理解可能な $i+1$ のインプットを豊富に与える

　母語習得でも第二言語習得でも，言語習得に絶対に欠かせないのが，豊富なインプットである。インプットがあってこそ，学習者は初めて言葉の使い方や，意味，そして言葉の果たす役割に触れることができる。いくら文法の解説やエクササイズが優れたものであったとしても，インプットが十分でなければ，言語習得はあり得ない。インプットがあってこその，解説でありアウトプット活動なのである。

　しかし，インプットが言語習得でその力を最大限に発揮できるためには，いくつかの条件がある。良質のインプットは，まずコンテクストの中で与えられなければならない。また，長時間学習者の注意を引きつけるだけの意味内容がなくてはならず，更に，学習者の現在のレベルよりも少し高めのレベル（$i+1$）である必要がある。それでいて尚かつ，理解可能なものでなければならない。それを可能にするには，インプットの単純化だけに頼るのではなく，意味内容と言語内容の両方を損なわない詳細化を積極的に活用していく必要がある。このような条件を満たしたインプットが多ければ多いほど，言語習得が押し進められる。逆に，それが不足していれば，言語習得に支障をきたしてしまう。要するに，インプットは量・質共に充実していなければならないのである。とかく日本の英語教育界では，むやみに質を求める傾向があるが，質はある程度の量が確保されない限り意味をなさないことを覚えておかなければならない。インプット量が最初から少なければ，インテイクもアウトプットの量も，それよりはるか

に少なくなってしまうのである。

　英語教師にとっての最大の課題の1つは，上に述べたような良質のインプットを，どれだけ多く与えられる学習環境を作っていけるかにある。「インプットが豊富な環境」(input-rich environment) を作るためには，教科書，補助教材，CDやDVDといったAV教材，そしてALTなどの助けも，もちろんどんどん借りていくべきである。しかし，最も重要なのは，日本人教師が率先して生きたインプット源となっていくことである。教師は，できるだけ「生の英語」を使って授業を行い，生徒達に語りかけていきたい。これまでのように，英文1つ1つを解体して，その構造を説明することに終始するのではなく，その英文が表す意味内容とメッセージをしっかりと伝えていきたい。CDなどを使ってテキストを聞かせる際は，漠然と行うのではなく，何か具体的な目標を持って聞かせられるよう，活動に工夫を凝らすことも大切である。ALTの活用に際しても，彼らを単語や文章を発音させる機械のように使うのではなく，異文化を代表する人間として，彼らの知識や体験を積極的に授業で紹介してもらえるような場をどんどん作っていきたい。ALTも日本人教師も，それぞれの立場と個性を最大限に生かして，生徒達に豊富な英語のインプットを提供していってもらいたい。

7.1.2. 言葉の伝える意味内容に注目する

　「外国語の授業なのだから，言葉について勉強すればよく，それ以外の内容はいらない。」「外国語なのだから，多少幼稚な内容でも構わない。」「英語は技能科目なのだから，文法や定例表現を教えて練習させていればよい。」もはやこういった常識は，外国語教育の分野では通用しなくなってきている。言葉はそこに伝える中身があってこそ価値があるのであって，ただペラペラと流暢に喋ることだけに使うのであれば，見せびらかしの飾りにすぎなくなってしまう。世界にはネイティブ，ノン・ネイティブを合わせて沢山の英語話者がいるが，彼らは英語が話せるから格好いいとか，偉いというわけでは決してない。

　Crystal (2003) は，世界の英語使用者の総人口を次のように試算している。英語を母語として使用する人 (English-as-a-first-language speakers）の数は，おおよそ3億3千万人。英語を第二言語（日常生活で使う母語以外の言葉）として使用する人（English-as-a-second-language speakers）の数は，約4億3千万人。そして，英語を外国語，もしくは国際語として使う人（English-as-a-foreign / international-language speakers）の数は，おおよそ7億5千万人としている。つまり，世界の総人口を60億とすると，その約4分の1の人が何らかの形で英語を使っていることになる。しかも，使う頻度にこそ差はあれ，ノン・ネイティブの数の方がネイティブの数を上回っているという事実は注目に値する。英語は，まぎれもなく世界の共通語なのである。

このような世界で「英語を話せる」ということは，特段珍しいことではない。もっと大切なのは，英語を使って何を表現し，伝えていくかということである。そういった観点から見れば，「しゃれた英語表現をネイティブのような発音で言える」，「英単語／熟語を何千語覚えた」，「英文法が得意で，どんな英文も5文型に分類できる」などといったことは，何の自慢にもならない。それよりも，中身のあることを英語で学び理解し，自分の意見を育て，それを効果的に伝えていくことが，現代の英語教育に欠かすことができない要素である。

世界の外国語教育を見ると，そこでは言葉の教師（language teacher）と教科内容の教師（content teacher）が，さほどはっきりと区別されなくなってきている。もはや英語科としての教科内容は，文法や語彙，発音などの形式面だけでなく，広い意味でのコミュニケーションを含んでいる。だから，何についてコミュニケートするのかということを考えることは，もはや必須課題なのである。英語教師が他教科の内容について何もかも知っている必要はないが，日頃から様々な話題に興味を持ち，アンテナを張っていることは大切である。身の回りに起こる様々な出来事を，英語授業にどう取り込んでいくのか。どのように授業に導入し，生徒達にどう考えていってもらいたいのか。そういったことを試行錯誤する中でクラス構成を考えていくことが，非常に大事になってくるだろう。

教科書に沿って授業を行っていく上で，教師自身がその内容にあまり興味を持てないこともあるかもしれない。しかし，たとえそうであっても，インターネットなどを使って独自にリサーチしてみると，意外な発見をす

るかもしれない。そこから，そのトピックに対しての興味が湧いてくることも珍しくない。そのトピックに興味が持てないのは，トピック自体に問題があるからではなく，単に教師の側の予備知識不足が原因であることも往々にしてある。いずれにしても，教師が興味を持てないのに，生徒に興味を持たすことは難しいので，まず教師自身が好奇心と探究心を持ってトピックに関する知識を得て，そこから内容を発展させる努力をするしかない。そういった努力の積み重ねが，教師としての幅の広がりや，人間としての深さにもつながっていくであろう。

もし仮に煮ても焼いてもどうにもならないようなトピックに遭遇した場合は，それに執着するのではなく，そのユニットに費やす時間を短縮したり，内容を変えたり，順序を替えたりと，臨機応変な対応を取っていけばよいだろう。授業にメリハリをつけていくことも，「教材の料理人」としての教師の腕の見せ所である。

7.1.3. インタラクションを持つ

いくらインプットが大事だからと言って，教師が一方的に話をするばかりでは，生徒達は飽きてしまう。生徒達にも話したり関わったりするチャンスが巡ってこなければ，教師の一方通行の授業になってしまう。互いに質問し合ったり，確認し合ったりする場面があるからこそ，双方のニーズに合った対話が展開していけるのである。そういった相互関与によって，最初はよく分からなかったインプットも，徐々に理解していけるようになるし，すぐには分かってもらえないアウトプットも，色々と言い直したり，対話の相手に補助を求めていくことによって，理解してもらえるようになる。インプットに加えて，アウトプット，フィードバックを伴ったインタラクションは，その場のコミュニケーションを助けるだけでなく，学習者の言語習得をも促進する働きがある。

インタラクションは，教師と生徒間だけでなく，生徒同士，またティーム・ティーチングなどでは教師間で行なわれることも考えられる。その全てが，生徒にとっては貴重な言語習得の場となる。インタラクションは，生徒の言語使用の機会を増やし，自己理解と他者理解の両方を深め，言語習得の動機付けを高める。もし英語だけでの話合いが難しいようなら，話

合いは日本語で行い，発表は英語でするということも考えられる。口頭でのインタラクションが難しければ，まずは筆記で交流活動をしてから，口頭での活動に入るといった工夫もできるだろう。[43]

　また，グループでの話合いが上手く進まないようなら，各メンバーに具体的な役割を与えることによって，グループ活動を活性化するというアイデアもある。例えば，話題を提示して話合いを始める主導者（initiator：e.g., "What do you think about...? In my opinion, ..."），人の意見に挑発的に質問を投げかけていく挑発者（provocateur：e.g., "Why do you think so?" "How do you know that?"），皆の意見をまとめて報告するまとめ役（wrapper：e.g., "Time is almost up, so let me summarize..."）といった役割を，毎週交替で担っていくことができる（Dornyei & Murphey, 2003）。[44] このようなアイデアは，グループ活動を活性化させるだけでなく，お互いの役割を観察することによって，グループ・コミュニケーションのあり方について学ぶ良い機会にもなるだろう。

　教師が一人で前に立って一方的にしゃべり続ける授業ではなく，教室にいる全ての人々が，言葉を使って意思疎通できるような授業を展開していきたい。そうすることこそが，人が集まる教室という学習環境を最大限に活かした方法だからである。相手の言わんとすることをどうにか理解しようと努力し，自分の伝えんとすることをどうにか分かってもらおうとする経験を持つことが，コミュニケーション能力の育成には欠かすことができないのである。

7.1.4. タスクを活用する

　人は自ら体験することで，多くのことを学ぶ。この学習原理を考える時，英語教育でタスクを積極的に使わない手はない。タスクには意味とコ

---

[43] 書き言葉で生徒間のインタラクションを促進するアイデアとして，論争の的となるようなトピックに対して生徒が次から次へと意見，反論，審判を書き足していく「チェーン・レター」や，グループ内で交換ノートを回す「リレー・ノート」のような活動がある（中嶋, 1999; 三浦，他, 2002）。

[44] ディベートの概念を取り入れたディスカッションで，グループ・メンバーを司会者，参加者，記録者に分けて行うというアイデアもある（向後, 1999）。

ンテクストがあり，はっきりとした達成目標があるため，生徒の積極的な参加とインタラクションを大いに促すことができる。また，タスク活動の焦点は言語形式ではなく意味内容にあるため，机上の勉強ではなく，コミュニケーションの実践学習が主となる。タスクは既知の言語形式を自動化するためだけでなく，教師の適時な指導によっては，未知の言語形式の習得や，更にはコミュニケーション方略の発達にも結びつく。タスクが作り出す意味空間によって，生徒の中に学びたいという気持ちを育めるのも，タスクの大きな利点である。

　タスクには，Show and Tellやスピーチのように，スピーキングを主体にしたものもあれば，指示（例えば，絵の描写，折り紙の折り方，機械の使い方，料理の仕方など）を聞いて，それを実行するリスニング主体のタスクもある。その他，ディスカッションやディベートのような相互交流型のタスクもあれば，受け取ったe-mailに対して返信するといったリーディングとライティングを統合したタスク，更にゲーム感覚でできるタスクや，人生問題や社会問題を扱ったタスクもある。短時間で達成できるタスクもあれば，何回かの授業に分けて行うプロジェクト型のタスクもある。特定の文法に焦点を当てたタスクもあれば，流暢さの練習を目指したタスクもある。これら様々なタスクの中から，その時々のクラスのニーズや生徒達の興味に応じてタスクを選び，組み合わせていけばいいのである。

　タスク活動をするにあたっては，生徒の発言内容だけでなく，その発言方法にも選択の自由が与えられるべきである。そのような選択の自由があってこそ，タスクの体験学習の利点を最大限に活かしていくことができるからである。最初からきちんとタスクを達成させようとするが余り，教師が過剰な手助けをすることがあってはならない。そうして生徒が短期的な達成感を味わったとしても，長期的に見ると，生徒の依存心を強めてしまい，自立した学習者を育てることの妨げになってしまう。だから，タスクを使って文法などを教える際は，PPPのようなやり方に固執せずに，言語分析やエクササイズ活動をタスク後に持ってきたり，形式指導を授業の真中に組み込むなどして，柔軟性ある授業構成を考えていく必要がある。指導方法も，教師による一方的な説明ではなく，タスクの体験学習的要素を活かして，言いたいことを的確に表す表現を生徒と共に考えたり，

生徒にインプットの中から使える表現を探させたりと，より生徒主体の活動にすることが望まれる。

　意見交換や情報交換のタスクを行うなら，まず個人で自分の意見をまとめたり，聞きたい質問を考えたりするプランニングの時間を与えることも大事である。ペア活動の後は，2つのペアを合わせて，4人のグループで意見交換をさせてもいいだろう。そして最後に，話し合った内容をクラス全体に発表するといったように，タスクの一連の流れを作っていきたい。このように，活動形態をプライベートなものから徐々にパブリックなものへと移行させていくことで，生徒の無理ない発話を助けることができる。同時にこのような流れは，正確さよりも流暢さを優先したインフォーマルな話し方から，徐々に正確でフォーマルな話し方へと変わっていくことが要求される。そのため，伝えたい内容がはっきりしていくにつれて，自然と言語的な負荷が増していくこととなる（Willis & Willis, 2007）。つまり，意味から形式へと注意すべき部分の比重が変わってくるのである。

　こうして一連の流れを経て達成したタスクを，再度パートナーを変えて行うことも有益な活動である。タスクの繰り返しは，使用語彙の幅を広げ，文法の複雑さを増し，言葉の正確さを研ぎすますといった面で好影響があることが分かっているからである（Bygate, 2001; Bygate & Samuda, 2005）。

　もしこれまでに授業でタスク活動をあまり試したことがないのであれば，最初は月1回位ずつの割合で，タスクを取り入れるところから始めてはいかがだろうか。徐々に教材のストックを増やしていけば，タスクのレパートリーは自ずと増えてくる。現在使用している教科書に何らかの手を加えてタスク化していくことも，積極的に取り組んでいきたい。いずれにしても，持続的な努力が大事である。[45]

---

[45] タスクを行うと，すぐに生徒が日本語で話してしまうといった問題を聞くことがある。確かに，英語力が限られている生徒にとっては，英語だけで複雑な問題などについてタスク活動を行うことは難しいだろう。そのような場合，タスクの難易度やタスクの順序を適宜調整するといったことも必要になろうが，同時に大事なのは，日頃から生徒が英語で自己表現ができるようなクラス作りである。特にここまで述べてきた提言①，②，③を教師が日頃から実行しているかどうかが，そのようなクラス作りに大いに関係してくるだろう。生徒が積極的に英語を使う姿勢を育てたければ，まず教師がそれを実行していく必要がある。

7.1.5. フォーカス・オン・フォームの指導をする

　言葉は，どのような語彙や文法を使うかといった「言語形式」と，何を伝えるかという「意味内容」，そしてそれらがコミュニケーションの中でどのような役割を果たしているかという「言語機能」，この3つの要素から成り立っている。形式は知っているが上手く使えないというのは，これまでの日本の英語学習者に多く見られた問題であった。とは言え，形式がいい加減で，何とか内容だけ伝えられるといった状態を続けていても，いつまでたってもサバイバル英会話から抜け出せない。その上，社会的コンテクストの中での適切な物の言い方を知らなければ，様々な場面で誤解を生じることになってしまう。つまり，3要素のうち1つでも欠けると，実践的なコミュニケーションは成り立たなくなってしまうのである。

　FonFは，バランスのとれたコミュニケーション能力を育成するために，言語の3要素を融合して教えていくことを目指した教授アプローチである。それを可能にするためには，言語使用の機会がふんだんに与えられている中で，意味と形式と機能の結びつきに対して，学習者の気付きを促していかなければならない。FonFは，学習者が本来持っている言葉を吸収する力を大切にしつつ，それを教師が積極的にサポートしていくことによって，より円滑な言語習得を促そうとしている。それは特定の言語形式の習得を狙いとして実践されることもあれば，意味中心のコミュニケーションの中で生じる理解や産出の問題解決のために，随時適応されることもある。

　具体的な手法としては，リキャストやプレキャストのように，さりげなく生徒の意識を言語形式に向けさせていく方法や，プロンプトやインタラクション強化のように，より明示的に必要な言語形式を生徒から引き出すようなやり方がある。また，意味重視の活動の途中でタイムアウトをとって，簡潔な文法説明を挿入することも考えられる。場合によっては，最初に形式を導入して，その後コミュニケーション活動の中でフィードバックを与えていくようなことも考えられよう。逆に，まずコミュニケーション活動を優先して，そこで最初の気付きを誘発してから，後で細かな文法説明を行うことも考えられる。いずれにしても，最終的に学習者が，形式・意味・機能の3要素の結びつきを実感できるような指導を工夫していくこ

とが必要となる。

　FonFは文法訳読法やオーディオリンガル教授法と違って，こうすれば良いといったことを細かく規定する「メソッド」ではない。外国語学習者の多様性と，第二言語習得の複雑性が明るみとなってきた現代は，「ポスト・メソッド」（post-method）の時代と言われている（Kumaravadivelu, 2005）。画一的な指導を指向するメソッドではなく，言語習得の重要原則（例えば，インプット，アウトプット，インタラクション，気付きなど）を踏まえつつ，生徒のニーズに柔軟に対応していく「アプローチ」（approach）が求められている。FonFはまさにそのようなアプローチなのである。この原則を押さえた上で，個々の教師が現状に合わせて，既存の選択肢から有効なものを取捨選択したり，必要ならば自ら新たな方法を考案していかなければならない。多大な労力を要することではあるが，盲目的に機械的に扱えないのが教育であり，人間を育成することの本質とも言えるのだろう。

7.1.6. 言語意識を高め，気付きを促す

　言語形式といっても様々で，ここで大きく2つに分けると，豊富なインプットがあれば比較的習得されやすいものと，何らかのフィードバックや気付きを促すFonFの介入がなければ習得困難なものとがある。また後者の中では，コミュニケーションの中で与えられる統合型のFonFだけでは，なかなか習得に辿り着かない形式もあったりする。このような言語形式に関しては，明示的且つ分析的な学習活動が必要となってくる。特に思春期を越えた大人の言語習得は，学習者間の個人差（言語適性，認知タイプ，学習スタイルなど）に影響されるところがかなりあり（Robinson, 2002; Skehan,1989），学習者のタイプによっては，分析的な学習法を好む者もいる。そういったタイプの生徒については，その優れた分析能力を活用しない手はない。逆に，形式や規則といったことを苦手とする生徒には，もっと言語面に注意が向けられるよう，言語意識（language awareness）を養っていってもらう必要がある。

　言語分析活動が目指すところは，即時の習得や定着ではなく，生徒の言葉に対する感受性を養い高めていくことにある。それは自分と他者とが発

する言葉について，敏感にまた的確に観察する力のことである。意識高揚タスク，ディクトグロス，インプット処理指導（第5章参照）などの活動は，生徒の言語形式への意識を高め，通常のコミュニケーションではあまり意識しないような部分にも，注意を向けさせようというものである。また，日本語と英語の構造を比較したり，英文法の疑問について考えるような活動も，生徒の言語意識を大いに高める活動となろう。[46]

このような言語意識化活動（consciousness-raising activities）には，演繹的（規則を学び，データへ応用する）方法と，帰納的（データから規則を見つけ出す）方法があるが，前者は手早く効率的に，後者は生徒の自主性に任せて気付きを促すといったものである。しかし，いくら言語意識を高めると言っても，生徒の学習意欲が伴っていなければ，どんなに頑張って形式を教えたところで，乾いたスポンジが水を吸うような良い学習効果は期待できない。だから，いずれの方法を使うにしても，生徒が興味を持って言語形式に注意を向けられるよう，問題の導入から発展の仕方まで配慮した活動作りが重要となる。そして，そういった活動の中で一旦意識化された文法が，その後インプットに触れたり，自らアウトプットを産出する中で，また何度となく思い起こされるような活動を与えていくことも大事になる。

7.1.7. 言語能力の基礎訓練を行う

これまでの提言の中で，インプット，アウトプット，インタラクション，FonFといった，言語習得において重要と考えられる要因について述べてきた。しかしながら，これらの提言内容が上手く機能するためには，それらを可能にするための基礎訓練というものが必要になってくる。本書では，特にこのような基礎指導については触れてこなかったが，それは本書の主旨がFonFの教育法に焦点を当てるということであったためであり，決して基礎指導の重要度が低いといった理由からではない。そこで，最後の7つ目の提言として，基礎訓練の重要性について触れておきたい。

---

[46] 英文法の疑問について言語学的見地から分かりやすく書かれた本として，大津（2004）などがある。他にも，文法の体系的な意識化を促す上で，田中，他（2006）などが参考になる。

第2章で伝統的教授法について述べた際，言語の定着を図る練習活動の限界について言及した。そこで問題視した練習とは，特にオーディオリンガル・メソッドに代表されるような，機械的な記号操作の練習であった。しかし，それはもっと広い意味での練習（コミュニケーション活動を始め，音声の聞き取り，文字の読み取り，発音などの練習）をも否定するものではない。特に学習者がインプットを取り入れて内在化していくためには，音声知覚，音韻符号化，語彙アクセスなどの「下位レベル技能」（lower-level skills）の習熟が不可欠である。そういった下位レベル技能が習得されて初めて，統語処理（syntactic processing），意味処理（semantic processing）といった内容理解のための「上位レベルの技能」（higher-level skills）が習得可能になってくる。基礎能力がまだ確立していない初級から中級レベルの学習者にとっては，この下位レベルの技能の訓練が特に重要となる。

　下位レベルの技能を鍛えるのに，特に有効とされる活動として，シャドーイング（shadowing）と音読（oral reading）がある。これらの活動は，北米などのESLではあまり馴染みのないものだが，日本の教育現場では盛んに取り入れられている。シャドーイングや音読については，これまで理論研究や実証研究があまりされてこなかったため，漠然と利用されるケースが多かった。訳読の前段階としての音読，生徒を退屈させないための単なる発声練習としての音読，また目標が漠然としたまま，テープの後に続いてただ読ませるような活動のことである。しかし最近になって，門田（2007），玉井（2005a），土屋（2004）などの日本人研究者たちが，シャドーイングと音読の理論的且つ実証的な研究を行なってきており，実践への体系的な応用が可能となってきている。[47]

　シャドーイングと音読に関する詳しい説明と指導方法は，上記の研究者の著書に委ねることとして，ここでは，いくつかの重要点を指摘するだけに止めたい。まず，シャドーイングは，耳で聞いた音声をそのままの形で即座に発声するという練習方法である。門田（2007）は，シャドーイング

---

[47] シャドーイングと音読の具体的な練習方法は，門田，玉井（2004），門田，他（2007），國弘，千田（2004），玉井（2005b）などを参照。また，チャンクを活かした音読訓練の方法と共に，チャンク分析を通した読解訓練や言語指導のアイデアとして，田中，他（2006）参照。

の効用として「音声知覚の自動化」(automatization of speech perception) を挙げている。つまり，シャドーイングは，慣れない言語の音声認識を促進して，リスニングに必要な下位レベル技能を向上させる。通常なら，時間をかけて膨大なインプットに触れることでしか得られない技能だが，シャドーイングはそれを比較的短期間で可能にする。そういった意味で，時間的な制約の多いEFL学習には，特に適した活動と言えるだろう。また，「音韻ループ」(phonological loop – Baddley, 1986; Baddley et al., 1998) と呼ばれる，音声言語を保持し処理する役割のあるワーキングメモリの機能も，シャドーイングによって鍛えることができるとされる。そうして，言語項目の内在化 (internalization of new linguistic items) を助けることにもつながると考えられる。

　シャドーイングがリスニングの技能を鍛えるのに対して，音読は，視覚的に捉えた文字を即座に発声する練習法として，リーディングに，そして練習方法によっては，英語学習全般に効果があると考えられる。門田 (2007) は，音読の効用の1つとして「単語認知の自動化」(automatization of written lexical access) を挙げている。単語認知とは，文字と発音を結びつけ，言葉を音声化して捉える音韻符号化 (phonological coding) というプロセスを経て可能になるものだが，音読でこのようなリーディングに欠かせない下位技能を鍛えることができる。単語認知が自動化されると，文構造などに余裕を持って注意を払えるようになり，それが言語項目の内在化を助けることにもつながる。

　また，音読練習は，注意の払い方によって違った効果も期待される。音素，音のつながりと変化，強勢とリズム，イントネーションなどに注意を払って練習すれば，音声面を鍛えることができるし，意味で区切られたスラッシュを目印に内容理解を伴ったチャンク・リーディングを行なえば，文構造と意味のつながりを学ぶことができる。内容を考えながら，じっくり感情を込めて人に伝えるように音読すれば，コミュニケーション能力の育成にも役立つだろう。

　音読，シャドーイングどちらの場合も，教材のレベルは，生徒のレベルよりも少し低い，$i-1$か$i-2$のレベルが適切となる。特にシャドーイングは，自分で発声のスピードを調整できず，かなりの集中力を要するため，

音読のものよりも優しい教材が良いとされる（例えば，前年度のテキストといった既に学習済みのテキストなどが使いやすい－中嶋, 2000）。こういったi-1やi-2のレベルが望ましい理由は，音読とシャドーイングが下位レベルの技能の自動化をその最大の目的とするためである。これまでにも述べてきたが，コミュニケーションに必要な語彙力，文法力，文脈から推測する能力，行間を読み取る能力といった上位レベルの技能を伸ばすには，やはりi+1のインプットが必要となってくる。いつでもi+1というわけではなく，学習の目的に応じて，適切な難易度の教材を選ぶ必要があるということである。シャドーイングや音読によって下位レベルの技能の向上を計りつつ，同時にインプット，アウトプット，インタラクションの機会を多く持つことで，効率的且つ効果的な英語学習が可能となってくるであろう。

　第二言語習得は，下位レベル，上位レベル技能に合わせて，認知的，情意的，社会的な要因が複雑に絡み合って起こるプロセスである。ここで述べてきた7つの提言は，そのような第二言語習得の複雑性を踏まえて，SLA研究の知見を考慮した，総合的なFonFアプローチへの提案である。それぞれの教育現場で様々な制約要因もあろうが，何を大切にし，何ができるのかを考えて，少しでも多くの提言を実践の場で活かしていただければと思う。

7.2. 英語教育改革への壁

　本書を締めくくるにあたって，英語教育改革への壁として頻繁に問題視される点について触れておきたい。問題は山積しているが，ここでは特に，授業時間の問題，受験英語の問題，教師と生徒の英語力の問題の3つに絞って考えたい。

7.2.1. 授業時間の問題

　「タスク活動などを豊富に取り入れたいが，授業時間を考えると，どうしても文法中心，形式中心の授業になってしまう。」「何と言っても，教えなければならない語彙や文法項目が多過ぎて，コミュニカティブな活動ま

で手が回らない。」「英文を和訳するのに時間がかかり，それだけで授業時間一杯一杯になってしまう。」このような現場からの声を頻繁に耳にする。これらは，日々教育現場で奮闘している教師達の生の声であり，現実の厳しさをよく物語っていると言えよう。しかし，現実の難しさは変えられないとしても，だからと言って理想も持たずに現実に流されているだけでは，教育の価値がどんどん下がってしまう。教育が単に現状維持の役割に堕してしまうならば，真の意味での人間教育など到底できない。教育の最前線にいる教師だからこそ，最初から無理と決めつけずに，できるところから改革していく姿勢でありたい。

確かに，限られた授業時間の中で，言語習得を可能にするのは至難の業である。英語に触れる絶対量の問題に関して，羽藤（2006）が次のような試算をしている。英語圏に住み，一日のうち12時間英語を使って生活すると仮定すると，1年間で4000時間以上の英語と接触することになる。それに対して，日本で英会話学校に行き，そこで1回1時間の授業を週2回受けたとしても，1年間でせいぜい100時間程度の英語にしか触れることができない。中学校での英語授業時間数が1回50分で年間105回（週3回）だとすると，中学生は卒業までに通算270時間の英語に触れることになる。高校の普通科だと，生徒は3年間で470～650時間程度の英語の授業を受けている。これらの時間を合計しても，日本人学習者が授業で触れる英語の量は，6年間で約700～1500時間にしかならず，自然習得で英語に触れる場合と比べて絶対的に少ない。[48]

---

[48] 他にも，金谷（2008）や松村（2009）らが，日本の中・高で生徒が触れる総英語時間の試算を行っている。金谷は，日本の中・高生は平均で1年間に実質139時間の英語授業を受けているが，それを日数にすると，わずか5.8日にしかならないとしている。松村も，中学，高校，大学の英語授業時間を合計すると1120時間となり，それを毎日16時間起きている時間で換算すると，70日間，つまり2か月ちょっとの日数にしかならないとしている。しかも，もし1時間の授業中に本当に英語を使う時間が10分間であるとすれば，それは8年間合計しても，約12日程度にしかならない。いずれの場合も，英語授業の総時間が限られていることは確かであり，授業時間だけをもって英語習得を可能にすることは，方法の如何を問わず，ほぼ不可能と言えよう。

授業内で多くの豊かな英語に触れさせる

　そんな日本の環境の中でも，実践的な英語コミュニケーション能力の育成を目指すのであれば，英語教育改革には，少なくとも２つのことが要求される。１つは，生徒が教室内で英語に触れる時間を，とにかくできるだけ増やしてあげることである。もし授業時間の多くが日本語での説明や和訳作業に使われているとすれば，生徒が英語に触れる時間は圧倒的に不足することになる。もし教師が，「授業中は文法解説やエクササイズを行い，あとは生徒の自主性に任せて，授業外で英語に触れてもらおう」と考えているとすれば，それは教師側の自分勝手な都合のいい期待である。生徒の英語学習に対する態度は，学校で受ける英語授業に多大な影響を受けている。もし授業が文法訳読中心で行われていたならば，生徒が授業内外で英語をコミュニケーションの道具として捉えられなくても，全く無理のないことであろう。そのような固定観念を打破するためにも，授業改革は必要である。また学校は一人一人個性の違った生徒が集まり，豊かなコミュニケーションの場となり得る最高の場所である。それなのに，授業時間の多くを教師主導の説明，個人作業，練習問題といったことで使ってしまうのは，あまりにももったいないことである。

　Willis and Willis（2007）は，クラスルーム・インタラクションの研究から，生徒の発話時間について次のような数字を出している。もし30人学級で，週４回，年間36週間の授業を教師主導で行った場合，一人の生徒が得られる発話の機会は，一年でせいぜい１時間程度にしか及ばない。しかし，もし毎回のクラスで10分程度のペア・インタラクションの活動を導入すると，各生徒の発話時間数は13時間にまで増える。当然，13時間のアウトプット量だけでは外国語を習得するまでには至らないが，コンテクストと意味を伴うタスクを使ってインタラクションが有意義に行われた場合，その言語使用の経験が生徒に与えるインパクトは計り知れない。クラスで実際に言葉を使って人と交流することが，その後のコミュニケーションへの更なる意欲と学習への動機へとつながっていくことを考えると，教室内での活動の意義を決して過小評価すべきではない。

　訳読に多大な授業時間を費やしてしまうと嘆く教師には，金谷，他（2004）の「和訳先渡し授業の試み」が参考になる。そこで提案されてい

るのは，英文の和訳を先に（時に真中で，あるいは後で）生徒に渡してしまうことである。そうして，和訳作業に取られていた授業時間をタスク活動などに回すのである。つまり，和訳自体を学習目的とするのではなく，英文理解とそこから派生する活動にもっと重きを置くというものである。そういった授業では，教科書の文章を多角的な角度から何度も読ませることが可能となる。例えば，指定された単語やフレーズ，メイン・アイデアを探すために教科書を読ませたり，特定の構文を探すために読ませたりすることができる。また，ディスカッション，ディベート，スピーチの参考資料として教科書を活用するなど，同じ教科書でもその使い方は様々である。一度和訳してそれっきりというのではなく，こういった形で何度も読み込まれた文章は，生徒達の中にも内在化されやすく，生きたインプットとして後々の言語習得に役立つであろう。

授業外でも多くの豊かな英語に触れさせる

授業内でより多くの英語に触れさせるのはもちろんのこと，英語教育改革でもう1つ大事なのは，授業外でも英語に触れる環境を作ることである。これは，学校行事を全て英語で行うとか，家の中を英語漬けにするといった極端なことを求めているのではなく，例えば，宿題のあり方1つを変えてみるといった工夫から生まれてくることである。インターネットを使って英語で調べものをさせたり，英語で学習ジャーナルや交換ジャーナルを書かせて，生徒間のインタラクションを教室内外で活性化させるというのも1つの案である。また，クラスで発表するためのスピーチ，スキット，ポスター等の準備をしたり，地域に住む外国人（ALTを含む）にインタビューして，クラス報告のために準備するといったことも，教室外で行える有効な英語活動である。最近取沙汰されることが多くなってきた，多読（extensive reading）や多聴（extensive listening）といった活動も，インプットを増やす有効な手段である（神田, 2009; 野呂, 2009など参照）。

しかし，授業外でも英語に触れさせなくてはと張り切るがあまり，いきなり英語での宿題を生徒に丸投げするのでは，却って混乱を来してしまう。授業と連携した形で，授業内で十分に問題意識を高め，そこでリサーチの方法を教えたり，グループ内の話合いを部分的にでも行って，必要な

指導をしていくべきだろう。宿題として発表活動の準備をさせる場合には，授業中にグループやペアでリハーサルの時間を設けたり，発表活動の後には，それまでの学習を皆で振り返る機会を持つことも大事になろう。音読やシャドーイングのような訓練も，まずは授業内でやり方を教え，それから自己達成目標を掲げて，毎日の自主トレーニングに活用していくといいだろう。その際，定期的に授業内で発表などの評価活動を取り入れて，刺激としていくことも大事になるだろう。

　教師にとっての究極の挑戦は，いかに授業を内容あるものにして，生徒の興味とやる気を喚起し，その向学心を授業外でも持続させられるかということである。限られた授業時間を嘆いていても始まらない。授業時間内に教科書を終わらせることだけに躍起になるのではなく，授業の質を高めて，その波及効果を授業外にまで及ぼすことに心を砕く方が賢明であろう。この点について，一般教育論の立場から，市川（2004）は次のように指摘している：

> 「授業ですべての学習を完結させること」が，必ずしも目標や理想なのではなく，むしろ，「身の周りのリソースを利用しながら自律的に学んでいけるような力をどう育てていくか」である。… 学ぶ意欲とスキルを育てることにほかならない。(p.35)

> 問われるべきは，むしろ教育の中身，質です。そういうところに対する反省がないと，いくら時間数や指導要領の内容を以前に戻したところで，今の子どもたちを引きつけることはできない。子どもたちがアイデアを出し合い，意見をぶつけ合ってひとつの発見にいたるのがこんなにおもしろいんだということを味わえるかどうか，それは，先生の力である。そのような授業を組み立てるには，どれくらいの予備知識を与えておくことが大事だろうか。その先は，どうやって考え続けさせたらいいんだろうか…。そのように先生が考えているからこそ，子どもたちは学びの体験を味わうことができる。(p.182)

　要するに，授業の質を高めることは，授業外での学習意欲をも伸ばしていく可能性を秘めている。これまでも，英語能力を大きく伸ばしてきた生

徒は，授業内だけでなく，授業外でも多大な時間と努力を英語学習に注いできた人である。中には授業では寝ているが，授業外で努力して大きく実力を伸ばす人さえいる。しかし，本来あるべき姿は，授業内と授業外の努力がバランス良く相まって，生徒の総合的な英語力が伸びていくことだろう。授業はそれ自体が完結した形ではなく，そこで培われた興味や意欲が，授業外へ，社会へ，そして究極的には世界へと広がっていくべきものであろう。

7.2.2. 受験英語の問題

「日本の英語教育が変わらないのは，大学入試のせいである。」「大学入試が，文法訳読式の教え方を余儀なくさせている。」「大学入試がもっとコミュニカティブなものになれば，中学・高校の英語教育も自然とコミュニカティブなものとなっていくはずである。」日本の受験英語に関して，このような声がよく聞かれる。中・高の英語教師は，大学入試に対して，かなり複雑な心情を持っていることが多い。大学入試という制約がなければ，もっと自由な英語教育ができるのにと思う反面，大学入試がなければ，生徒は英語を真剣に勉強しなくなるのではないかといった不安もある。大学入試は，時に学習の動機付けとして使われ，時に教育の自由を束縛する障害として扱われたりする。試験は，良い意味でも悪い意味でも，大変な責任を負わされていると言えよう。

波及効果の研究が示すこと

言語テスティング（language testing）の分野では，大学入試などが教師の教育実践や生徒の学習に何らかの影響を与えることを，「波及効果」（washback effects）と呼んでいる。波及効果は，長い間当たり前のこととして捉えられ，特に研究対象とはされてこなかった。しかし，1990年代以降から，波及効果についての研究が本格的に取り組まれるようになってきた（Cheng & Watanabe, 2004; Spratt, 2005など）。ここ十数年の波及効果の研究成果は，一体何を示しているのだろうか。

まず，数々の研究が共通して示しているのは，大学入試のような重大な試験（high-stake test）の波及効果は，教師の教え方それ自体よりも，授

業で扱う教材や内容により大きな影響を与えるということである。例えば，リスニング試験が導入されれば，何らかの形でリスニングに関する教材が授業に取り入れられる。しかし，どれだけの時間を割いて，どのように教えるかは，必ずしもテスト内容や形態と一致しているわけではない。同じテストの対策であっても，教師間でその教え方に大きな違いがあったり，逆に違ったテストにも拘わらず，全く同じ方法で対策を講じている教師も少なくない。

　Watanabe（1996）は，日本の英語教育において，大学入試がどこまで教師の文法訳読式の教え方に影響を与えているかについて調べている。この研究では，大手予備校の英語授業に焦点が当てられ，入試の過去問題，授業観察，教師とのインタビューなどから，次のことを発見している。それは，教師によって文法説明や訳読を重視する割合はかなり異なり，入試の影響というよりも，教師自身の教育観や学習観，そして教師の学習歴といったことが非常に大きな影響を与えているということである。大学入試を主目的とする予備校でさえこのような違いがあるのだから，もっと幅広い層の教師や生徒を受け入れる高校や中学では，かなりの違いが予想される。

　後のWatanabe（2004）の研究では，高校の英語授業における入試の波及効果について検証しているが，入試対策と言いつつも，教師の教え方が必ずしも入試内容を反映しているわけではないことが分かっている。研究対象となった教師達は，入試には語彙とイディオムと文法が重要であると判断し，多大な授業時間をそれらの説明に割いていた。しかし，実際これらの教師とその生徒達がターゲットとしている大学の過去入試問題を分析してみると，語彙，イディオム，文法を問うている問題は，テスト全体の25％にすぎなかった。しかも，教師の教え方はみなバラバラで統一性がなく，文法説明や訳読に費やす時間，また英語の使用頻度も，まちまちであることが確認されている。

　このような研究結果から，Watanabe（2004）は，教師が自らの授業実践を過剰に入試のせいにしていると指摘している。入試の波及効果は，そのまま直接授業運営に影響しているのではなく，むしろ教師の教育観，知識や経験の有無といったものが，授業に多大な影響を与えているのである。

特に、教師自らが生徒だった頃の学習経験が、そのまま教え方に反映している場合が多く、それ以外の教え方に変更するということは、多大な努力を要する。このことからうかがえるのは、英語教育改革のためには、入試改革だけでなく、教師自身の学習経験を広げることが不可欠であり、教員研修等をより一層充実させていく必要があることを示唆している。

変わりゆく試験、挑戦される教育現場

　教員改革の必要性はそれとして、大学入試改革自体は一体どこまで進んでいるのだろうか。この点で、これまでの入試問題の変遷を見てみると、個別の文法知識を問う問題は減り、それに変わってコンテクストの中で考えなければならない問題が、かなり多くなってきていることが分かる（金谷、2009参照）。このような変化は、一般的な英語標準試験などでは特に顕著に現れている。例えば、TOEFLでは、実践的英語能力を計ることに重点を置いて、長年にわたってテスト改革を行ってきている。文法の取り扱いだけ見ても、以前のペーパー版テストでは、文法問題の占める割合が全体の1/3であったのに、コンピューター版では、その比率が約1/6となり、現在のインターネット版では、文法それ自体を試すセクションはもはや無くなっている。文法知識は、リスニングやリーディング、そして特にスピーキングやライティングで、より総合的に試されるようになってきている（Educational Testing Service, 2005）。

　日本の大学入試での大きな動きとしては、2006年度より大学入試センター試験にリスニング問題が導入された。[文科省関係者（河野, 2004）によると、リスニング問題の導入にあたっては、コミュニケーション能力の育成を視野に入れて行なわれているとのことだが、だからと言って、それをテスト対策として授業で取り扱うべきではないとしている。] リスニング問題の導入が教育現場に与える波及効果については、今だはっきりしていないが、これまでの研究を見る限りでは、さほど大きな効果はなさそうである。もちろん多くの教育現場では、入試へのリスニング問題導入と同時に、リスニング活動が行われるようになってきているが、それがどのような方法で、どの程度行われ、どうコミュニカティブな授業作りに貢献しているかは、やはり教師間で大きな差があるようである。

リスニングの導入だけでは事足りないというのならば，次はスピーキング・テストの実施が必要だ，といった声も当然出てくるだろう。スピーキング・テストの導入は，条件が整えば今後実施される可能性が高いだろう。しかし問題は，スピーキング・テストを導入したら，日本の英語教育が果たしてもっとコミュニカティブなものになるのかということである。これはまだ実施されていないことなので，予測しかできないが，既にそれを実施している他の国の事例から，何らかのヒントを得ることはできる。
　イスラエルでは，1986年より大学入試でインタビューやロールプレイを含む英語の口頭試問が課せられており，それが全体の評価の20％を占めている。イスラエルでは，日本と同様，外国語としての英語が非常に重要視されており，4年生から12年生の児童・生徒に必修として英語の授業が課されている。Ferman (2004) は，イスラエルの英語口頭試験が教育現場に及ぼす波及効果について調査しているが，その結果，それはプラスともマイナスともいえる働きがあることを突き止めている。プラス面としては，英語のオーラルスキルがこれまで以上に授業で重視され，それに割かれる時間が増えたということがある。マイナス面としては，教える内容がテストに則して狭いものとなり，時間内で教材をカバーすることへのプレッシャーが高まってしまった。更に，教師と生徒の双方にとって，テストに対する不安感や恐怖感が増してしまったことが挙げられている。そして，生徒が英語のコミュニケーション能力を身に付けるというよりも，テスト対策として教材を暗記することが多くなったことも報告されている。このようなマイナスの波及効果は，政策決定者やテスト作成者が当初意図していたことでないことは言うまでもない。
　このようなイスラエルの英語教育現場の結果から言えるのは，いかなるテストを作ったとしても，プラス面だけでなく，マイナス面の波及効果もあり，教育改革の推進力として入試に望みを託すというのは，危険であるということである。テストの波及効果は，一般の予想よりもはるかに複雑なものであり，テストを変えたからといって，教え方も自然に変わるといった単純なものではない。決して入試改革の必要性を否定しているわけではないが，詰まる所，教師の根本的な教育観が変わらない限り，英語授業の本質も全く変わらないということである。逆に言えるのは，入試が仮

に改革されなくても，創造性豊かな英語授業は，いくらでも実現可能であるということである。結局，教師自身の成長なくしては，あらゆる教育環境の変化は，所詮表面的なものに止まってしまうのである。[49]

　中には，「生徒が受験対策を望んでいる」と主張する教師もいる。しかし，教育の目的は，半分が生徒の欲求を満たしてあげることならば，もう半分は生徒の欲求に挑戦していくことである。生徒の学習動機は複雑である。生徒が受験対策を望むと言っても，試験のためだけに勉強している者は少なく，ほとんどの生徒は試験も大事だが使える英語も身に付けたいと願っている。しかも，彼らの学習方法はまだまだ未発達で，試行錯誤を重ねている段階である。どのように勉強すれば本当に力がつくのか，暗中模索しながらも，その勉強の仕方から動機付けに至るまで，教師の教え方に多大な影響を受けている。だから，生徒が「試験のための授業をしてほしい」とか，「和訳がないと不安だ」などと言うならば，教師はそれに半分程度応えたとしても，少なくとも後の半分は，それに挑戦する授業を展開していくべきではないだろうか。受験のためだけの英語の勉強ではなく，もっと広い視野での英語学習に生徒を目覚めさせ，これまで味わったことのない充実感と，更なるやる気を掻き立てるような授業。そういった授業を展開することで，本当の意味での「教育」を追求することができるのではないだろうか。

7.2.3. 教師と生徒の英語力の問題

　「コミュニカティブ，コミュニカティブ」とささやかれて久しいが，英語授業が一向にコミュニカティブになっていかない理由として，多々，生徒の英語力が問題視されることがある。「生徒のリスニング力が弱過ぎて，英語だけの授業についてこれない。」「生徒のリーディング力が弱いか

---

[49] 金谷（2008）は，入試があるから英語教育が変わらないという教師に対して，「では入試に英語がなかったら今の教え方をどのように変えるのか」と問うと，答えられない人が数多くいると述べている。また，大学入試をほとんど気にしないでいい大学の付属高校などでも，行われている英語授業は，入試があるからと言ってやっている他の高校のそれと大して変わらないとも指摘している。「入試が邪魔しなければ，では真っ先に何をしたいのか。」「入試の先にある生徒の人生のために，英語教育で何をすべきなのか。」これらの問いに，具体性を持って答えられる英語習得観・教育観を持ちたい。

ら，訳読式の授業しか展開できない。」「生徒のスピーキング力が弱いから，タスク活動は無理だ。」「生徒のライティング力が弱いから，センテンス・レベルのエクササイズしか行えない。」「生徒の総合的英語力がある程度の基準に満たないので，とりあえず語彙や文法を教えて，基礎固めをする必要がある。」ここまで本書を読んでこられた読者は，このような考え方がいかに根拠の薄いものであり，第二言語習得の現実に全くそぐわないものであることがお分かりであろう。

　生徒の英語能力が，その時々の授業運営に大きな影響を与えることは確かである。だからと言って，教師の教え方が訳読式に偏ってしまわなければならない理由は全くない。教師が授業で英語を使うことに躊躇し，ついつい従来の伝統的教授法に頼ってしまっていたのでは，授業の質を落とすだけでなく，教師自身の自己成長の機会をも奪ってしまう。当然，生徒の成長の機会も失われてしまう。生徒のリスニング力が弱ければ，シャドーイングなどを取り入れるのもいいし，リーディングであれば，音読といった方法を使うこともできる。そして，より多くの質の高いインプットを提供して，生徒達が英語でアウトプットできる機会をどんどん増やすべきである。インプット，アウトプットの機会を豊富に与えることで，基礎学習にも意味とやり甲斐を持たせられるからである。

　生徒の英語力以上により深刻なのは，教師の側の問題である。英語で十分に授業が運営できないというのも問題であるが，教師自らの英語力の自信のなさが授業内容に偏りを生んでしまうということは，より大きな問題である。自分の英語力に自信がない教師は，極度に生徒の自由を制限した教師主導の教え方になりがちである。授業内で起こることを，できるだけ予測可能にしたいという教師側の自己防衛本能が働くからである。しかし，こういった状況では，生徒達が英語を使えるようになる日は，いつまでたっても訪れない。コミュニケーションを経験せずして，コミュニケーション能力を身に付けることは不可能だからである。これは生徒だけでなく，教師にも全く同じことが言える。最初から気持ちが萎縮してしまっていては，あるはずの実力も出せないし，それ以上に伸ばしていくことも到底できない。

　授業で英語を使いたがらない教師のほとんどが，自分自身も同じような

環境で英語教育を受けてきており，普段から英語を話す教師に巡り会った経験に乏しい。自分達はそれが良かったか悪かったかに拘わらず，同じ教え方を受け継いでしまっているのである。Children learn what they live. と表されるように，人はよほど注意していなければ，自分がそうされたように，知らず知らずのうちに自分も同じことを繰り返してしまう。しかし，もし惰性で自分も同じ教え方に固執すれば，生徒達も必ず似たような問題を抱えるようになることは目に見えている。

　誰かが，どこかで，この悪循環を断ち切っていかなければならない。それは誰かと言えば，最前線で奮闘する一人一人の教師に他ならない。教師自身がまず自らの殻を破って，成長していくしかないのである。教育哲学者である John Dewey が，"Education is not preparation for life; education is life itself."と言っているが，これは生徒にだけでなく，教師を含む全ての人に言えることであろう。教育は，絶えまない自己成長と自己実現の繰り返しであり，それは何も学生時代に限ったことではなく，一生続いていくことである。学びそれ自体が，人生そのものとさえ言えるのである。自らがその実践に挑戦し，生徒達の教育にも従事する教師という職業は，世の中で最も尊い仕事の1つと言っても過言ではないだろう。教師という立場に安住するのではなく，その名に恥じない自分を築き上げていくことこそ，今教師に求められている姿ではないだろうか。

「完璧主義」から「人間主義」へ

　Gorsuch (2001) は，日本の英語教師の教育姿勢の研究で，ALT と接触が長い教員ほど，自らの英語能力に自信を持っているという結果を発表している。この場合，自らの英語力に自信を持っているから，ALT と積極的に交流するのか。それとも，ALT と交流するから，自らの英語力に自信を持つようになるのか。これは「卵が先か，ニワトリが先か」という問題と似ているが，答はどちらとも言えるであろう。要は，待っていれば自然と自信が付くのではなく，自ら行動する中で徐々に自信を付けていけるのである。だから，教師は少しでも英語を使っていくことに挑戦すべきであり，生徒もその姿を見て後に続き，彼らなりの自信を築いていけるのではないだろうか。

Murphey and Sasaki（1998）は，英語教育改革を進める上で，英語教師に次のような提案をしている。まず，教師は「保守主義」から「リスクテーキング」へと変わっていかなければならない。教師とは言っても，生涯学習者（lifelong learner）の気持ちで日々挑むのである。そして，急激な変化を望むのではなく，徐々に変わっていこうとすることで，一生涯持続する成長が期待できるのである。その努力とは，例えば以前よりも1分でも多く英語を使って授業をするとか，英語でのショートスピーチを週1回でも試すといったことからで良いのである。更に英語教師は，自らに対する期待を，「完璧主義」から「人間主義」に変えていかなければならない。英語を使う時，間違いを犯してはならないといった，理不尽な期待を自分にかけることをやめなければならない。また，教師は自分を単なる知識伝授者として見るのではなく，生徒と共に対話するコミュニケーターとしての役割を発見していかなければならない。

　完璧主義と言えば，「自分の英語力がネイティブ並なら何でもできるのに」と思うこともあるかもしれない。しかし，本当にネイティブであれば，何も悩みがなくなるのであろうか。もしネイティブであることが全てだとしたら，英語のネイティブ・スピーカーは皆良い英語教師ということになる。しかし，実際はそうではない。私達日本人が海外で日本語を教えてみると分かることだが，ネイティブだからといって日本語が上手に教えられ，どんな活動も問題なく行えるかというと，決してそんなことはない。

　筆者もアメリカ留学時に，2年間ほど日本語教師を経験したが，自分が日本人として日本語を話せることと，日本語を他人に教えることは全く違うことを痛感させられた。むしろ，外国語として日本語を勉強してきたアメリカ人教師のことを羨ましく思ったぐらいである。ネイティブであることは，言語を教える上で一見メリットのように見えるが，実は学習者が抱える問題や苦労に対して，恐ろしく鈍感であるという落とし穴がある。ある時，日本語初級クラスで，筆者がアメリカ人生徒に "You can do it. It's easy." と言ったところ，"Yeah right. You can do it easily, of course." という返答が返って来たことがあった。励ましのつもりでかけた言葉が，嫌みに取られてしまったようである。随分反省させられた経験である。また，

私達が日頃何気なく使っている言葉でも，いざ教えるとなると，具体的にどう説明したらよいか迷うことがある。ネイティブであるということそれだけで，良い教師になれるというわけではないのである。

　同様のことが，日本での英語教育にも当てはまる。ネイティブにはネイティブの強みがあり，ノン・ネイティブはノン・ネイティブとしての良さを持っている。例えばノン・ネイティブの良さは，単に文法が説明できるというだけでなく，インプットが聞き取れない時の戸惑いの気持ち，発話する時の不安な気持ち，そしてそれらをどうやって乗り越えたらいいのかという経験も持ち合わせている。英語を外国語として学んだ日本人教師であるからこそ，生徒のロールモデル（role model）になれるのであり，それは日本人の英語教師の特権である。ネイティブは見本（model）とはなれても，ロールモデル（目指す目標）とはなれないのである。

「模倣ネイティブ」から「流暢な第二言語の使い手」へ

　そうは言っても，ノン・ネイティブはネイティブと比べて，その英語の流暢さや，正確さ，そして様々な言い回しに関する感覚的知識などにおいて，限界があるのも確かである。それは，ノン・ネイティブがいくら上級者であっても変わらぬ事実である。SLAにおける「臨界期仮説」（Critical Period Hypothesis）の研究では，大多数の第二言語学習者が，その学習年数や学習環境，動機付けの強弱に拘わらず，ネイティブと全く同じレベルに達することは非常に困難であることを表している。これは発音に限らず，文法能力においても，数々の研究で実証されている（Abrahamsson & Hyltenstam, 2008; Birdsong, 1999; DeKeyser, 2000; Gass & Selinker, 2008; Ioup, 2005; Long, 1990, 2003, 2007; 松村, 2009など参照）。

　例外的にネイティブ・レベルの外国語能力を取得したとされる人の研究例もいくつか報告されているが，その論争の焦点は，個々人の言語適性の違いや，臨界期の範囲の厳密な設定，もしくは臨界期現象の原因特定などであって，一般的に大人の第二言語習得には何らかの強い制約要因が働いていることは確かである。そう考えると，日本人の英語教師がネイティブと全く同じように英語を操るのを期待することは，無理な話である。もちろん教師自身，より英語力を伸ばそうと努力することは，授業運営におい

ても，生徒の良きロールモデルになるためにも必要である。しかし，ネイティブ・レベルを目指すべき「完璧な形」として追い求めるのは無意味である。

　Cook（2001, 1999）は，そもそも二か国語を話すバイリンガルというのは，日本語のモノリンガルと英語のモノリンガルを足したような単純な存在ではないと述べている。例えば日本語と英語のバイリンガルは，双方の言語の影響を受けているため，それぞれの言語の使い方や感覚は，同じ言語のモノリンガルとは微妙にでも違っているのが普通である。そういう意味でも，モノリンガルのネイティブを目指すというのは，意味のないことなのである。ノン・ネイティブがネイティブと同じになる必要は全くない。Cook の言葉を借りれば，我々が目指すべきは「模倣ネイティブ」（imitation native speakers）ではなく，多様な言語と文化を理解する「流暢な第二言語の使い手」（fluent L 2 user）である。生徒が目標とすべきものも，日本人の英語教師が手本とすべきものも，「流暢な第二言語の使い手」なのである。

　生徒にいつか英語を使いこなすようになってほしいと願うならば，教師自身が，今この時点で英語をどんどん使うべきである。「英語はコミュニケーションの道具だ」という言葉だけを振り回してはならない。教師はもっとリラックスして，生徒に英語で話しかけていって，その過程の中で教師自身も実力を伸ばし，自信を高めていけば良いのである。

7.3. 終わりに

　「自己達成の予言」（self-fulfilling prophecy）という言葉がある。我々が予言したことは，その瞬間からそう信じて行動に移すから，その通りになっていくという考え方である。Dornyei and Murphey（2003）は，教育の世界でも，まさにこの現象が起きていると言っている。生徒は，自分が期待された役割を一生懸命演じようとする。教師が生徒の能力はせいぜいこれ位だろうと見くびって授業をしていると，生徒もそれ位にしか伸びない。逆に，生徒の無限の可能性を信じて授業を行えば，生徒は限りない成長を遂げる。生徒の好き嫌いに関係なく，受け身の授業ばかりを受けてい

れば，生徒はいつしか知らず知らずのうちに人前で発言することを避け，個人作業にこもっていき，将来もそのような授業を期待するようになってしまう。このように，教師の生徒に対する期待や態度は，教育上大きな影響を持つ。

　Dornyei and Murphey（2003）は，相対性理論を提唱してノーベル物理学賞を受賞したアインシュタインの話を引き合いに出し，彼が学生時代にフランス語のクラスで落第したのは，もしかしたらフランス語教師の自己達成の予言のせいだったのかもしれないと指摘している。話の真相は分からないが，我々の教室にも，将来のアインシュタインが何人も隠れているかもしれない。そんな子ども達の豊かな可能性を十分に引き出してやれないのは，「どうせできないだろう」と思い込んでいる教師側の責任なのかもしれない。教師は，自分自身に対しても「どうせできないだろう」と思い込んでいて，自分の可能性を狭めてしまっていたりはしないだろうか。思うだけで叶うといった簡単なものではないが，こうなりたい，こうしたいという高い目標を掲げることでしか，教師，生徒共々の無限の可能性を引き出す方法はないのである。

　毎日の授業を行っていく中で，教師自身も自信をなくしたり，自己嫌悪に陥ることがあるだろう。特に，新しい事に挑戦し日々試行錯誤を繰り返す教師にとっては，壁にぶち当たる回数も多いに違いない。しかし，教室で失った自信は，教室でしか取り戻せない。喜びも，苦しみも共存するのが教室である。だからどんな事があろうとも，教室という場で挑戦し続けるしかない。真の教育を求めて，挑戦し続ける教師の姿がそこにある限り，生徒も必ず後に付いて来てくれるであろう。

●付録● FonFを取り入れた英語授業案

英語授業案1

指導学年： 中学校第3学年
教材： 　（1）*New Horizon English Course 3*（2003）
　　　　　（2）バングラデシュの旗（の写真）
　　　　　（3）バングラデシュの地理を示した地図
　　　　　（4）教科書の27ページの写真の拡大コピー
　　　　　（5）バングラデシュの教育事情を紹介したshort passages（下記参照）
本時の位置： Text Unit 3: Children of the World, 1回目（pp.26～27）
本時の目標： （1）国際理解の一貫として，バングラデシュの教育事情を中心に，日本と比較しながら考える。
　　　　　　（2）現在完了形を使い，日本とバングラデシュの子どもの経験の違いを考え，表現する。
　　　　　　（3）この授業で気付いた事を生徒同士で伝えあうことにより，学習に広がりと深みを与える。

本時の指導計画と内容：

	学習活動	学習内容と指導手順	注釈
WARM UP (10分)	Small Talk: クラスメート同士でペアになり，与えられたトピックについて尋ね合う。トピックは，じゃんけんで以下から選ぶ。 - My favorite place to visit - My favorite pastime - My favorite season	以下の順序で行う。 （1）Today's topicsを紹介し，英語でクラス全体に尋ねる。 （2）クラスメートとペアになり，じゃんけんするよう指示する。"Winners, please choose one topic. Losers, please choose another topic." （3）質問に対する相手の答えを想定して，それに関連した質問を考え，書き出してもらう。教師がまず生徒の一人と例を示す。その後，各自考える時間を1分間与える。 （4）small talkを始める。後で相手から得た情報をクラスに報告してもらうことを事前に伝えておく（制限時間は各トピック2分）。	指示は簡単な英語で行う。必要に応じて，日本語の単語を交える。生徒の発言はなるべく英語で，無理な場合は日本語で行う。ただし，その場合，教師が平易な英語に言い直してあげる。

WARM-UP（10分）		（5）2分経ったら役割交代を指示する。 （6）終わりの合図をし，各自2分間，レポーターとして情報を報告する練習をしてもらう。 （7）隣のペアとじゃんけんして，勝った人がそのグループの代表となり，発表する。聞く人には，後で聞き取りの確認の質問をすることを伝えておく。 （8）最後に，クラス全体でレポートの内容を確認する。	
導入（5分）	新教材の紹介。バングラデシュの国の紹介をクイズ形式で行う。	教師が small talk の my favorite pastime について，自分の意見を紹介しつつ，新教材のトピックに関連づけていく。"My favorite pastime is traveling. I like to go to many places in the world. I have been to America, Canada, etc., but I have never been to Asia. What country do you want to go in Asia? ... I was surprised to find this flag of an Asian country.（バングラデシュの旗を見せる。）Isn't it just like the flag of Japan? What country has this flag? Guess ..." 同じようにクイズ形式でバングラデシュの地理，首都，人口密度などについても聞いていく。	バングラデシュの国旗は緑地に赤丸が中央にあり，日本とそっくりである。人口は日本より少し多い位だが，国土面積は日本の半分にも満たない。一人当たりのGDPは日本の18分の1である。
展開（35分）	1. Photo Description: バングラデシュの国情について考えさせる。（10分）	教科書の27ページにあるようなバングラデシュの子ども達の写真を拡大コピーして，黒板に貼り，英語でクラスに次のように問いかける：（1）Who are these people?（2）How old are they?（3）What are they doing?（4）Where are their parents? 生徒の意見を引き出し，なぜそう思うのかを聞く。そして教師が次のように言う。"They are Bangladeshi children. They work every day to help their parents. Do they go to school? ... No. Why?" と続け，バングラデシュの識字率（literacy rate）について紹介する。そして，識字率が低いと，何が問題かを一緒に考えてみる。	バングラデシュで読み書きできる人は，国民全体の44.8%。内訳：女性は31.4%，男性は51.3% vs. 日本の識字率は国民全体で99%以上。 識字率が低いと問題になる代表例として，以下のことが挙げられる： ー手紙／新聞／本が読めない。 ー機械などの説明
	2. Info. Gap & Re-	以下の順序で行う。	

展開（35分）	porter:バングラデシュの教育事情について, short passagesを通して理解を深め, 情報交換活動をする。（12分） 3. 現在完了形を使い, 日本とバングラデシュの子どもの経験の違いを考え, 表現する。（13分）	（1）これからバングラデシュの教育事情について, AとBの別々のshort passagesを読んでもらうことを伝え, ペアでじゃんけんして勝った方がA, 負けた方がBを取りに来るように言う。 （2）読みながらsurprising informationと思う箇所に線を引かせる。"Ready. Go!"の合図でスタート（制限時間3分）。 （3）パートナーにレポートする前に, 各自リハーサルさせる。リハーサルは, 紙を裏返しにして行なう（制限時間1分）。 （4）もう一度passageを読みたい人は挙手させる。あと何分必要か自己申告させ, 2分程度までの時間を許容する。 （5）ペアでお互いの内容をレポートさせる。その際, 聞き役には, 相づち（e.g., "Really? I didn't know that."）や聞き返し（e.g., Pardon? Excuse me?）を促す。 （1）上記のshort passagesについて, 教師が内容確認の質問をいくつか行なった後で, 現在完了形（Unit 2で紹介済み）の質問に移行していく。"So, how is the education in Bangladesh? Good or bad? Do they have enough schools? How about teachers? Do they have good teachers? How long do children have to go to school in Bangladesh? How many children stay in school for five years? How about textbooks? Is it easy to get them? Why? ... I see. So, when Bangladeshi children grow older, what kind of experience have they had? Have they studied a lot? Have they been on school trips? Have they played computer games? Have they worked hard?"と問いながら, 現在完了形の質問を板書していく。 （2）必要に応じて簡潔に文法の説明を交えながら, バングラデシュと自分達の生活を	書が読めない。 －口頭でしか物事を伝えられない。 －教育が受けられない。 教師がティーチャー・トークの中で具体例を示すると良いだろう。 Short passagesは, 大体の内容がつかめればOKとする。細かい文法などは気にしない。 授業の最後に, クラス全員に読んでいないもう片方のpassageを配る。

展開（35分）		比較させていく。"What about you? What kind of experience have you had? Have you studied a lot? Have you been on school trips?" などと聞き，バングラデシュの子ども達と日本の子ども達の経験の違いを次のパターンで書かせる。"In Bangladesh, many(most) children have... In Japan, many (most) children have..." また，聞いてみたいことも，Have you/they ~? のパターンで書かせる（制限時間2〜3分）。 （3）隣のペアと合体した4人グループで，できた文章を口頭で伝え合わせる。また，質問し合って，お互い両国の違いについてどう思ったかを日本語で話し合わせる（制限時間3〜5分）。 （4）グループの代表何人かに，英語で気持ちを発表させる。
	4. 本時のまとめと宿題の提示	最後に，宿題として，今日の授業で感じたこと（How did you feel?），学んだこと（What did you learn?），更に知りたいこと（What more do you want to know?）を英語で感想として書いてくるように指示し，クラスを終える。

◆**参考資料**

http://www.again.at/bangladesh,
http://www.japan-bangladesh.com/
http://www.betelco.com/bd/,
http://lcweb2.loc.gov/frd/cs/bdtoc.html,
中嶋洋一（2002c）DVD「総合的な学習につながる中嶋洋一の子どもが輝く英語の授業［国際理解編］：ネパールってどんな国？」
Brainstormingやphoto descriptionを利用したリーディング教材の導入方法は，向後（1999）参照。

バングラデシュの教育事情を紹介した short passages：
Passage A

　　　Education in Bangladesh is not very good. There are not enough schools in Bangladesh. And many schools do not even have desks or blackboards. They are just like huts. Also, there are not enough teachers. What is worse, Bangladeshi teachers do not teach their students very seriously. In many schools, teachers take only attendance and then go back to the teachers' room to relax. If they teach, they teach only for a few hours a day. So, there is only a half a day at school for most students. Many parents cannot help their children because they cannot read. Some parents hire private tutors, but only rich parents can pay for them. In fact, those tutors are the school teachers who want to make extra money. So, sometimes they tell their pupils about the exam at school. It is no wonder that rich children's grades are good!

Vocabulary help: hut（小屋），What is worse（更に悪い事に），hire（雇う），private tutors（家庭教師），no wonder（不思議じゃない）

Passage B

　　　In Bangladesh, children have to go to school until the fifth grade in elementary school. When the children are in the first grade, many children go to school. But as they grow older, many children, especially the poor ones, stop going to school because they have to help their parents' work. So, only about 20% of children stay in school until the fifth grade. At work, many boys have the responsibility to carry crops to the market on top of their heads. Girls' responsibility is to gather firewood for cooking at home. There are also many kids on the street selling cigarettes and candies. At school, children can get their textbooks for free. But most children have to buy their textbooks because some people rob trucks carrying textbooks to school. The stolen textbooks are then sold on the market for money. So, it is not easy to get the textbooks.

Vocabulary help: fifth grade（5年生），crops（農作物），firewood（まき），for free（ただで），rob（強奪する）

英語授業案２

指導学年： 高等学校第２学年
教材： （１）*Genius English Course II Revised*（2008）
　　　　　（２）ユヌス博士の拡大写真
本時の位置： Lesson 4：The People's Bank，１回目（pp. 44-57）
本時の目標： （１）現代社会の貧富の差の問題とユヌス博士の行動について学び，考える。
　　　　　　（２）テキストのリーディングとクラス・ディスカッションを通して，関連単語及び複合関係詞などの文法事項を学ぶ。

本時の指導計画と内容：

	学習活動	学習内容と指導手順	注釈
導入（10分）	Teacher Talk: 生徒にテキストの話題に関連した質問を投げかけながら，話題を導入していく。	（１）以下のような質問を投げかけて，徐々に話をテキストの内容とつなげていく。What do you want to be in the future? Does anybody want to open your own shop (of clothes, music, sports, flowers)? Restaurant? School? Let's say that you decide to open your own restaurant. Do you know what you need to do? What do you think you need? ... Yes, you need a license to be a cook, ... and ... yes, you need money, money to buy or rent a place, build a restaurant, decorate it nicely, pay for your employees. You need money before you can start your business to make money. So, money is needed to make money! （２）更に，次のように話題を問題化していく。Then, where do you get the money to start your business? Do you ask your friends to lend you money? Or do you ask somebody else? Where do you think people usually go to get money? Do you go to consumer finance companies（消費者金融）? But that will be risky. You know why? You have to pay high interest for your loan. Does anybody know what "interest" is? How about the	教師の指示及び生徒の発言は，基本的に英語だけで行う。一方的な講義ではなく，インタラクティブな授業を展開していくことを心がける。（教師は，導入の一部として，自分が若かりし頃，〜屋さんをやりたかったといった話をしても OK。）　時間に余裕があれば，小グループで，どうやったらレストランを開くことができるかを話し合い，発表させる。

付録　FonF を取り入れた英語授業案　253

導入（10分）		bank? Do you know what you need to get a loan from the bank? ... You need collateral. Does anybody know what "collateral" means. ... It means 担保 in Japanese. You need a collateral in case you cannot pay back the loan. If you have your own house, then you can use it as collateral. If you cannot return the money, the bank will take away your house because it's a collateral. What if you don't have your own house? Then you cannot get a loan from the bank. You cannot start your restaurant. ... So, often, if you don't have money at first, it will be very difficult for you to start your own business. Again, you need money to make money. The result is: the rich get richer, and the poor get poorer. This is a big social problem. （3）話をテキストと結びつけていく。In Japan, the situation is not as bad as in some other countries. In some countries, a lot of people are very poor, and they cannot get out of their poverty. For example, in Bangladesh, many people don't have enough money to start their businesses, so they often stay poor, no matter how hard they work.	consumer finance companies, interest, loan, collateral のようなキーとなる単語は，日本語訳と共に板書する。
展開（40分）	1. 新教材の紹介。教科書の本文を読む活動に入る。（3分）	（1）上に続いて次のような質問を投げかける：So, what do you think we should do? What do you think we can do? Any good ideas to solve the problem? 小グループで2〜3分話し合ってもらい，発表してもらう。 （2）クラスにユヌス博士の拡大写真を見せ，以下のような質問をする。Do you know him? ... He is Dr. Yunus, a professor of economics at a university in Bangladesh. He did something interesting to solve the problem we have been talking about. The text in lesson 4 discusses what he did. To find out about what Dr. Yunus did, let's read the pas-	

		sage in the textbook.	
	2. Skimming（概要をつかむ）(12分)	We are going to read the text in steps. First, we will skim the text to get the main ideas. Second, we will read again to get the details, OK? First, to get rough ideas, let's read it section by section. セクションごとに以下の手順で行う。 （1）Ready? Go! でスキミング開始する（制限時間1分）。 （2）What is the text about? What are some key words there? Check with your partner.　➡ ペアで答を確認し合う。 （3）Let's check together. ➡ ペアをいくつか指名してクラス全体で確認する。	Skimming では細かい部分は気にせず，大まかな話の概要を捉える。そして，徐々に詳しい内容や表現方法に注目していくようにする。
展開 (40分)	3. Scanning（特定の情報を得る）(22分)	Now, let's go back to the first section and try to find more detailed information. I want you to find the answers to the questions given on the handout（下記参照). セクションごとに以下の手順で行う。 （1）Here are the questions for section one. （2）Ready? Go! ➡ スキャニング開始（制限時間2分）。 （3）What are your answers to the questions? Check them with your partner. ➡ ペアで答を確認し合う。 （4）Let's check together. ➡ ペアをいくつか指名してクラス全体で確認する。	質問は時間短縮のため，あらかじめ用意されたプリントに書いて配る。 　クラス全体で質問の答えを確認する際は，内容に関して教師がコメントや質問を加える（e.g., This woman didn't have enough money, so she had to obey the trader. Do you know how much two U.S. pennies are worth in yen?)
	時間が許せば，以下も行う。 4. Word/Phrase Hunt*（重要表現を拾い上げる）	This time, I will give you some words and phrases in Japanese. I want you to find the English expressions for them. セクションごとに以下の手順で行う。 （1）Here are words and phrases.	whenever などの複合関係詞を使って，即興英作文をさせる（e.g.,「ひまな時はいつでも

展開（40分）		（2）Ready? Go! ➡ ワード／フレーズ・ハント開始（制限時間2分）。 （3）What are your answers to the questions? Check them with your partner. ➡ ペアで答を確認し合う。 （4）Let's check together. ➡ ペアをいくつか指名してクラス全体で確認する。	電話してね」Call me whenever you are free.「好きなのどれ選んでもいいよ」You can choose whatever you like.「来たい人は誰でも来ていいよ」Whoever wants to come can come.）。その他の表現についても，必要に応じて簡潔な説明を加えたり，生徒に応用させたりする。
	5. 本時のまとめと宿題の提示（3分）	So, Dr. Yunus is a man of action. He wanted to save the poor people, and he set up his own bank for this purpose. What is the bank called? Yes, Grameen Bank. In the next class, we will read the textbook more closely. For homework, I want you to do some research and find out as much as you can about the Grameen Bank and Dr. Yunus. You can use the internet to collect information. Write your information down on your notebook in a list format. We will share your information in class next time, OK? See you.	宿題をどういう形で書いてくるべきか，抜書で例を示す。

　次回以降のクラスでは，Grameen Bank と Dr. Yunus の功績について，生徒が調べてきたことを発表し合い，テキストの内容の理解を更に深めていく。また，本文中に出てくる Key sentences（"Poverty is not created by the people. Poverty is created by the institutions that we have built around us." など）の意味をもう少し深く掘り下げて考えてみる。また，内容理解の確認のため，Chunk Reading や Simultaneous Translation by Chunk**，音読練習 ***，Text Reproduction（Reconstruction）Task**** などの活動も取り入れていく。

　最終的に，次のような事柄を考えられるレッスンの運びとする：There are many contraditions in the world today（e.g., discrimination against women, foreigners, homeless, etc., high cost of education that is unfavorable to poor people, isolated neighbors unfamiliar with each other, etc.）. What can you learn from Dr. Yunus? How do YOU want to make a difference in the world today?

*Word/Phrase Hunt の指導方法については，金谷，他（2004）参照。
**Chunk Reading とその指導方法および関連活動については，中嶋（2000）参照。
*** 音読練習については，門田（2007），門田，他（2007），國弘，千田（2004），土屋（2004）など参照。
****Text Reproduction Task については，J. Willis（1996），松村（2009）など参照
その他参考にしたウェブサイト：
http://en.wikipedia.org/wiki/Muhammad_Yunus
http://en.wikipedia.org/wiki/Grameen_Bank,
http://www.grameen-info.org/

Skimming の要点，Scanning 活動で使う質問，及び Word/Phrase Hunt の用語：

セクション1	セクション2	セクション3	セクション4
スキミング要点：Dr. Yunus tried to find out about people's lives in the village.	スキミング要点：Dr. Yunus lent poor people his own money.	スキミング要点：Dr. Yunus borrowed money from the bank for poor people.	スキミング要点：Dr. Yunus' bank made many people happy.
Scanning questions: 1）What was the woman's problem? 2）What shocked Dr. Yunus?	Scanning questions: 1）What did Dr. Yunus say to the bank manager? 2）How did the bank manager reply? Why?	Scanning questions: 1）What surprising thing happened? 2）What did Dr. Yunus establish?	Scanning questions: 1）Who were better borrowers, men or women? 2）What creates poverty?
Word/Phrase Hunt*:「竹のいす」bamboo stool,「稼ぐ」make money,「〜と等しい／〜相当の」equal to〜,「条件にする」set a condition,「認めることはできなかった」I couldn't accept that.,「合計する」add up	Word/Phrase Hunt:「いつでもできる時に」whenever they are able to,「いくらでも好きな値段で」whatever price they want,「与え続ける」go on giving,「いつでも必要な時に」whenever they need it,「落ちそうになった」nearly fell out	Word/Phrase Hunt:「賭けてみる」take a chance,「だましてる」fooling you,「絶対に返さない」never give it back,「信じ込まされてる」trained to believe,「設立する」set up,「許可」permission	Word/Phrase Hunt:「震える」tremble,「必ず〜する」make sure,「〜までには」by the time〜,「尊厳」dignity,「貧困がどんなものだったのか」what poverty was like,「実現させる」make that happen,

*Word/Phrase Hunt で課す単語の種類や数は，生徒のレベルに応じて変更する。難易度を高くしたい場合は，単語を順不同で提示したり，教科書で探す前にどんな英語でそのフレーズが言えるのかを自分で考えさせる。また，お金に関する表現（poverty, loan, pay back, price, borrow, sell, buy）や，感情に関する表現（astonished, excited, felt terrible, nearly fell out of his chair, surprising, tears roll down）などを見つけさせる活動も考えられる。

英語授業案３

指導学年：　　高等学校第２学年
教材：　　　　（１）*New Horizon English Course II*（2002）
　　　　　　　（２）ガンジーの拡大写真
本時の位置：　Lesson 6: Peaceful Pressure, １回目（pp. 72-76）
本時の目標：　（１）紛争解決の手段としてのガンジーの非暴力運動について学び，考える。
　　　　　　　（２）テキストのリーディングとクラス・ディスカッションを通して，関連単語及び文法事項を学ぶ。

本時の指導計画と内容：

	学習活動	学習内容と指導手順	注釈
WARM-UP（15分）	Small Talk: ペアになり，与えられたトピックについて尋ね合わせる。トピックはじゃんけんで以下から選ぶ。 -Traveling in space -Traveling in time	以下の順序で行う。 （１）Today's topics を紹介し，トピックの説明を交えながら英語でクラス全体に尋ねてみる。(Traveling in space は，日本または世界旅行について今までの旅行経験や，これから行ってみたい所について話す。Traveling in time は時空を超えた time travel が可能だとしたら，いつの時代に行きたいか話す。 （２）クラスメートとペアになり，じゃんけんするよう指示する。"Winners, please choose one topic. Losers, please choose the other topic." （３）教師がまず生徒の一人と会話例を示す。その後，各自考える時間を１分間与える。 （４）small talk を始める。後で相手から得た情報をレポーターとして報告することを，事前に言っておく。Keep talking for 3 minutes! Partners, help the speaker by asking questions when he/she is stuck. ３分経ったら，役割交代を指示する。 （５）隣のペアとパートナー交代をして，前のパートナーの意見をレポートする。	教師の指示及び生徒の発言は基本的に英語だけで行う。教師は，トピック提示の際, Where have you been? Has anybody been abroad? Where do you want to go? Why? / What if you can travel in time like in the movie "Back to the Future" or "Doraemon's time machine"? などと聞いて，生徒の発言を刺激する。

WARM-UP（15分）		（6）時間があれば，（5）で得た情報をその元の情報源の人とペアになって，次の例に沿って確認し合う。e.g., "So, I heard that you want to ... Is that right?" （7）クラス全体で2～3人のボランティアをつのり，各トピックの答えを聞いていく。	
導入（10分）	新教材の紹介。ガンジーの南アフリカでの闘争を，彼の立場になって考えてみる。 -> Role Play	生徒から得たsmall talkの答えを新教材のトピックに関連させていく。"Traveling is fun, isn't it? But sometimes, you may experience very uncomfortable situations especially when you go abroad. Like what?" 生徒から例をつのってみる。そこからracial discriminationの問題に入っていく。 　"Now we just talked about traveling in time and space. Let's imagine that you are traveling to South Africa, in the late 19th century. You have a ticket for the 1st class car in the train. You are sitting there comfortably, enjoying the view when a guard comes by and says to you, 'you can't sit here any more because there is a white gentleman who wants to sit here.' What would you do? と問いかける。実際にペアで，一人がguard，もう一人がpassengerになり，role playをさせる。Guardがどういった対応をするのかにも気を配って演じさせ，最後に何人かの代表に発表させる。	Role playで，無視する，断る，戦う，従うなどの例が出た時に，その結果どうなるのかについても考えさせる（例：無視する➡つまみ出される；戦う➡刑務所に入れられる）。そこで，映画"Gandhi"の冒頭のシーンを見せても良いだろう（ガンジーは抗議したが，結局，力づくで電車から放り出されてしまった）。
展開（25分）	1. Small Group Discussion -> Class Report （10分）	更に，以下のような状況を考えさせる。"Let's further imagine that you got a very nice job in South Africa and decided to stay there for a long time. However, whenever you go out, you face racial discrimination, in trains, buses, in restaurants, shops, hotels, even to rent an apartment. The government says that they will take your fingerprints because you are non-white. What would you do?" ここで4人組のグループになり，自分ならどうするか話し合わせる（3～4分）。話し合いの後，各グループの代表に英語で要旨をクラスに報告させる。	最初から英語での話し合いが難しい場合は，まず日本語で話し合ってから，報告を英語でさせてもよい。生徒が意見を述べた際は，言わせっ放しではなく，それに対するクラスの意見も聞いてみる。

	2. ガンジーの紹介（3分）	クラスにガンジーの拡大写真を見せ，以下のような質問をする。"Who is he? Have you ever seen him? What did he do? What is he famous for?" 生徒から答えをつのった後，今まで一緒に考えた状況は，実は若かりし頃のガンジーが南アフリカで体験したことであることを伝える。そこでガンジーが何を感じどう行動していったのかを学ぶために，教科書の reading に入っていく。
展開（25分）	3. Chunk Reading** の指導（12分）	以下の順序で行う。 （1）個人で pp.73-76 を読み，意味の切れ目にスラッシュを書き込むよう指示する。（4分） （2）ペアになり，じゃんけんで勝った生徒が，音読をしながらスラッシュで切れる場所を机の上を叩きながら合図していく。じゃんけんで負けた生徒は，聞いていて異議があれば stop と言って話し合う。（4分） （3）ペアの活動が終わったら，今度は教師が pause を入れながら，スラッシュの場所を示していく。生徒はそれを聞きながら，自分達の引いたスラッシュを確認していく。（4分）
	4. 本時のまとめと宿題の提示	In the next class, we will do a chunk translation activity. I will ask you to translate each chunk phrase. You have to act as if you were a simultaneous interpreter. So, please check the meaning of each chunk at home. That's the homework for next class, OK? If you find anything you don't understand or are not sure about, underline that part. We will discuss those in next class too. See you!

　今回の授業を最初の手がかりとして，Lesson 6 の最後には，"Non-violence is a useful means to solve conflicts on the earth" に関して Affirmative と Negative に分かれて，micro debate* を行えるようにする。

* ディベートの指導方法については，中嶋（1997, 1999）参照。
**Chunk Reading の指導方法および関連活動については，中嶋（2000）参照。

参考文献

Abrahamsson, N., & Hyltenstam, K. (2008). The robustness of aptitude effects in near-native second language acquisition. *Studies in Second Language Acquisition, 30*, 481-509.

Adams, R. (2007). Do second language learners benefit from interacting with each other? In A. Mackey (Ed.), *Conversational interaction in second language acquisition: A collection of empirical studies* (pp.29-51). Oxford: Oxford University Press.

Alanen, R. (1995). Input enhancement and rule presentation in second language acquisition. In R. W. Schmidt (Ed.), *Attention and awareness in foreign language learning* (Technical Report #9, pp. 259-302). Honolulu, Hawai'i: University of Hawai'i.

Alderson, J. C., Clapham, C., & Steel, D. (1997). Metalinguistic knowledge, language aptitude and language proficiency. *Language Teaching Research, 1*, 93-121.

Allen, M. (2004). Reading achievement of students in French immersion programs. *Educational Quarterly Review, 9(4)*, pp.25-30.

Allen, P., Swain, M., Harley, B., & Cummins, J. (1990). Aspects of classroom treatment: Toward a more comprehensive view of second language education. In B. Harley, P. Allen, J. Cummins & M. Swain (Eds.). *The development of second language proficiency* (pp.57-81). Cambridge: Cambridge University Press.

Allwright, R. (1980). Turns, topics and tasks: Patterns of participation in language learning and teaching. In D. Larsen-Freeman (Ed.), *Discourse analysis in second language research* (pp.165-187). Rowley, MA: Newbury House.

Baddley, A. D., Gathercole, S., & Papagno, C. (1998). The phonological loop as a language learning device. *Psychological Review, 105*, 158-173.

Baker, N., & Nelson, K. (1984). Recasting and related conversational techniques for triggering syntactic advances by young children. *First Language, 5*, 3-22.

Berko Gleason, J. (1999). *The development of language.* Boston: Allyn & Bacon.

Birdsong, D. (Ed.)(1999). *Second language acquisition and the critical period hypothesis.* Mahwah, NJ: Lawrence Erlbaum.

Bogaert, N., Van Gorp, K., Bultynck, K., Lanssens, A., and Depauw, V. (2006). Task-based language teaching in science education and vocational training. In K. Van den Branden (Ed.), *Task-based language education: From theory to practice* (pp.106-128). Cambridge: Cambridge University Press.

Bohannon, III, J. N., & Stanowicz, L. (1988). The issue of negative evidence: Adult responses to children's language errors. *Developmental Psychology, 24*, 684-689.

Bostwick, M. (2004). *English immersion in Japan: A 12 year study of Katoh Gakuen's program.* Lecture given at Sophia University, Tokyo, November 9, 2004.

Bostwick, M. (2005). Two languages, many worlds. In M. Bostwick (Ed.), *Katoh Gakuen* symposium report (pp.15-27). Numazu, Shizuoka: Katoh School.

Brinton, D.M., & Jensen, L. (2002). Approaching the adjunct model: English for academic purposes at the university level. In J. Crandall & D. Kaufman (Eds.) *Content-based instruction in higher education settings* (pp.125-137). Alexandria, VA: TESOL.

Brown, H. D. (1987). *Principles of language learning and teaching.* Englewood Cliffs, NJ: Prentice Hall Regents.

Bygate, M. (2001). Effects of task repetition on the structure and control of oral language. In M. Bygate, P. Skehan, & M. Swain (Eds.), *Researching pedagogic tasks: Second language learning, teaching, and testing* (pp.23-48). Harlow: Pearson Education.

Bygate, M., & Samuda, V. (2005). Integrative planning through the use of task-repetition. In R. Ellis (Ed.), *Planning and task performance in a second language* (pp. 37-74). Philadelphia: John Benjamins.

Caine, R.N., & Caine, G. (1990). Understanding a brain-based approach to learning and teaching. *Educational Leadership, 48,* 66-70.

Canale, M., & Swain, M. (1980). Theoretical bases of communicative approaches to second language teaching and testing, *Applied Linguistics, 1,* 1-47.

Carless, D. (1997). Managing systemic curriculum change: A critical analysis of Hong Kong's target-oriented curriculum initiative. *International Review of Education, 43,* 349-366.

Carless, D. (2002). Implementing task-based learning with young learners. *ELT Journal, 56,* 389-396.

Carless, D. (2003). Factors in the implementation of task-based teaching in primary schools. *System, 31,* 485-500.

Carless, D. (2004). Issues in teachers' reinterpretation of a task-based innovation in primary schools. *TESOL Quarterly, 38,* 639-662.

Celce-Murcia, M., & Larsen-Freeman, D. (1999). *The grammar book: An ESL/EFL teacher's course.* 2nd edition. Boston: Heinle and Heinle.

Chang, A. C.-S., & Read, J. (2006). The effect of listening support on the listening performance of EFL learners. *TESOL Quarterly, 40,* 375-397.

Chaudron, C., & Parker, K. (1990). Discourse markedness and structural markedness: The acquisition of English noun phrases. *Studies in Second Language Acquisition, 12,* 43-64.

Cheng, L, & Watanabe, Y., with Curtis, A. (2004). *Washback in language testing: Research contexts and methods.* Mahwah, NJ: Lawrence Erlbaum.

Chomsky, N. (1965). *Aspects of the theory of syntax.* Cambridge: MIT Press.

Chomsky, N. (1981). *Lectures on government and binding.* Dordrecht: Foris.

Cook, V. (1999). Going beyond the native speaker in language teaching. *TESOL Quarterly, 33: 2,* 185-209.

Cook, V. (2001). *Second language learning and language teaching.* London: Arnold.

Corder, S. P. (1967). The significance of learners' errors. *International Review of Applied*

Linguistics, 5, 161-170.
Craik, F., & Lockhart, R. (1972). Levels of processing: A framework for memory research. *Journal of Verbal Learning and Verbal Behavior, 11*, 671-684.
Crandall, J., & Kaufman, D. (Eds.) (2002). *Content-based instruction in higher education settings*. Alexandria, VA: TESOL.
Crystal, D. (2003). *English as a global language*. Cambridge: Cambridge University Press.
Cummins, J. (1998). Immersion education for the millennium: What have we learned from 30 years of research on second language immersion? In M.R. Childs & R.M. Bostwick (Eds.) *Learning through two languages: Research and practice. Second Katoh Gakuen International Symposium on Immersion and Bilingual Education.* (pp.34-47). Katoh Gakuen, Japan.
Cummins, J. (2000). *Language, power, and pedagogy: Bilingual children in crossfire*. Clevedon, UK: Multilingual Matters.
Cummins, J., & Swain, M. (1986). *Bilingualism in education: Aspects of theory, research and practice.* London: Longman.
Cunningham, S., & Moor, P. (1999). *Cutting Edge*. Harlow: Longman.
De la Fuente, M.J. (2006). Classroom L2 vocabulary acquisition: Investigating the role of pedagogical tasks and form-focused instruction. *Language Teaching Research, 10*, 263-295.
DeKeyser, R. (1998). Beyond focus on form: Cognitive perspectives on learning and practicing second language grammar. In C. Doughty & J. Williams (Eds.), *Focus on form in classroom second language acquisition* (pp.42-63). New York: Cambridge University Press.
DeKeyser, R. (2000). The robustness of critical period effects in second language acquisition. *Studies in Second Language Acquisition, 22*, 499-533.
DeKeyser, R., & Goldschneider, J. (2001). Explaining the 'natural order of L2 morpheme acquisition' in English: A meta-analysis of multiple determinants. *Language Learning 51*, 1-50.
Dewey, J. (1938). *Experience and education*. New York: Macmillan/Collier.
Di Pietro. (1987). *Strategic interaction: Learning languages through scenarios*. New York: Cambridge University Press.
Donato, R. (1994). Collective scaffolding in second language learning. In J. P. Lantolf & G. Appel (Eds.), *Vygotskian Approaches to Second Language Research* (pp. 33-56). Norwood, NJ: Ablex.
Dornyei, Z., & Murphey, T. (2003). *Group dynamics in the language classroom*. Cambridge: Cambridge University Press.
Doughty, C. (1991). Second language instruction does make a difference. *Studies in Second Language Acquisition, 13*, 431-469.
Doughty, C. (1998). Acquiring competence in a second language: Form and function. In H. Byrnes (Ed.), *Learning foreign and second languages: Perspectives in research and*

scholarship (pp.128-156). New York: Modern Language Association.

Doughty, C. (2001). Cognitive underpinnings of focus on form. In P. Robinson (Ed.), *Cognition and second language instruction* (pp.206-257). Cambridge: Cambridge University Press.

Doughty, C., & Long, M. (2003). Optimal psycholinguistic environments for distance foreign language learning. *Language Learning and Technology, 7*, 50-80. Available at <http:/llt.msu.edu/vol7num3/doughty/>.

Doughty, C., & Pica, T. (1986). Information-gap tasks: Do they facilitate SLA? *TESOL Quarterly, 20*, 305-325.

Doughty, C., & Varela, E. (1998). Communicative focus on form. In C. Doughty & J. Williams (Eds.), *Focus on form in classroom second language acquisition* (pp.114-138). New York: Cambridge University Press.

Doughty, C., & Williams, J. (1998). Pedagogical choices in focus on form. In C. Doughty & J. Williams (Eds.), *Focus on form in classroom second language acquisition* (pp.197-261). New York: Cambridge University Press.

Eckman, F., Bell, L., & Nelson, D. (1988). On the generalization of relative clause instruction in the acquisition of English as a second language. *Applied Linguistics, 9*, 1-20.

Echevarria, J., Vogt, M. E., & Short, D. (2008). *Making content comprehensible for English learners: The SIOP® model.* Boston: Pearson/Allyn & Bacon.

Educational Testing Service (2005). *TOEFL internet-based test: Score comparison tables.*

Elley, W. B. (1991). Acquiring literacy in a second language: The effect of book-based programs. *Language Learning, 41*, 375-411.

Ellis, N. (1993). Rules and instances in foreign language learning: Interactions of explicit and implicit knowledge. *European Journal of Cognitive Psychology, 5*, 289-318.

Ellis, N. (2005). At the interface: Dynamic interactions of explicit and implicit language knowledge. *Studies in Second Language Acquisition, 27*, 305-352.

Ellis, R. (1993). The structural syllabus and second language acquisition. *TESOL Quarterly 27*, 91-113.

Ellis, R. (1994). *The study of second language acquisition.* Oxford: Oxford University Press.

Ellis, R. (1997). *SLA research and language teaching.* Oxford: Oxford University Press.

Ellis, R. (1999). *Learning a second language through interaction.* Philadelphia: John Benjamins.

Ellis, R. (2000). Task-based research and language pedagogy. *Language Teaching Research, 4*, 193-220.

Ellis, R. (2003). *Task-based language learning and teaching.* Oxford: Oxford University Press.

Ellis, R. (2004). The definition and measurement of L2 explicit knowledge. *Language Learning, 54*, 227-275.

Ellis, R. (2005a). Measuring implicit and explicit knowledge of a second language: A psychometric study. *Studies in Second Language Acquisition, 27*, 141-172.

Ellis, R. (Ed.) (2005b). *Planning and task performance in a second language.* Amsterdam: Benjamins.

Ellis, R. (2006a). Current issues in the teaching of grammar: An SLA perspective. *TESOL Quarterly, 40*, 83-107.

Ellis, R. (2006b). Modeling learning difficulty and second language proficiency: The differential contributions of implicit and explicit knowledge. *Applied Linguistics, 27*, 431-463.

Ellis, R. (2008). *The study of second language acquisition.* 2nd edition. Oxford: Oxford University Press.

Ellis, R., Basturkmen, H., & Loewen, S. (2001). Learner uptake in communicative ESL lessons. *Language Learning, 51*, 281-318.

Ellis, R., Tanaka, Y., & Yamazaki, A. (1994). Classroom interaction, comprehension, and acquisition. *Language Learning, 44*, 449-491.

Farrar, M. J. (1990). Discourse and acquisition of grammatical morphemes. *Journal of Child Language, 17*, 607-624.

Farrar, M. J. (1992). Negative evidence and grammatical morpheme acquisition. *Developmental Psychology, 28*, 90-98.

Ferman, I. (2004). The washback of an EFL national oral matriculation test to teaching and learning. In L. Cheng & Y. Watanabe, with A. Curtis (Eds.) *Washback in language testing: Research contexts and methods* (pp.191-210). Mahwah, NJ: Lawrence Erlbaum.

Fortune, T. (2000). Immersion teaching strategies observation checklist. *ACIE Newsletter, 4(1)*, 1-4.

Fortune, T. (2003). What parents want to know about foreign language immersion programs. *ERIC Digest, August.*

Fotos, S., & Ellis, R. (1991). Communicating about grammar: A task-based approach. *TESOL Quarterly, 25*, 605-628.

Fotos, S. (1993). Consciousness raising and noticing through focus on form: Grammar task performance versus formal instruction. *Applied Linguistics, 14*, 385-407.

Fullan, M.G., with Stiegelbauer, S. (1991). *The new meaning of educational change*, 2nd edition, London: Cassell.

Fullan, M.G. (1998). Linking change and assessment. In P. Rea-Dickins & K.P. Germaine (Eds.), *Managing evaluation and innovation in language teaching: Building bridges* (pp.253-262). London: Longman.

Gairns, R., & Redman, S. (2002). *Natural English Intermediate.* Oxford: Oxford University Press.

Gass, S. (1997). *Input, interaction, and the second language learner.* Mahwah, NJ: Lawrence Erlbaum.

Gass, S., & Selinker, L. (2008). *Second language acquisition: An Introductory course.* 3rd edition. KY: Routledge.

Genesee, F. (1987). *Learning through two languages: Studies of immersion and bilingual ed-*

ucation. Cambridge, MA: Newbury House.

Gorsuch, G. (2001). Japanese EFL teachers' perceptions of communicative, audiolingual and yakudoku activities: The plan versus the reality. *Education Policy Analysis Archives, 9: 10.* Available at <http://epaa.asu.edu/epaa/v9n10.html>.

Green, P., & Hecht, K. (1992). Implicit and explicit grammar: An empirical study. *Applied Linguistics, 13,* 168-184.

Gurian, M. (2007). *Nurture the nature.* San Francisco, CA: Jossey-Bass.

Halliday, M. A. K. (1985). *An introduction to functional grammar.* London: Edward Arnold.

Han, Y., & Ellis, R. (1998). Implicit knowledge, explicit knowledge and general language proficiency. *Language Teaching Research, 2,* 1-23.

Han, Z-H, & Selinker, L. (2005). Fossilization in L2 learners. In E. Hinkel (Ed.). *Handbook of research in second language teaching and learning* (pp.455-470). Mahwah, NJ: Laurence Erlbaum.

Harley, B., Allen, P., Cummins, J., & Swain, M. (Eds.). (1990). *The development of second language proficiency.* Cambridge: Cambridge University Press.

Hymes, D. (1972). On communicative competence. In Pride, J.B. & Holmes, J. (eds.), *Sociolinguistics: Selected readings* (pp.269-293). Harmondsworth, England: Penguin Books.

Ioup, G. (2005). Age in second language development. In E. Hinkel (Ed.). *Handbook of research in second language teaching and learning* (pp.419-435). Mahwah, NJ: Laurence Erlbaum.

Izumi, S. (2000). *Promoting noticing and SLA: An empirical study of the effects of output and input enhancement on ESL relativization.* Unpublished Ph.D. dissertation. Georgetown University.

Izumi, S. (2002). Output, input enhancement, and the Noticing Hypothesis: An experimental study on ESL relativization. *Studies in Second Language Acquisition, 24,* 541-577.

Izumi, S. (2003a). Comprehension and production processes in second language learning: In search of the psycholinguistic rationale of the Output Hypothesis. *Applied Linguistics, 24,* 168-196.

Izumi, S. (2003b). Processing difficulty in comprehension and production of relative clauses by learners of English as a second language. *Language Learning, 53,* 285-323.

Izumi, S. (2003c). EFL education in Japan from the perspective of Second Language Acquisition research. *Sophia Linguistica, 50,* 3-14.

Izumi, S., & Bigelow, M. (2000). Does output promote noticing and second language acquisition? *TESOL Quarterly, 34,* 239-278.

Izumi, S., Bigelow, M., Fujiwara, M., & Fearnow, S. (1999). Testing the output hypothesis: Effects of output on noticing and second language acquisition. *Studies in Second Language Acquisition, 21,* 421-452.

Izumi, S., & Iwasaki, M. (2004). Development of explicit and implicit knowledge of different grammatical forms by learners with different ESL learning backgrounds. *Sophia Linguistica, 52,* 1-33.

Izumi, S., & Nishimura, A. (2002). Accuracy and explicit knowledge in second language performance: The case of dative alternation for Japanese ESL learners. *Sophia Linguistica, 49,* 161-189.

Izumi, Y. & Izumi, S. (2004). Investigating the effect of oral output on the learning of relative clauses in English: Issues in the psycholinguistic requirement for effective output tasks. *Canadian Modern Language Review, 60,* 587-609.

Johnson, K., & Swain, M. (1997). *Immersion education: International perspectives.* Cambridge, UK: Cambridge University Press.

Kellerman, E. (1985). If at first you do succeed.... In S. Gass & C. Madden (Eds.), *Input in second language acquisition* (pp.345-353). Boston, MA: Heinle and Heinle.

Kowal, M., & Swain, M. (1997). From semantic to syntactic processing: How can we promote it in the French immersion classroom? In R. K. Johnson & M. Swain (Eds.), *Immersion education: International perspectives* (pp.284-309). New York: Cambridge University Press.

Krashen, S. (1982). *Principles and practice in second language acquisition,* Oxford: Pergamon.

Krashen, S. (1985). *The input hypothesis: Issues and implications.* New York: Longman.

Krashen, S. (1993). The effect of formal grammar study: Still peripheral. *TESOL Quarterly, 27,* 722-725.

Krashen, S. (2004a). *The power of reading: Insights from the research.* (2nd edition). Westport, Conn.: Libraries Unlimited.

Krashen, S. (2004b). Why support a delayed-gratification approach to language education? *The Language Teacher, 28 (7),* 3-7.

Krashen, S., & Terrell, T. (1983). *The Natural Approach: Language acquisition in the classroom.* Oxford: Pergamon.

Kumaravadivelu, B. (2005). *Understanding language teaching: From method to post-method.* Mahwah, NJ: Lawrence Erlbaum.

Lantolf, J. (Ed.)(2000). *Sociocultural theory and second language learning.* Oxford: Oxford University Press.

Lantolf, J., & Thorne, S. (2006). Sociocultural theory and second language learning. In B. VanPatten & J. Williams (Eds.), *Theories in second language acquisition: An introduction* (pp.197-220). Mahwah, NJ: Lawrence Erlbaum.

Larsen Freeman, D., & Long, M. (1991). *An introduction to second language acquisition research.* New York: Longman.

Larsen-Freeman, D. (2003). *Teaching language: From grammar to grammaring.* Boston: Thomson & Heinle.

Lee, J., & VanPatten, B. (1995). *Making communicative language teaching happen.* New York: McGraw Hill.

Levelt, W. (1989). *Speaking: From intention to articulation.* Cambridge, Mass.: The MIT Press.

Lightbown, P. (1983). Exploring relationships between developmental and instructional sequences in L2 acquisition. In H. Seliger & M. Long (Eds.) *Classroom-oriented research in second language acquisition* (pp.217-43). Rowley Mass.: Newbury House.

Lightbown, P. (1998). The importance of timing in focus on form. In C. Doughty & J. Williams (Eds.), *Focus on form in classroom second language acquisition* (pp.177-196). New York: Cambridge University Press.

Lightbown, P., & Spada, N. (2006). *How languages are learned.* (3rd edition). Oxford: Oxford University Press.

Long, M. (1980). *Input, interaction and second language acquisition.* Unpublished dissertation. University of California, Los Angeles.

Long, M. (1983). Linguistic and conversational adjustments to non-native speakers. *Studies in Second Language Acquisition, 4,* 177-193.

Long, M. (1985). Input and second language acquisition theory. In S. Gass & C. Madden (Eds.), *Input in second language acquisition* (pp.377-393). Rowley, MA: Newbury House.

Long, M. (1990). Maturational constraints on language development. *Studies in Second Language Acquisition, 12,* 251-286.

Long, M. (1991). Focus on form: A design feature in language teaching methodology. In K. de Bot, C. Kramsch & R. Ginsberb (Eds.), *Foreign language research in crosscultural perspective* (pp.39-52). Amsterdam: John Benjamins.

Long, M. (1996). The role of the linguistic environment in second language acquisition. In W. Ritchie & T.K. Bhatia (Eds.), *Handbook of second language acquisition* (pp.413-468). New York: Academic Press.

Long, M. (2003). Stabilization and fossilization in interlanguage development. In C. Doughty & M. Long (Eds.), *The handbook of second language acquisition.* (pp.487-536). MA: Blackwell.

Long, M. (2007). *Problems in SLA.* Mahwah, NJ: Laurence Erlbaum.

Long, M. (Ed.) (2005). *Second language needs analysis.* Cambridge, U.K.: Cambridge University Press.

Long, M., & Crookes, G. (1992). Three approaches to task-based syllabus design. *TESOL Quarterly, 26,* 27-56.

Long, M., Inagaki, S., & Ortega, L. (1998). The role of implicit negative feedback in SLA: Models and recasts in Japanese and Spanish. *Modern Language Journal, 82,* 357-371.

Long, M., & Robinson, P. (1998). Focus on form: Theory, research, and practice. In C. Doughty & J. Williams (Eds.) *Focus on form in classroom second language acquisition* (pp.15-41). New York: Cambridge University Press.

Lopez, J. (2004). Introducing TBI for teaching English in Brazil: Learning how to leap the hurdles. In B. L. Leaver & J. Willis (Ed.), *Task-based instruction in foreign language education: Practice and programs* (pp.83-95). Washington D.C.: Georgetown University Press.

Loschky, L., & Bley-Vroman, R. (1993). Grammar and task-based methodology. In G. Crookes & S. Gass (Eds.) *Tasks and language learning: Integrating theory and practice* (pp.123-167). Clevedon: Multilingual matters.

Lyster, R. (1998). Recasts, repetition, and ambiguity in L2 classroom discourse. *Studies in Second Language Acquisition, 20*, 51-81.

Lyster, R. (2004). Differential effects of prompts and recasts in form-focused instruction. *Studies in Second Language Acquisition, 26*, 399-432.

Lyster, R. (2007). *Learning and teaching language through content: A counterbalanced approach.* Amsterdam: John Benjamins.

Lyster, R., & Mori, H. (2006). Interactional feedback and instructional counterbalance. *Studies in Second Language Acquisition, 28*, 269-300.

Lyster, R., & Ranta, L. (1997). Corrective feedback and learner uptake: Negotiation of form in communicative classrooms. *Studies in Second Language Acquisition, 19*, 37-66.

MacFarlane, A. (2001). Are brief contact experiences and classroom language learning complementary? *Canadian Modern Language Review, 58*, 64-83.

MacIntyre, P. D., & Gardner, R. C. (1994). The subtle effects of language anxiety on cognitive processing in the second language. *Language Learning, 44*, 283-305.

Macaro, E., & Masterman, L. (2006). Does intensive explicit grammar instruction make all the difference? *Language Teaching Research, 10*, 297-327.

Mackey, A. (1999). Input, interaction and second language development: An empirical study of question formation in ESL. *Studies in Second Language Acquisition, 21*, 557-587.

Mackey, A. (2007). Interaction as practice. In R. DeKeyser (Ed.). *Practice in a second language: Perspectives from applied linguistics and cognitive psychology* (pp.85-110). Cambridge: Cambridge University Press.

Mackey, A., & Goo, J. (2007). Interaction research in SLA: A meta-analysis and research synthesis. In A. Mackey (Ed.), *Conversational interaction in second language acquisition: A collection of empirical studies* (pp.407-452). Oxford: Oxford University Press.

Mackey, A., & Philip, J. (1998). Conversational interaction and second language development: Recasts, responses, and red herrings? *Modern Language Journal, 82*, 338-356.

Macrory, G., & Stone, V. (2000). Pupil progress in the acquisition of the perfect tense in French: The relationship between knowledge and use. *Language Teaching Research, 4*, 55-82.

Madden, C., & Reinhart, S. (1987). *Pyramid.* Ann Arbor: University of Michigan Press.

McDonough, K. (2004). Learner-learner interaction during pair and group activities in a Thai EFL context. *System, 32*, 207-224.

McDonough, K., & Wanpen, C. (2007). Teachers' and learners' reactions to a task-based EFL course in Thailand. *TESOL Quarterly, 41*, 107-132.

McLaughlin, B. (1990). Restructuring. *Applied Linguistics, 11*, 113-128.

Muranoi, H. (2000). Focus on form through interaction enhancement: Integrating formal instruction into a communicative task in EFL classrooms. *Language Learning, 50,* 617-673.

Muranoi, H. (2007). Output practice in the L2 classroom. In R. DeKeyser (Ed.). *Practice in a second language: Perspectives from applied linguistics and cognitive psychology* (pp.51-84). Cambridge: Cambridge University Press.

Murphey, T. (1997). Content-based instruction in an EFL setting: Issues and strategies. In M.A. Snow, & D.M. Brinton (Eds.), *The content-based classroom: Perspectives on integrating language and content* (pp.117-131). New York: Longman.

Murphey, T., & Sasaki, T. (1998). Japanese English teachers' increasing use of English. *The Language Teacher, 22 (10),* pp.21-24, 30.

Naughton, D. (2006). Cooperative strategy training and oral interaction: Enhancing small group communication in the language classroom. *The Modern Language Journal, 90,* 169-184.

Nelson, K. E. (1987). Some observations from the perspective of the rare event cognitive comparison theory of language acquisition. In K. E. Nelson & A. van Kleek (Eds.), *Children's language, Vol. 6* (pp.289-331). Hillsdale, NJ: Erlbaum.

Nicholas, H., Lightbown, P., & Spada, N. (2001). Recasts as feedback to language learners. *Language Learning, 51,* 719-758.

Nobuyoshi, J., & Ellis, R. (1993). Focused communication tasks and second language acquisition. *ELT Journal, 47,* 203-210.

Noels, K. A., Clément, R., & Pelletier, L. G. (1999). Perceptions of teachers' communicative style and students' intrinsic and extrinsic motivation. *The Modern Language Journal, 83,* 23-34.

Noels, K. A., Pelletier, L. G., Clément, R., & Vallerand, R. J. (2000). Why are you learning a second language? Motivational orientations and the self-determination theory. *Language Learning, 50,* 57-85.

Nolte, D. L. (1998). *Children learn what they live.* New York: Workman.

Norris, J. M., Brown, J. D., Hudson, T. D., & Yoshioka, J. K. (1998). *Designing second language performance assessment.* Honolulu: University of Hawai'i Press.

Norris, J., & Ortega, L. (2000). Effectiveness of L2 instruction: A research synthesis and quantitative meta-analysis. *Language Learning 13,* 417-528.

Nunan, D. (1995). *Atlas.* Boston: Heinle and Heinle.

Oh, S-Y. (2001). Two types of input modification and EFL reading comprehension. *TESOL Quarterly, 35,* 69-96.

Ortega, L. (2007). Meaningful L2 practice in foreign language classrooms: A cognitive-interactionist SLA perspective. In R. DeKeyser (Ed.), *Practice in a second language: Perspectives from applied linguistics and cognitive psychology* (pp.180-207), Cambridge, Cambridge University Press.

Ortega, L. (2009). *Understanding second language acquisition.* London: Edward Arnold.

Parker, K., & Chaudron, C. (1987). The effects of linguistic simplifications and elaborative modifications on L2 comprehension. *University of Hawaii Working Papers on ESL, 6(2)*: 107-133.

Patton, M. Q. (1997). *Utilization-focused evaluation: The new century text* (3rd edition). Thousand Oaks, CA: Sage.

Pica, T. (1992). The textual outcomes of native speaker-non-native speaker negotiation: What do they reveal about second language learning? In C. Kramsch & S. McConnell-Ginet (Eds.), *Text and context: Cross-Disciplinary perspectives on language study* (pp.198-237). Cambridge, MA: D. C. Heath.

Pica, T. (1994). Research on negotiation: What does it reveal about second language acquisition? *Language Learning, 44*, 493-527.

Pica, T., Lincoln-Porter, F, Paninos, D., & Linnell, J. (1996). Language learner interaction: How does it address the input, output, and feedback needs of second language learners? *TESOL Quarterly 30*, 59-84.

Pica, T., Young, R., & Doughty, C. (1987). The impact of interaction on comprehension. *TESOL Quarterly, 21*, 737-758.

Pienemann, M. (1998). *Language processing and second language development: Processability theory.* Amsterdam: Benjamins.

Pienemann, M., Johnston, M., & G. Brindley. (1988). Constructing an acquisition-based procedure for second language assessment. *Studies in Second Language Acquisition, 10*, 217-243.

Ranta, L., & Lyster, R. (2007). A cognitive approach to improving immersion students' oral language abilities: The awareness-practice-feedback sequence. In R. DeKeyser (Ed.). *Practice in a second language: Perspectives from applied linguistics and cognitive psychology* (pp.141-160). Cambridge: Cambridge University Press.

Richards, J. C., & Rodgers, T. S. (2001). *Approaches and methods in language teaching: A description and analysis.* Cambridge: Cambridge University Press.

Robinson, P. (Ed.) (2002). *Individual differences and instructed language learning.* Amsterdam: John Benjamins.

Rodgers, D. M. (2006). Developing content and form: Encouraging evidence from Italian content-based instruction. *The Modern Language Journal, 90*, 373-386.

Rosen, N.G., & Sasser, L. (1997). Sheltered English: Modifying content delivery for second language learners. In M.A. Snow, & D.M. Brinton (Eds.), *The content-based classroom: Perspectives on integrating language and content* (pp.35-45). New York: Longman.

Rosenkjar, P. (2002). Adjunct courses in the great books: The key that unlocked Locke for Japanese EFL undergraduates and opened the door to academia for EFL. In J. Crandall & D. Kaufman (Eds.) *Content-based instruction in higher education settings* (pp.13-27). Alexandria, VA: TESOL.

Samuda, V. (2001). Guiding relationships between form and meaning during task performance: The role of the teacher. In M. Bygate, P. Skehan & M. Swain (Eds.). *Researching pedagogic tasks: Second language learning, teaching, and testing* (pp.119-140). Harlow: Pearson Education.

Samuda, V., & Bygate, M. (2008). *Tasks in second language learning.* London: Palgrave.

Sato, M., & Lyster, R. (2007). Modified output of Japanese EFL learners: Variable effects of interlocutor versus feedback types In A. Mackey (Ed.), *Conversational interaction in second language acquisition: A collection of empirical studies* (pp.123-142). Oxford: Oxford University Press.

Saxton, M. (1997). The contrast theory of negative input. *Journal of Child Language, 24,* 139-161.

Schmidt, R. (1983). Interaction, acculturation, and acquisition of communicative competence. In N. Wolfson & E. Judd (Eds.) *Sociolinguistics and second language acquisition* (pp.137-74). Newbury House, Rowley, Mass.

Schmidt, R. (1990). The role of consciousness in second language learning. *Applied Linguistics, 11,* 206-226.

Schmidt, R. (1995). Consciousness and foreign language learning: A tutorial on the role of attention and awareness in learning. In R. Schmidt (Ed.), *Attention and awareness in foreign language learning* (Technical Report #9, pp.1-63). Honolulu: University of Hawai'i Press.

Schmidt, R. (2001). Attention. In P. Robinson (Ed.), *Cognition and second language instruction* (pp.3-32). Cambridge: Cambridge University Press.

Schmidt, R., & Frota, S. (1986). Developing basic conversational ability in a second language: A case study of an adult learner of Portuguese. In Day, R. (Ed.) *Talking to learn: Conversation in second language acquisition* (pp.237-326). Rowley, Mass.: Newbury House

Scovel, T. (1998). *Psycholinguistics,* Oxford: Oxford University Press.

Segalowitz, N. (2003). Automaticity and second languages. In Doughty, C.J. & Long, M.H. (Eds.), *The handbook of second language acquisition.* (pp.382- 408). MA: Blackwell.

Selinker, L. (1972). Interlanguage. *International Review of Applied Linguistics, 10,* 209-231.

Skehan, P. (1989). *Individual differences in second language learning.* London: Edward Arnold.

Skehan, P. (1998). *A cognitive approach to language learning.* Oxford: Oxford University Press.

Snow, M.A., & Brinton, D.M. (Eds.) (1997). *The content-based classroom: Perspectives on integrating language and content.* New York: Longman.

Snow, M.A., Met, M., & Genesee, F. (1989). A conceptual framework for the integration of language and content in second/foreign language instruction. *TESOL Quarterly, 23,* 201-217.

Spada, N., & Lightbown, P. (2008). Form-focused instruction: Isolated or integrated. *TESOL Quarterly, 42,* 181-207.

Spratt, M. (2005). Washback and the classroom: The implications for teaching and learning of studies of washback from exams. *Language Teaching Research 9,* 5-29.

Stewart, T., Sagliano, M., & Sagliano, J. (2002). Merging expertise: Developing partnerships between language and content specialists. In J. Crandall & D. Kaufman (Eds.) *Content-based instruction in higher education settings* (pp.29-44). Alexandria, VA: TESOL.

Storch, N. (2002). Patterns of interaction in ESL pair work. *Language Learning, 52*, 119-158.

Swain, M. (1985). Communicative competence: Some roles of comprehensible input and comprehensible output in its development. In S. Gass & C. Madden (Eds.), *Input in second language acquisition* (pp.235-253). Rowley, Mass.: Newbury House.

Swain, M. (1995). Three functions of output in second language learning. In G. Cook & B. Seidlhofer (Eds.), *Principles and practice in applied linguistics: Studies in honour of H. G. Widdowson* (pp.125-144). Oxford: Oxford University Press.

Swain, M. (1998). Focus on form through conscious reflection. In C. Doughty & J. Williams (Eds.), *Focus on form in classroom second language acquisition* (pp.64-81). New York: Cambridge University Press.

Swain, M. (2001). Integrating language and content teaching through collaborative tasks. *Canadian Modern Language Review, 58*, 44-63.

Swain, M. (2005). The output hypothesis: Theory and research. In E. Hinkel (Ed.). *Handbook of research in second language teaching and learning* (pp.471-483). Mahwah, NJ: Laurence Erlbaum.

Swain, M., & Lapkin, S. (1995). Problems in output and the cognitive processes they generate: A step towards second language learning. *Applied Linguistics, 16*, 371-391.

Swain, M., & Lapkin, S. (1998). Interaction and second language learning: Two adolescent French immersion students working together. *Modern Language Journal, 82*, 320-337.

Swain, M., & Lapkin, S. (2001). Focus on form through collaborative dialogue: Exploring task effects. In M. Bygate, P. Skehan & M. Swain (Eds.). *Researching pedagogic tasks: Second language learning, teaching, and testing* (pp.99-118). Harlow: Pearson Education.

Tode, T. (2007). Durability problems with explicit instruction in an EFL context: The learning of the English copula *be* before and after the introduction of the auxiliary *be*. *Language Teaching Research, 11*, 11-30.

Trahey, M., & White, L. (1993). Positive evidence and preemption in the second language classroom. *Studies in Second Language Acquisition, 15*, 181-203.

Tyler, I., & Tyler, M. (1990). *Psycholinguistics: Learning and using language*. Englewood Cliffs, NJ: Prentice-Hall.

University of Hawaii English Language Program. <http://www.hawaii.edu/eslhelp/>, retrieved on April, 1, 2008.

Ur, P. (1981). *Discussions that work: Task-centred fluency practice*. Cambridge: Cambridge University Press.

Van den Branden, K. (1997). Effects of negotiation on language learners' output. *Language*

Learning, 47, 589-636.
Van den Branden, K. (2000). Does negotiation of meaning promote reading comprehension? A study of multilingual primary school classes. *Reading Research Quarterly, 35,* 426-443.
Van den Branden, K. (Ed.) (2006). *Task-based language education: From theory to practice.* Cambridge: Cambridge University Press.
Van den Branden, K. (2007). Second language education: Practice in perfect learning conditions? In R. DeKeyser (Ed.). *Practice in a second language: Perspectives from applied linguistics and cognitive psychology* (pp.161-179). Cambridge: Cambridge University Press.
VanPatten, B. (1987). On babies and bathwater: Input in foreign language learning. *The Modern Language Journal, 71,* 156-164.
VanPatten, B. (1995). Cognitive aspects of input processing in second language acquisition. In P. Hashemipour, R. Maldonaldo, & M. van Naerssen (Eds.), *Studies in language learning and Spanish linguistics: In honor of Tracy D. Terrell* (pp.170-183). New York: McGraw-Hill.
VanPatten, B. (1996). *Input processing and grammar instruction in second language acquisition.* Norwood, NJ: Ablex.
VanPatten, B. (Ed.) (2004). *Processing instruction: Theory, research, and commentary.* Mahwah, NJ: Lawrence Erlbaum.
VanPatten, B., & Cadierno, T. (1993). Input processing and second language acquisition: A role for instruction. *Modern Language Journal, 77,* 45-57.
Vygotsky, L. (1978). *Mind in society: The development of higher psychological processes.* Cambridge, MA: Harvard University Press.
Wajnryb, R. (1990). *Grammar dictation.* Oxford: Oxford University Press.
Warden, M., Lapkin, S., Swain, M., & Hart, D. (1995). Adolescent language learners on a three-month exchange: Insights from their diaries. *Foreign Language Annals, 28,* 537-550.
Watanabe, Y. (1996). Does grammar translation come from the entrance examination? Preliminary findings from classroom-based research. *Language Testing, 13,* 318-333.
Watanabe, Y. (2004). Teacher factors mediating washback. In L. Cheng & Y. Watanabe, with A. Curtis (Eds.) *Washback in language testing: Research contexts and methods* (pp.129-146). Mahwah, NJ : Lawrence Erlbaum.
White, J. (1998). Getting the learners' attention: A typographical input enhancement study. In C. Doughty & J. Williams (Eds.), *Focus on form in classroom second language acquisition* (pp.85-113). New York: Cambridge University Press.
White, L. (1987). Against comprehensible input: The input hypothesis and the development of second-language competence. *Applied Linguistics, 8,* 95-110.
Wilkins, D. (1976). *Notional syllabuses.* Oxford: Oxford University Press.
Williams, J. (2005). Form-focused instruction. In E. Hinkel (Ed.). *Handbook of research in*

second language teaching and learning (pp.671-691). Mahwah, NJ: Laurence Erlbaum.
Williams, J., & Evans, J. (1998). What kind of focus and on which forms? In C. Doughty & J. Williams (Eds.), *Focus on form in classroom second language acquisition* (pp.139-155). New York: Cambridge University Press.
Willis, D. (1996). Accuracy, fluency, and conformity. In Willis, J., & Willis, D. (Eds.), *Challenge and change in language teaching* (pp.44-51). Oxford: Heinemann ELT.
Willis, J. (1996). *A framework for task-based learning*. Harlow, UK: Longman.
Willis, D., & Willis, J. (2007). *Doing task-based teaching*. Oxford: Oxford University Press.
Wong-Filmore, L. (1979). Individual differences in second language acquisition. In C.J. Filmore, W.-S.Y. Wang, and D. Kempler (Eds.) *Individual differences in language ability and language behavior* (pp.203-228). New York: Academic Press.
Yoshida, K. (2002). Fish bowl, open seas and the teaching of English in Japan. In S.J. Baker (Ed.), *Language policy: Lessons from global model* (pp.194-205). Monterey, CA: Monterey Institute of International Studies.
Zobl, H. (1983). Markedness and the projection problem. *Language Learning, 33*, 292-313.

明橋大二（2005）『子育てハッピーアドバイス』1万年堂出版
市川研（2006）「高等学校英語オーラル・コミュニケーションの実態調査—アンケート調査を中心として—」『聖学院大学論叢』第18巻，第3号，pp.239-248
市川伸一（2004）『学ぶ意欲とスキルを育てる』小学館
伊藤元雄，他（2002）『New Horizon English Course II』東京書籍
和泉伸一（2007）「流行の習得理論（指導法）と授業の変化」『英語教育』Vol.56, No.7, pp.20-21
和泉伸一（2009）「内容重視のインプットとアウトプットを通したフォーカス・オン・フォームの指導」『英語教育』Vol.57, No.12, pp.28-30
『英語教育』（2009）「特集：インプットからアウトプットへ～SLA研究と現場を結ぶ～」2月号，Vol.57, No.12
大石晴美（2006）『脳科学からの第二言語習得論』昭和堂
大津由紀雄（2004）『英文法の疑問—恥ずかしくてずっと聞けなかったこと』日本放送出版協会
沖縄県立総合教育センター（2007）『イマージョン教育長期研修員研究集録』第41集，3月
笠島準一，他（2003）『New Horizon English Course 3』東京書籍
加藤和美（2004）「オーラル・コミュニケーション授業の実態調査—大学生のアンケートより」『中部地区英語教育学会紀要』34号，pp.195-202
「加藤学園英語イマージョン・ホームページ」
　　<http://bi-lingual.com/School/JapanseHome.htm>, retrieved on October 15, 2007.
門田修平（2007）『シャドーイングと音読の科学』コスモピア
門田修平，高田哲朗，溝畑保之（2007）『シャドーイングと音読 英語トレーニング』コスモピア

門田修平,玉井健(2004)『決定版 英語シャドーイング』コスモピア
金谷憲・高知県高校授業研究プロジェクト・チーム(2004)『和訳先渡し授業の試み』三省堂
金谷憲(2008)『英語教育熱―過熱心理を常識で冷ます』研究社
金谷憲(編著)(2009)『教科書だけで大学入試は突破できる』大修館書店
神田みなみ(2009)「多量のインプットを可能にする多読・多聴のすすめ」『英語教育』Vol.57, No.12, pp.14-16
北村まゆみ,木村隆,竹内政雄(2000)「オーラル・コミュニケーションクラスBと学生の英語リスニング力との関係について」『椙山女学園大学研究論集』第31号,pp.187-200
京都市総合教育センター(2005)「実践的コミュニケーション能力の系統的育成を図る英語学習の在り方:タスクを中心とした学習プログラム(中学校第1学年)の開発」『研究紀要』平成16年度, Vol.1. Available at <http://www.edu.city.kyoto.jp/sogokyoiku/kenkyu/outlines/h15/pdf/485tada.pdf>.
國弘正雄,千田潤一(2004)『英会話・ぜったい音読:続標準編』講談社インターナショナル
小泉清裕(2003)「高学年むき各教科の内容を取り入れた英語活動の実践」松川禮子(編)『小学校英語活動を創る』(pp.110-127)高陵社
向後秀明(1999)「高校1年生レベルのコミュニケーション活動」松本茂(編)『生徒を変えるコミュニケーション活動』(pp.159-203)教育出版
河野浩(2004)「リスニングテスト導入の背景」『VIEW 21(高校版)』2月号, pp.2-3, Benesse教育研究開発センター
国立教育政策研究所(2006)『平成15年度教育課程実施状況調査―英語教育関連資料』
小柳かおる(2004)『日本語教師のための新しい言語習得概論』スリーエーネットワーク
佐々木正美(1998)『子どもへのまなざし』福音館書店
佐野正之(編著)(2000)『アクション・リサーチのすすめ』大修館書店
佐野正之(編著)(2005)『はじめてのアクション・リサーチ』大修館書店
白井恭弘(2009)「インプット処理の質をいかに高めるか」『英語教育』Vol.57, No.12, pp.25-27
白畑知彦,若林茂則,須田孝司(2002)『英語習得の「常識」「非常識」:第二言語習得研究からの検証』大修館書店
白畑知彦,富田祐一,村野井仁,若林茂則(1999)『英語教育用語辞典』大修館書店
髙島英幸(2005)『文法項目別英語のタスク活動とタスク―34の実践と評価』大修館書店
竹内理(2003)『より良い外国語学習法を求めて―外国語学習成功者の研究』松柏社
玉井健(2005a)『リスニング指導法としてのシャドウイングの効果に関する研究』風間書房
玉井健(編著)(2005b)『決定版 英語シャドーイング入門編』コスモピア
田中茂範,佐藤芳明,阿部一(2006)『英語感覚が身につく実践的指導:コアとチャン

クの活用法』大修館書店
土屋澄男（2004）『英語コミュニケーションの基礎を作る音読指導』研究社
中嶋洋一（1997）『英語のディベート授業30の技』明治図書
中嶋洋一（1999）「中学３年生レベルのコミュニケーション活動」松本茂（編）『生徒を変えるコミュニケーション活動』（pp.115-158）教育出版
中嶋洋一（2000）『学習集団をエンパワーする30の技』明治図書
中嶋洋一（2002a）DVD『総合的な学習につながる中嶋洋一の子どもが輝く英語の授業［環境編］：割りばしとカナダの新聞日曜版から環境問題を考えよう―２年不定詞』バンブルビー
中嶋洋一（2002b）DVD『総合的な学習につながる中嶋洋一の子どもが輝く英語の授業［人権編］：それって当たり前？身近な性差別―２年比較級』バンブルビー
中嶋洋一（2002c）DVD『総合的な学習につながる中嶋洋一の子どもが輝く英語の授業［国際理解編］：ネパールってどんな国？』バンブルビー
「NHKわくわく授業―わたしの教え方」
　<http://www.nhk.or.jp/wakuwaku/jugyo/050717.html>, retrieved on December 21, 2007.
野呂忠司（2009）「多読によるインプットをアウトプット活動につなぐための実践」『英語教育』Vol.57, No.12, pp.17-19
羽藤由美（2006）『英語を学ぶ人・教える人のために：「話せる」のメカニズム』世界思想社
松村昌紀（2009）『英語教育を知る58の鍵』大修館書店
松本茂（編著）（1999）『生徒を変えるコミュニケーション活動』教育出版
三浦孝，中嶋洋一，池岡慎（2006）『ヒューマンな英語授業がしたい！：かかわる，つながるコミュニケーション活動をデザインする』研究社
三浦孝，弘山貞夫，中嶋洋一（編）（2002）『だから英語は教育なんだ―心を育てる英語授業のアプローチ』研究社
三岩晶子（2001）「学習者の多様性から見たオーラル・コミュニケーションの功罪」『中部地区英語教育学会紀要』第31号，pp.335-340
三岩晶子（2004）「『英語Ⅰ』授業に関する実態調査と考察―新学習指導要領の導入―」『中部地区英語教育学会紀要』第34号，pp.15-20
村野井仁（2006）『第二言語習得研究から見た効果的な英語学習法・指導法』大修館書店
文部科学省（1999a）『中学校学習指導要領（平成10年12月）解説―外国語編―』東京書籍
文部科学省（1999b）『高等学校学習指導要領解説　外国語編　英語編』開隆堂
文部科学省（2008a）『新学習指導要領：高等学校学習指導要領，特別支援学校学習指導要領等改訂案関係資料』
　Available at <http://www.mext.go.jp/a_menu/shotou/new-cs/081223.htm>.
文部科学省（2008b）『幼稚園，小学校，中学校，高等学校及び特別支援学校の学習指導要領等の改善について（答申）』
　Available at <http://www.mext.go.jp/a_menu/shotou/new-cs/index.htm>.

文部科学省（2008c）『小学校学習指導要領（平成20年3月）』東京書籍
文部科学省（2008d）『中学校学習指導要領（平成20年3月）』東山書房
吉田研作（2008a）「小学校の外国語（英語）活動をどう進めるか」『ポイント解説―中教審「学習指導要領の改善」答申』（高階玲治編）教育開発研究所 3月 pp.71-74.
　　Available at <http://pweb.cc.sophia.ac.jp/1974ky/Papers%20and%20Reports.htm>.
吉田研作（2008b）「外国語教育の充実にどう取り組むか」『教職研修』 5月号 pp.42-45.
　　Available at <http://pweb.cc.sophia.ac.jp/1974ky/Papers%20and%20Reports.htm>
吉田研作，柳瀬和明（2003）『日本語を活かした英語授業のすすめ』大修館書店
米山朝二，他（2008）『Genius English Course II Revised』大修館書店

索 引

あ 行

曖昧さに対する許容度　199
アウトプット仮説　87, 106, 108
アウトプット強化　154-156, 174
アクション・リサーチ　134, 199, 217
足場　20, 73
足場作り　107
穴の気付き　208
アプローチ　227
誤り防止教育　14
暗示的知識　21-24, 27, 28, 30, 67, 68, 161
暗示的な注意の引き方　153
意識高揚タスク　153, 170
一石二鳥のやり方　54
イメージ　54, 55, 70-72, 76-88, 135, 148, 149, 160, 164, 165, 181
イメージ教育　69-71, 73, 76-84, 86-89, 149, 181
意味空間　205, 207
意味交渉　103
意味重視のアプローチ　6, 50, 149
意味重視の教授法　145, 147
意味処理　229
意味作りの生き物　64
意味内容　18, 48, 49, 54, 63, 64, 137-140, 164, 220, 226
インタラクション仮説　103, 107, 108, 132
インタラクション強化　154, 155, 209-214, 216, 226
インタラクティブ処理　75
インテイク　161-163, 219
インプット仮説　56, 60, 62, 68, 87
インプットが豊富な環境　220
インプット強化　154, 155, 216
インプット洪水　154, 174
インプット処理指導　153, 172
英語学習観　3, 7, 39
英語観　3, 4
英語教育観　3, 7, 41, 46

英語教授法　10
エクササイズ　91-94, 100, 120-124, 127, 133, 139
オーディオリンガル・メソッド　14
音読　183, 194, 229-231, 235, 241, 255, 256, 260

か 行

外国語　7
外国語環境　116
外国語としての日本語教育　51
外国人語学指導助手　40
外国人言葉　73
外国人に対する日本語教育　51
外的シラバスを使ったアプローチ　14
概念／機能シラバス　16
外発的動機　65
下位レベル技能　229
学習　66-68
学習された知識　66
学習ジャーナル　133
学習者主導のアプローチ　51
学習者に優しい教え方　19
確認チェック　103
過剰一般化　33
化石化　146
仮説検証機能　107
基準インプット　111
基礎から積み上げる学び　101
基礎に降りていく学び　101
気付き　45, 62, 67, 92, 95, 147, 154, 158, 160-163, 177, 180, 181, 216, 218, 226-228
機能言語学　49
given-new 原則　143
旧情報　143
教育用英文法　25
教育用タスク　96
教師主導のアプローチ　14, 51
教師にとって優しい教え方　19
金魚鉢モデル　18
クラスルーム第二言語習得研究　9

形式重視のアプローチ　13, 50, 148, 149
形式重視の教授法　145
形式と意味のつながり　34
言語（文法）能力　50
言語意識　227
言語機能　137, 138, 226
言語形式　13, 18, 63, 64, 137, 139, 141, 145, 226, 228
言語形式，意味内容，言語機能の有機的な結びつき　145
言語形式の焦点化　145
言語不安　65, 69, 199
言語目標　197
現実課題　96
構造主義言語学　15
行動主義心理学　15
口頭での繰り返し練習　15
交流的真正性　97
固定化現象　146
言葉に対する意識　160
子どもは経験したままに学ぶ　46
コミュニカティブ・アプローチ　49
コミュニケーション能力　6, 19, 30, 32, 35, 39, 40, 42, 50, 52, 92, 108, 135, 137-139, 144, 159, 200, 223, 226, 230, 233, 238, 239, 241
コミュニケーション方略　78
コンフォーミティー活動　53

さ 行

再構成／再構築　117
最終的に身に付けていく　147
最初から正確にきちんと押さえていくやり方　14
先取り型のFonF　151
サブマージョン　71
産出　60
シェルター教育　54
刺激・反応・強化　15
自己主導のFonF　156
自己達成の予言　245
自然習得する学習者　106
自然力重視のアプローチ　51
自然力を養育するアプローチ　147
社会言語学　49

社会言語的能力　50
社会文化理論　107
シャドーイング　194, 229-231, 235, 241
習慣形成論　15
習得　66-68, 117, 124
習得・学習仮説　66
習得された知識　66
使用　117
情意フィルター仮説　64, 68
上位レベルの技能　229
生涯学習者　243
状況シラバス　17
状況的真正性　97
詳細化　106
詳細化されたインプット　111
焦点化されたタスク　133
焦点化されていないタスク　133
情報ギャップ　94
消滅的バイリンガル状況　82
処理可能性理論　37, 38
神経言語学　29
新情報　143
真正性　96
心的関わり　215
心理言語的準備　37
ストラテジー指導　118
即座に喜びを味わえるアプローチ　48

た 行

大海モデル　18
体験的なアプローチ　69
第二言語　7
第二言語環境　116
第二言語習得研究　3, 7, 9, 135
他者主導のFonF　156
タスク（課題）　89
タスク型の言語テスト　134
タスク・シラバス　54, 147, 148, 160
タスク中心教授法　54, 89, 90, 96, 97, 100, 102, 103, 107, 108, 125, 126, 129-132, 134, 135, 148, 160, 200
単純化　106
単純化されたインプット　111
談話能力　50
違いの気付き　158

知識注入型の教え方　87
中間言語　37, 38, 47, 108, 161, 162, 179, 208
中間言語システム　161
沈黙期間　61
強いインターフェースの立場　67, 161
強いバージョン　52
釣合い仮説　181
ティーチャー・トーク　73
ディクトグロス　153, 171
テキスト再生タスク　154
手取り足取り教育　13
転移適切学習　44, 86, 144
統合的 FonF　157
統合的教授法　13, 19, 50, 147, 148
統語処理　229
投射現象　210
トップダウン処理　75, 76
とにかくよく聴いて，よく読むやり方　54
トピック・シラバス　16, 17, 148

な 行

内的シラバスを使ったアプローチ　51
内発的動機　65
内部シラバス　108
内容中心教授法　48, 49, 53-56, 69, 85, 89, 90, 132, 134, 135, 148, 176
内容に基づいた言語教育　165
内容に基づいたタスク　135
内容目標　197
内容豊かな言語教育　165
ニーズ分析　134

は 行

波及効果　236
発達段階　35
発話　60
話すことから始めるやり方　90
反応型の FonF　151
PPP アプローチ　16
非インターフェースの立場　67
フィードバック機能　107
フィードバック手法　155
フォーカス・オン・フォーム　6, 12, 13, 68, 88, 135-137, 145, 149, 151, 170, 176, 200, 218, 226
付加的バイリンガル状況　82
普遍文法　49
プレキャスト　204
プロムト　174, 181, 226
文型練習　15
分析的教授法　50, 148
文法シラバス　16, 17, 53, 54, 133, 148, 149, 159, 160, 162, 169
文法訳読法　14-16, 227
方略的インタラクション　210
方略的能力　50
ポスト・メソッド　227
ボトムアップ処理　75, 76

ま 行

間違いを回避する教え方　14
明確化要求　103
明示的知識　21-28, 30, 67, 68, 84, 115, 161, 162
明示的な注意の引き方　153
モニター　56, 66, 68
モニター・モデル　56
モニター仮説　66, 68
モニタリング　162
模倣ネイティブ　244

や 行

誘導要約法　154
有標性　210
養育者言葉　73
養育重視のアプローチ　14
喜びを延期するアプローチ　48
弱いインターフェースの立場　67, 161, 162
弱いバージョン　52

ら 行

理解可能なアウトプット　87, 108
理解可能なインプット　56, 58, 60, 103, 135, 146
理解チェック　103
理解不可能なインプット　57

リキャスト 154, 176-181
リスク・テイキング 199
流暢な第二言語の使い手 244
臨界期仮説 244
連続的 FonF 157

A

acquired knowledge 66
acquisition 66, 117, 124
Acquisition-Learning Hypothesis 66
action logs 133
action research 134
additive bilingualism 82
Affective-Filter Hypothesis 64
ALT [Assistant Language Teacher] 40, 41, 57, 94, 166, 182-191, 193, 194, 197, 215, 220, 234, 242
analytic methods 50
approach 14, 48, 51, 69, 147, 227
audiolingual method 14
authenticity 96

B

baseline / authentic input 111
behaviorist psychology 15
bottom-up processing 75

C

CA [communicative approach] 49
caretaker speech 73
Children learn what they live. 46
choral repetition 15
clarification request 103
Classroom SLA 9
CLT [communicative language teaching] 49
communication strategies 78
communicative competence 50
comprehensible input 56
comprehensible output 87
comprehension check 103
confirmation check 103
conformity activity 53

consciousness-raising task 153, 170
content objectives 197
content-based language education 165
content-based language teaching / content-based instruction 53
content-based task 135
content-compatible language 164
content-enriched language education 165
content-obligatory language 164
Counterbalance Hypothesis 181
Critical Period Hypothesis 244

D

delayed gratification approach 48
developmental sequences 35
dictogloss 153, 171
discourse competence 50

E

EFL 36, 51, 52, 116, 143, 199, 200, 218
elaborated input 111
elaboration 106
error-avoiding teaching 14
ESL 36, 51, 52, 54, 116, 143, 148, 176, 200, 201, 229
exercise 91
experiential approach 69
explicit attention-directing techniques 153
explicit knowledge 21
external syllabus approach 14
extrinsic motivation 65

F

feedback function 107
feedback options 155
fluent L2 user 245
Focus on Form 13, 145
Focus on Forms 13, 145
Focus on Meaning 13, 50, 145
focused task 133
FonF 145-153, 155-159, 163, 168, 169, 176, 178-181, 195, 196, 198, 200, 207, 216-218, 226-228, 247

foreigner talk 73
foreign language 7
form 21, 137, 145, 183
form-form connection 34
form-meaning connection 34
form-meaning-function mapping 145
fossilization 146
function 107, 137
functional linguistics 49

G

Get it right from the beginning 14
Get it right in the end 147
given information 143
given-new principle 143
grammar-translation method 14
guided summarizing 154

H

Habit Formation Theory 15
higher-level skills 229
hypothesis-testing function 107

I

imitation native speakers 245
immediate gratification approach 48
immersion 54, 70
immersion education 69
implicit attention-attracting techniques 153
implicit knowledge 21
incomprehensible input 57
information gap 94
input enhancement 154, 174
input flood 154, 174
Input Hypothesis 56
input-rich environment 220
Instructed SLA 9
intake 162
integrated FonF 157
interaction enhancement 154
Interaction Hypothesis 103
interactional authenticity 97
interactive processing 75
interlanguage 37, 158, 159, 161, 162, 179

interlanguage system 162
internal syllabus 51, 108
internal syllabus approach 51
intrinsic motivation 65
i-1 231
i+1 56, 58, 62, 68, 73, 84, 87, 164, 193, 218, 219, 231

J

Japanese as a foreign language – JFL 51
Japanese as a second language – JSL 51
Just listen and read 54

L

language anxiety 65, 199
language awareness 160, 227
language objectives 197
learned knowledge 66
learner-centered approach 51
learner-friendly teaching style 19
learning 44, 66, 86, 98, 107, 205
Let's talk! 90
lifelong learner 243
linguistic competence 50
lower-level skills 229

M

markedness 210
meaning 63, 64, 103, 137, 206, 260
meaning makers 64
mental engagement 215
Monitor 56, 66
Monitor Hypothesis 66
Monitor Model 56

N

naturalistic learners 106
nature approach 51
negotiation of meaning 103
needs analysis 134
neurolinguistics 29
new information 143
non-interface position 67
noticing 45, 147, 158, 208
noticing of the gap 158

noticing of the hole 208
notional-functional syllabus 16
nurture approach 14
nurture-the-nature approach 147

O

oral reading 229
other-initiated FonF 156
output 60, 87, 154
output enhancement 154, 174
Output Hypothesis 87
overgeneralization 33
$o+1$ 87

P

pattern practice 15
pedagogical grammar 25
pedagogical task 96
post-method 227
precast 204
preventive pedagogy 14
proactive FonF 151
Processability Theory 37
processing instruction 153, 172
projection phenomenon 210
prompt 174, 181
psycholinguistic readiness 37

R

reactive FonF 151
recast 154
restructuring 117
risk-taking 199

S

scaffold 73
scaffolding 108, 195
second language 7
Second Language Acquisition 7, 55
self-fulfilling prophecy 245
self-generated FonF 156
semantic/learning space 205
semantic processing 229
sequential FonF 157
shadowing 229

sheltered instruction 54
silent period 61
simplification 106
simplified input 111
situational authenticity 97
situational syllabus 17
Sociocultural Theory 107
sociolinguistic competence 50
sociolinguistics 49
spoon-feeding teaching 13
stabilization 146
stimulus-response-reinforcement 15
strategic competence 50
strategic interaction 210
strategy training 118
strong interface position 67
strong version 52
structural linguistics 15
structural syllabus 16
submersion 71
subtractive bilingualism 82
syntactic processing 229
synthetic methods 13

T

target task 96
task 90, 96, 101, 133, 135, 153, 154, 170, 199
task-based language teaching 54
task-based language testing 134
task sequences 101
teacher talk 73
teacher-centered approach 14
teacher-friendly teaching style 19
TESOL [Teaching English to Speakers of Other Languages] 10
text reconstruction task 154
tolerance of ambiguity 199
top-down processing 75
topic syllabus 16
transfer-appropriate learning 44, 86
transmission-oriented teaching style 87
Two for one 54

U

unfocused task 133
Universal Grammar 49
use / communication 117

V

visual input enhancement 174

W

washback effects 236
weak interface position 67
weak version 52

[著者紹介]

和泉　伸一（いずみ　しんいち）
上智大学外国語学部英語学科，言語学大学院，教授。ジョージタウン大学博士課程修了。言語学博士。南イリノイ大学東アジア言語文化学科日本語講師，ジョージタウン大学言語学学科講師，ハワイ大学マノア校客員研究員，オークランド大学客員研究員を経て現職。専門は第二言語習得研究と英語教育。著書に『第2言語習得と母語習得から「言葉の学び」を考える：より良い英語学習と英語教育へのヒント』（2016年，アルク），『フォーカス・オン・フォームとCLILの英語授業：生徒の主体性を伸ばす授業の提案』（2016年，アルク），『CLIL（内容言語統合型学習）：上智大学外国語教育の新たなる挑戦　第1巻 原理と方法，第2巻 実践と応用，第3巻 授業と教材』（共著，2011年，2012年，2016年，上智大学出版），その他論文多数がある。中学校用英語検定教科書 *NEW HORIZON English Course 1, 2, 3*（東京書籍）編集代表委員，*Language Teaching Research, Studies in Second Language Acquisition, The Journal of Asia TEFL* などの編集（諮問）委員などを歴任。

「フォーカス・オン・フォーム」を取り入れた
新しい英語教育
© Shinichi Izumi, 2009　　　　　NDC 375/xi, 287p/21cm

初版第1刷	2009年11月1日
第6刷	2020年9月1日

著　者　　　　和泉伸一
発行者　　　　鈴木一行
発行所　　　　株式会社　大修館書店
　　　　　　　〒113-8541 東京都文京区湯島2-1-1
　　　　　　　電話 03-3868-2651（販売部）　03-3868-2293（編集部）
　　　　　　　振替 00190-7-40504
　　　　　　　[出版情報] https://www.taishukan.co.jp/

装丁者　　　　杉原瑞枝
印刷所　　　　三松堂
製本所　　　　牧製本

ISBN978-4-469-24547-9　Printed in Japan
Ⓡ本書のコピー，スキャン，デジタル化等の無断複製は著作権法上での例外を除き禁じられています。本書を代行業者等の第三者に依頼してスキャンやデジタル化することは，たとえ個人や家庭内での利用であっても著作権法上認められておりません。

英語教育用語辞典 第3版

A GUIDE TO ENGLISH LANGUAGE TEACHING TERMINOLOGY THIRD EDITION

白畑知彦・富田祐一・村野井仁・若林茂則（著）

新たな120語を加え、10年ぶりの大改訂！

現代の日本の外国語教育に必要なキーワード1030語を厳選し、コンパクトに解説する好評の用語辞典、改訂第3版が登場！ 既存の項目も見直し大幅に刷新。

◆改訂で加わった用語（一部）
active learning / affordance / biolinguistics / Bloom's Taxonomy / CLIL / Cognitive Hypothesis / Complexity Theory / DDL(data-driven learning) / ESD (Education for Sustainable Development) / Generative Approaches to SLA / ideal L2 self / IP(international posture) /コアカリキュラム / LD(learning disability) / learner corpus / MOGUL / SDGs(sustainable development goals) / teacher research / Strategic Self-regulation (S2R) / 21st Century Skills / WTC(willingness to communicate) …

●四六判・386頁　定価＝本体2,500円＋税

大修館書店　書店にない場合やお急ぎの方は、直接ご注文ください。☎03-3868-2651

動機づけを高める英語指導ストラテジー35

Motivational Strategies in the Language Classroom

ゾルタン・ドルニェイ 著
米山朝二、関昭典 訳

いかに生徒の意欲を引き出し、維持させるか？

「動機づけが今日、教師が直面する最も複雑で最も対応を迫られる課題であることは間違いない。」
(Scheidecker and Freeman 1999 : 116)

学習者の動機づけを高め、さらに意欲を維持させる技術は外国語教師にとって必須である。本書では小学校から大学までどのレベルの教室でも実際に使える技術・工夫を、体系的かつ具体的に手順を追って示す。

◉A5判・224頁　定価＝本体2,100円＋税

【主要目次】動機づけについての予備知識／動機づけのための基礎的な環境を作り出す／学習開始時に動機づけを喚起する／動機づけを維持し保護する／学習経験を締めくくる：肯定的な自己評価を促進する／動機づけ重視の指導実践を目指して／［訳者補遺］実践事例　他

大修館書店　書店にない場合やお急ぎの方は、直接ご注文ください。☎03-3868-2651

定価＝本体＋税

すぐれた英語授業実践

よりよい授業づくりのために

樋口忠彦／緑川日出子／髙橋一幸【編著】
● A5判・290頁　本体2,200円

特色ある授業実践とその徹底した分析

「授業名人」のすぐれた中高の授業実践を、指導案やワークシートなど資料も含めて詳しく紹介する。さらに授業者本人の自己分析、観察者からの徹底した分析と改善の提案を具体的に示し、すべての英語教師にとって参考になるよりよい授業設計のヒントと授業改善の視点を提示する。

目次 ▶ 【プロローグ】よりよい授業実践を求めて／第1章　英語で授業を進めるために／第2章　面白い、わかる、使える文型・文法事項の指導／第3章　コミュニケーション、自己表現活動とその橋渡し活動／第4章　効果的なリスニング指導／第5章　効果的なリーディング／ライティング指導／第6章　さまざまな指導のコツ／【エピローグ】授業改善のための指針と方向

大修館書店　　書店にない場合やお急ぎの方は、直接ご注文ください。☎03-3868-2651

英語教師のための発問テクニック

―― 英語授業を活性化するリーディング指導 ――

田中武夫・田中知聡―著

同じ教材を扱うにしても、どこに視点を向け、どのように教材研究をして授業に臨むかによって、指導方法がまったく変わってくる。本書ではリーディング指導の際のバリエーションを考え、どうすれば生徒の読みを深めることができるかを考えていく。発問や授業案の具体例とともに読解指導のヒントを提示する。

◎A5判・272頁　**本体2,200円**

生徒の英文読解力を引き出すには**発問がカギ！**

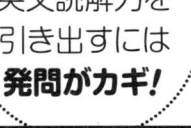

【主要目次】　第1章　「発問」を中心にすれば授業が変わる／第2章　英文テキストの特徴をつかもう／第3章　生徒を把握し、指導目標を考えよう／第4章　生徒の読みを導く発問をつくろう／第5章　さらに上をいく発問テクニック／第6章　発問を中心に授業を組み立てる

大修館書店　　書店にない場合やお急ぎの方は、直接ご注文ください。☎03-3868-2651

定価＝本体＋税

英語教育 **21** 世紀叢書　022

協同学習を取り入れた英語授業のすすめ

江利川春雄 [編著]
● 四六判・272頁
本体2,000円

学び合い、高め合う21世紀型の英語授業

英語を学ぶ喜びを教室一杯に広げ、生涯にわたり学びを楽しむ自律学習者を育てたい——小学校から大学まで、英語科における協同学習の理論と実践を、合計27本の実践報告・実践事例とともに紹介する初のガイドブック。授業プランやプリント例、授業風景の写真なども多数収録。

主要目次　第1章 協同学習の基本的な考え方／第2章 英語授業での協同学習の進め方／第3章 小学校外国語活動での協同学習／第4章 中学校英語授業での協同学習／第5章 高校英語授業での協同学習／第6章 大学英語授業での協同学習／第7章 学校全体での協同学習へ／第8章 英語科協同学習Q&A／〈資料〉実践事例集

大修館書店　書店にない場合やお急ぎの方は、直接ご注文ください。☎03-3868-2651

英語教育 **21** 世紀叢書　023

タスクを活用した英語授業のデザイン

松村昌紀 [著]
● 四六判・320頁
本体2,400円

この1冊でタスクがわかる！

「タスクって何？」「授業でやるのは無理」「ゲームみたいで深みがない」「評価はどうやってする？」——こんな疑問や思い込みを抱いていませんか？ 20のポイントに分けて、タスクについて詳しく解説します。また、フォーカス・オン・フォームもわかりやすく説明します。

主要目次　第1章「タスク」とは何か／第2章 タスク利用の意義／第3章 タスク中心の言語指導／第4章 タスクのさまざまな用い方／第5章 タスク活用における課題とその克服／第6章 タスク活用のポイント／第7章 タスク利用型の言語テスト／第8章 英語教育の選択

大修館書店　書店にない場合やお急ぎの方は、直接ご注文ください。☎03-3868-2651

定価＝本体＋税